KARL A. DOSTAL / EDITH DOSTAL

ÜBUNGSBUCH ZU WORTSCHATZ UND STIL

Karl A. Dostal / Edith Dostal

Übungsbuch zu Wortschatz und Stil

mit Synonymenverzeichnis

5. bis 9. Schulstufe

1. Auflage

Verlag Leitner, Wien

Die Deutsche Bibliothek – Cip-Einheitsaufnahme

Dostal, Karl A. / Dostal, Edith
Übungsbuch zu Wortschatz und Stil
mit Synonymenverzeichnis
5. bis 9. Schulstufe
Karl A. Dostal / Edith Dostal – Wien: Leitner, 1. Auflage, 2005
ISBN 3-85157-077-4

Umschlagentwurf: Gerri Zotter, Wien
Gesamtherstellung: Verlag Leitner im Wiener Dom-Verlag, Wien

ISBN 3-85157-077-4

Vorbemerkungen

Dieses Buch soll Schülerinnen und Schülern helfen, ihren **Wortschatz** zu erweitern und ihren **Stil** zu verbessern. Sie sollen lernen, sich mit treffenden Worten – der jeweiligen Textart angepasst – auszudrücken.

Das geschieht durch

abwechslungsreiche **Wortschatzübungen**
zu Sachbereichen,
leicht verständliche **Anleitungen,**
vielfältige **Übungsaufgaben**
mit Lösungsvorschlägen im 2. Teil des Buches,
Stilproben (Sachtexte, Dichtertexte, Schüleraufsätze),
Aufsatzthemen/Textvorschläge.

Im letzten Teil des Buches befindet sich noch ein **Verzeichnis sinnverwandter Ausdrücke**, das helfen soll, das jeweils treffendste Wort zu finden und Wortwiederholungen zu vermeiden.

Lehrern und Eltern kann das Buch als **Beispielsammlung** dienen.

Edith Dostal — Prof. Reg.-Rat Karl A. Dostal

Um innerhalb der Übungen und Erklärungen einfach zu bleiben, wurde auf die gängige männliche und weibliche Schreibweise verzichtet (LeserInnen, JournalistInnen usw.).
Es versteht sich, dass immer beide Geschlechter gemeint sind (Anmerkung des Autors).

Inhaltsverzeichnis

Wortschatz- und Stilübungen in Sachkreisen

Zeichenerklärung

1, 2, 3, ... = Übungsaufgabe 1, 2, 3, ...

L1, L2, L3, ... = Lösung der Übungsaufgabe 1, 2, 3, ...

□ = leichte Übung

○ = Übung mittleren Schwierigkeitsgrades

⊗ = schwierige Übung

Anmerkungen für Lehrende

Zur Situation

Die sprachliche Ausdrucksfähigkeit der Schülerinnen und Schüler der Pflichtschulen ist gering. Der aktive Wortschatz der Grundschüler umfasst am Ende der vierten Schulstufe nach wissenschaftlichen Untersuchungen kaum mehr als 4.000 Wörter. Erwachsene dagegen verwenden im Alltag 12.000 bis 15.000 Wörter. Der gesamte deutsche Wortschatz wird auf 500.000 Wörter geschätzt. Ständig kommen neue Wörter hinzu. Die Aufgabe der Schule besteht daher unter anderem auch darin, die Schüler zu befähigen, sich in allen Lebenssituationen mit treffenden Worten ihren Absichten entsprechend auszudrücken. Aus diesem Grund schreiben die Lehrpläne aller Schulgattungen im Rahmen des Deutschunterrichtes **Wortschatzübungen** vor.
Das vorliegende Übungsbuch soll mithelfen dieses Ziel zu erreichen. Die Wortschatzübungen sind nach Sachkreisen angeordnet und können neben jedem Sprachbuch mit Erfolg eingesetzt werden.

Die Sprache der Kinder

Die Sprache der Pflichtschüler unterscheidet sich in vieler Hinsicht von der Sprache der Erwachsenen.
Zunächst fällt auf, dass Kinder nur darüber sprechen, was sie für mitteilenswert halten. Es sind fast durchwegs Erlebnisse aus ihrem Erfahrensbereich. Sie werden in der Ich-Form mitgeteilt. In den Aussagen spiegelt sich ihre Erlebensweise. Sie können noch nicht differenziert wahrnehmen, das Erlebte spannend erzählen, sachlich berichten oder anschaulich schildern. Sie drücken sich oft nicht folgerichtig aus, machen Gedankensprünge, können das Wesentliche nicht vom Unwesentlichen unterscheiden.
Ihr Ausdrucksvermögen reicht zwar aus, ihre Lebens- und Erfahrensbereiche darzustellen, jedoch ist der aktive Wort-

schatz auf die Sachverhalte der kindlichen Umwelt eingeschränkt. Entsprechend ist auch ihre Satzbildung. Die Sätze sind einfach und kurz. Sie erfassen nur einen einzigen Denkschritt. Häufig beginnen sie mit den gleichen Worten, Wortwiederholungen sind häufig. Auch das Abschweifen vom Thema kommt vor. Eine Erzählstruktur fehlt noch völlig.
Von diesen Gegebenheiten ausgehend muss die Sprache der Kinder nach und nach – in individuellem Tempo – zu einer höheren Phase der sprachlichen Entwicklung geführt werden. Die Lehrenden können ihnen dabei helfen und zeigen, welche Möglichkeiten die Sprache bietet, ohne die Schüler dabei zu überfordern. Das gilt auch für den Wortschatz.

Die sprachliche Ausdrucksfähigkeit der Schülerinnen und Schüler ist bedingt

- durch die sprachliche Begabung;
- durch das soziale (sprachliche) Milieu, in dem das Kind aufwächst;
- durch die sprachlichen Fördermaßnahmen in der Schule oder zu Hause.

Zu diesen **Fördermaßnahmen** zählen unter anderem auch die Wortschatzübungen. Sie bilden einen Teilbereich des Deutschunterrichtes und dienen vor allem der schriftlichen Ausdrucksfähigkeit und der Verbesserung des persönlichen Stils, aber auch der orthografischen Sicherung des Wortschatzes.

Auf welche Weise kann der Wortschatz gezielt erweitert werden?

Folgende Übungsarten bieten sich an:

- das mündliche und schriftliche Benennen von Personen, Tätigkeiten, Dingen, Begriffen, Eigenschaften;
- das Sammeln von Wörtern zu einem bestimmten Sachkreis oder Thema;
- das Sammeln von Wörtern gleicher oder ähnlicher Bedeutung (Synonyme);

- das Erklären von Bedeutungsunterschieden sinnverwandter Wörter und ihre Bedeutungsabgrenzung;
- das Sammeln von „Gegenwörtern“ (Antonymen);
- das Herausfinden bzw. Durchstreichen eines inhaltlich nicht passenden Wortes in einer Synonymenreihe;
- das Ersetzen von allgemeinen, ungenauen Ausdrücken durch treffendere (mit oder ohne Auswahlangaben);
- das Erklären und Aufschreiben von sprachlichen Bildern (Metaphern), Redewendungen, Sprichwörtern;
- das Ordnen von gegebenen Wörtern nach ihrer Sinnverwandtschaft;
- das Ersetzen von gleichen Satzanfängen durch Verschieben der Satzglieder;
- das Suchen und Unterstreichen von treffenden Ausdrücken in Dichtertexten;
- das Ergänzen von Redewendungen und Sprichwörtern;
- das Umformen von Sätzen und Texten unter Verwendung von treffenden Ausdrücken;
- das Einsetzen von treffenden Wörtern in Lückentexte (mit oder ohne Angaben);
- das Auswendiglernen von vorbildlichen Prosatexten und deren Niederschrift nach einigen Tagen (Gedächtnisübungen); auf diese Weise gehen die auswendig gelernten Wörter und Satzformen in den aktiven Wortschatz über und deren Schreibung wird gesichert;
- das Nachschlagen in einem Synonymenverzeichnis bei der Herstellung von Texten;
- auch das Lesen von guten Jugendbüchern und Dichtertexten trägt indirekt zur Erweiterung des Wortschatzes und Verbesserung des Stils bei.

Wortschatz- und Stilübungen in Sachkreisen

Sachkreis „Familie“

Wörter gleicher oder ähnlicher Bedeutung sind sinnverwandt.
Man bezeichnet sie als **Synonyme**.

1 *Schreib alle Wörter auf, die dir zum Sachkreis „Familie“ einfallen!* ☐

Vater, Mutter, Kinder, Mädchen, Bub, Tochter, Sohn, Schwester, Bruder, Geschwister, Nachkommen, ...
jung, alt, gebrechlich, rüstig, arbeitsam, ...
geboren werden, zur Welt kommen, sterben, das Zeitliche segnen, ...

Wörter ähnlicher oder gleicher Bedeutung bezeichnet man als **Synonyme**.
Zusammengehörige Synonyme bilden ein **Wortfeld**.

2 **Wortfeld „sehen“:**
schauen, erblicken, bemerken, beobachten, besichtigen, wahrnehmen, gucken, gaffen, glotzen, mustern, lugen, starren, erkennen, nachsehen, spähen, Ausschau halten, starren.

Erkläre den Bedeutungsunterschied von

sehen und glotzen	beobachten und erblicken
schauen und gucken	entdecken und mustern

Wende diese Wörter in kurzen Sätzen an! ☐

3 **Wortfeld „sprechen“**:
sagen, plaudern, erwidern, schreien, rufen, anbrüllen, lallen, widersprechen, erzählen, mitteilen, stottern, kommandieren, entgegnen, berichten, nuscheln, unterweisen, schwätzen, stammeln, flüstern, vortragen, antworten, lispeln, anfragen,

fragen, reden, deklamieren, belehren, tratschen, einwenden, feststellen, versetzen, raten, erwähnen, befehlen, sich erkundigen, ergänzen.

Ordne diese Wörter nach folgenden Gesichtspunkten: ☐

a) gewöhnlich sprechen,
b) mit einem anderen Sprecher reden,
c) fehlerhaft sprechen,
d) leise oder laut sprechen,
e) zu vielen Personen sprechen

→ **L3**

Vermeide die Wiederholung von gleichen Wörtern in einem Text!
Verwende stattdessen treffendere Ausdrücke!

Ersetze in dem folgenden Text das Wort ***„sagen“*** *durch ein treffenderes Wort!* ☐ **4**

Wieder daheim

Als wir am Freitag heimkamen, war ein großes Durcheinander zu Hause. Jeder wollte seine Erlebnisse erzählen.
Als es gar zu bunt wurde, sagte der Vater: „Zuerst darf Walter sprechen.“ Walter kam sich ungeheuer wichtig vor und sagte: „Also, wir haben in den großen Wellen gebadet.“
Oskar sagte: „Da waren gewiss Haifische darin.“
Walter sagte zornig: „Sei ruhig, du Schafskopf!“

Da sagte ich: „Nun hört einmal alle her, jetzt wird nicht gestritten!“
Aber Walter sagte ganz eifrig: „Da haben wir zwei Seepferdchen und eine Qualle gefangen.“
Oskar sagte mir ins Ohr: „Schau einmal in seiner Hosentasche nach, vielleicht hat er sie mitgebracht!“
Aber ehe ich meinen Bruder damit ärgern konnte, steckte die Mutter den Kopf zur Türe herein und sagte zu uns mit wichtiger Miene: „Heute gibt es Haifischkotelett zum Abendessen!“
Da lachten wir alle und gingen zum Essen.

→ **L4**

5 *Schreib den folgenden Text ab und wähle dabei aus den eingeklammerten Wörtern jenes aus, das am treffendsten und genauesten das Geschehen wiedergibt!* O

Der selbstlose Retter

Eines Abends legte das Hausbesorgerehepaar Winter seine drei Kinder zu Bett, und als die (Kinder, Kleinen) schliefen, (gingen, eilten, spazierten) die Eltern ins Kino. Der Eisenofen in dem kleinen (Zimmer, Raum) gab jedoch zu viel Hitze, er begann zu glühen, und Papierabfälle, die neben dem Ofen (waren, lagen), fingen zu (brennen, glosen) an, ohne dass die Kinder im (Nebenraum, Schlafzimmer, Kinderzimmer) etwas merkten. Im (Haus, Gebäude) gegenüber (war, wohnte) ein junger Mann, der (sah, bemerkte, beobachtete) (den Feuerschein, die Flammen) hinter den Fenstern der Hausbesorgerwohnung. Der (Mann, Bursche) (wartete, zögerte) nicht lange, lief zum Fenster der Familie Winter und (hämmerte, klopfte, schlug) gegen die Scheiben. Als sich nichts rührte, (zerschlug, zerbrach) er kurz entschlossen die Fensterscheibe und (stieg, kletterte) in die (Erdgeschosswohnung, Parterrewohnung). Der Retter kam zur rechten Zeit, denn das Schlafzimmer war bereits von dichtem (Rauch, Qualm) erfüllt. Er (brachte, trug) die Kleinen (ins Freie, auf die Straße) und kehrte dann neuerlich in die Wohnung zurück, um (den Brand, die Flammen) zu (bekämpfen, löschen). Als die Feuerwehr kam, hatte sie nichts mehr zu tun. → **L5**

Lerne den folgenden Text auswendig und schreib ihn nach einigen Tagen aus dem Gedächtnis auf! ***(Gedächtnisübung)*** ⊗ **6**

Mein Vater

So kurz und ernst mein Vater während des Tages gegen mich war, so heiter, liebevoll und gemütlich war er in den Abendstunden. Vor allem half er mir immer meine kleine Jacke anziehen und wand mir eine Schürze, die er bei der Feldarbeit gern trug, um den Hals, dass mir nicht kalt werde. Wenn ich ihn mahnte, dass auch er sich den Rock zuknöpfen möge, sagte er stets: „Kind, mir ist warm genug.“ Ich hatte oft bemerkt, wie er nach dem langen, schwierigen Tagewerk erschöpft war, wie er sich dann für Augenblicke auf einer Garbe niederließ und die Stirn trocknete. Er war durch eine langwierige Krankheit ein arg mitgenommener Mann. Er wollte aber nie etwas davon merken lassen. Er dachte nicht an sich, er dachte nur an unsere Mutter, an uns Kinder und an den durch mannigfaltige Unglücksfälle herabgekommenen Bauernhof, den er uns retten wollte. *(Peter Rosegger)*

Textvorschläge / Aufsatzthemen: ○ **7**

Die ersten Gehversuche meines Bruders → **L7**

Eine Geburtstagsüberraschung
Ein Versteckspiel

Streit mit meinem Bruder / meiner Schwester
Meine kleine Schwester / mein kleiner Bruder beim Spiel
Meine Familie
Ich helfe meiner Mutter / meinem Vater
Ein Weihnachtsfest

Vor dem Abfassen eines Aufsatzes / Textes solltest du überlegen

- an wen du schreiben willst, wer der oder die Leser sein werden;
- aus welchem Grund du den Text verfassen willst. Willst du den Leser unterhalten, informieren, an ihn appellieren oder Stellung nehmen?
- was du schreiben willst, ob der Inhalt auch mitteilenswert ist;
- welche Wirkung du dir vom Leser des Textes erwartest.

Nach diesen Gesichtspunkten richtet sich die sprachliche Form des Textes.

Ein Beispiel:

Du willst für die Schülerzeitung einen Aufsatz verfassen (Situation).
Die Leser werden deine Mitschüler und der Lehrer / die Lehrerin sein (Adressat).
Mit dem Aufsatz willst du deine Kameraden unterhalten (Zweck).
Du willst ein lustiges Erlebnis erzählen (Inhalt).
Die Leser sollen zum Lachen gebracht werden (erwartete Wirkung).

Sachkreis „Leben, Essen und Trinken“

Als Sprachstil bezeichnet man die von einem Verfasser gewählte sprachliche Ausdrucksweise. Bei einem guten Stil werden die Gedanken des Verfassers mit treffenden Namenwörtern, Zeitwörtern und Eigenschaftswörtern in der richtigen sprachlichen Form zum Ausdruck gebracht. Dabei muss der Stil zur jeweiligen Textart passen. Eine Erlebniserzählung muss stilistisch anders formuliert werden als ein Zeitungsbericht oder eine Gebrauchsanleitung. Wähle daher stets die entsprechende Stilart!

Als Beispiel eine gelungene Erlebniserzählung einer Schülerin.

Wer anderen eine Grube gräbt ...
Meine Tante wohnt auf dem Land. Sie hat drei Kinder, zwei Söhne und eine Tochter. Andrea, so heißt das Mädchen, ist so alt wie ich.
Weil ich mich mit Andrea gut verstehe, darf ich während der Ferien immer einige Wochen bei ihr verbringen.
Da Andrea und ich gleich groß sind und wir einander ähnlich sehen, macht es uns Spaß, Zwillinge zu spielen. Aus diesem Grund wünschen wir uns auch immer Kleider aus dem gleichen Stoff und von gleichem Schnitt.
Heuer verbrachte ich die Osterferien bei meiner Tante. Dort ist es Brauch, dass der, welcher am Palmsonntag zuletzt aufsteht, „Palmesel“ genannt und verlacht wird. Im vergangenen Jahr war ich der Palmesel gewesen. Ich hatte mich darüber sehr geärgert und beschloss daher, am diesjährigen Palmsonntag meiner Kusine Andrea einen Streich zu spielen, damit in diesem Jahr sie der Palmesel werde.
Ich grübelte und grübelte, dann hatte ich endlich einen Einfall, wie ich das bewerkstelligen könne. Ich wollte am Abend vor dem Palmsonntag an Andreas Kleid den Halsausschnitt und die Ärmel zunähen. Sie sollte, wenn sie am Morgen vor mir aufstünde, zum Anziehen so lange brauchen, dass ich schneller angezogen sein würde.

Gesagt, getan! Am Abend vor dem Palmsonntag zogen wir uns vor dem Schlafengehen aus und hängten unsere Kleider – sie waren ja kaum voneinander zu unterscheiden – über einen Sessel. Ich gähnte und legte mich ins Bett und tat so, als ob ich gleich eingeschlafen wäre. Auch meine Kusine begab sich bald danach zu Bett und kurze Zeit später hörte ich schon ihre tiefen Atemzüge, die mir verrieten, dass sie bereits schlafe.

Nun stand ich ganz leise auf, holte den vorsorglich unter dem Polster versteckten Zwirn, die Nadel und eine Taschenlampe hervor und nahm bei deren Schein ein Kleid vom Sessel. Sorgfältig nähte ich die Ärmel und den Halsausschnitt zu.

Dabei dachte ich: „Wie lustig wird es doch werden, wenn Andrea in ihr Kleid schlüpft und länger braucht als ich, sodass sie Palmesel wird.“

Als ich fertig war, legte ich das Kleid wieder behutsam über die Lehne des Sessels und ging beruhigt schlafen.

Am nächsten Morgen hörte ich meine Kusine schon zeitig rumoren.

Ich dachte vergnügt: „Sie soll sich nur beeilen. Wenn sie merkt, was los ist, muss sie doch erst lange die Naht auftrennen. Bis dahin bin ich schon längst angezogen.“

Mittlerweile war Andrea mit dem Waschen fertig geworden und jetzt musste die Überraschung folgen. Nun musste sie in das zugenähte Kleid schlüpfen. Ich kicherte schon unter der Bettdecke vor Freude über das Gesicht, das sie machen würde.

Aber was geschah? Andrea nahm ihr Kleid und – zog es ungehindert an. Ich traute meinen Augen nicht. War denn das die Möglichkeit? Mit beiden Beinen zugleich sprang ich aus dem Bett, stürzte zum Sessel und riss das zweite Kleid an mich. Da bemerkte ich die Ursache dafür, dass Andrea keine Schwierigkeiten mit dem Anziehen hatte: Ich hatte am Tag zuvor mein eigenes Kleid zugenäht!

Als Andrea merkte, was geschehen war, wieherte sie aus vollem Halse, lief aus dem Zimmer und berichtete der ganzen Familie, was vorgefallen war. Ich aber war nun wieder der

„Palmesel“ und musste, ob ich wollte oder nicht, die Naht selber auftrennen.
Als ich damit endlich fertig war und angekleidet das Frühstückszimmer betrat, lachte mir die ganze Familie entgegen und rief: „Palmesel! Palmesel!“
Doch was mich am meisten traf, war, dass Andrea schnippisch meinte: „Wer anderen eine Grube gräbt, fällt selbst hinein!“ *(Stefanie, 15)*

Notiere alle Namenwörter, Zeitwörter und Eigenschaftswörter, die dir zum Sachkreis „Leben“ einfallen, z. B.: ☐ **8**

Geburt, Geburtstag, Baby, ...
geboren werden, das Licht der Welt erblicken, zur Welt kommen, ...
lieb, herzig, verspielt, ... → **L8**

Schreib Bezeichnungen für Lebensalter auf, z. B.: ☐ **9**

Säuglingsalter, Vorschulalter, Kindheit, ... → **L9**

Suche andere Bezeichnungen für „Heirat“, z. B.: ☐ **10**

Eheschließung, Trauung, Hochzeit, ... → **L10**

Mit welchen Zeitwörtern kann man das Sterben bezeichnen? Z. B.: ☐ **11**

Ableben, den Tod finden, das Zeitliche segnen, ... → **L11**

Suche sinnverwandte Ausdrücke für die Nahrungsaufnahme, z. B.: ☐ **12**

essen, speisen, kosten, ... → **L12**

13 *Erkläre den Bedeutungsunterschied zwischen*

essen und speisen
kosten und einhauen
nippen und trinken
schlingen und fressen
naschen und probieren
beißen und kauen ⊗

14 *Nenne verschiedene Speisen (Fleischspeisen, Mehlspeisen, Obst, Gemüse)!* ☐ → **L14**

15 *Wie kann man für „trinken“ noch sagen?* ☐ → **L15**

16 Wie die Speisen sein können: ☐

schmackhaft, wohlschmeckend, süß, ...

→ **L16**

17 *Schreib auf, womit man essen kann!* ☐ → **L17**

18 *Nenne verschiedene Küchengeräte und Bezeichnungen für Kochgeschirr, z. B.:* ☐

Küchenmaschine, Mixer, Pfanne, Topf, ...

→ **L18**

19 Wo man essen kann: ☐

in der Küche, im Esszimmer, im Gasthaus, ... → **L19**

Beachte:
Nicht jedes Wort passt in jeden Zusammenhang.

Lerne auswendig und schreib aus dem Gedächtnis auf! ○ **20**

Wie benimmt man sich beim Essen?
Zu Tisch erscheine anständig gekleidet und sauber! Isst du Fleischspeisen, so nimm die Gabel in die linke, das Messer in die rechte Hand! Mit der Gabel hältst du das Fleisch fest und schneidest immer nur so viel ab, wie du für den nächsten Bissen brauchst! Hackfleisch und andere weiche Speisen iss bloß mit der Gabel, die dann wie der Löffel in die rechte Hand genommen wird! Brauchst du die linke Hand zum Essen nicht, ruht sie auf dem Tischrand; das Aufstützen der Ellenbogen ist zu vermeiden, man lümmelt sich nicht auf den Tisch. Beim Kauen bleibt der Mund geschlossen. Gieriges, hastiges Verschlingen ist unschön und ungesund. Das Essbesteck halte mit drei Fingern, nicht mit der Faust! Fisch iss mit zwei Gabeln oder, wenn ein eigenes Fischbesteck vorhanden ist, mit diesem! Bist du dir im Unklaren, wie manche Speisen zu essen sind, richte dich nach der Hausfrau oder nach einem anderen Gast!

Ergänze die folgenden Sätze durch passende Wörter für „essen“! ☐ **21**

Da es Markus sehr eilig hatte, _______________ er das Essen hinunter.

„_______________ langsamer!“, rief seine Mutter.

Die vornehme Gesellschaft _______________ an einer großen Tafel.

_____________ Vogel, _______________ oder stirb!

Wir _______________ pünktlich um 12 Uhr.

Die Schlange _______________ die Maus hinunter.

Der kleine Vogel _______________ die Körner auf.

Die Rehe _______________ auf der Waldlichtung.

Der Hund _______________ an dem großen Knochen. → **L21**

22 **Textvorschläge / Aufsatzthemen:** ☐
Mein erster Kochversuch
Meine Lieblingsspeise (Rezept)
Ein lustiges Erlebnis → **L22**

Wähle für deine Erzählungen ein lohnendes Thema, von dem du annehmen kannst, dass es den Leser interessiert!
Die Überschrift soll den Leser neugierig machen.

Sachkreis „Wohnen, Haus, Garten“

Schreib die folgenden Bezeichnungen für Wohnstätten und Gebäude ab und ordne sie nach Gebäuden aus früherer Zeit, modernen Häusern, Häuser für einen bestimmten Zweck, Häuser aus bestimmten Baumaterialien! ○ **23**

Wohnhaus, Miethaus, Geschäftshaus, Einfamilienhaus, Bungalow, Bauernhaus, Landhaus, Holzhaus, Fertigteilhaus, Wolkenkratzer, Fabrik, Zelt, Holzhütte, Jagdhaus, Almhütte, Schloss, Burg, Palast, Mietskaserne, Lagerhaus, Bürohaus, Schulhaus, Spital, Krankenhaus, Pensionistenheim, Gasthaus, Ferienhaus, Hotel, Gefängnis, Herberge, Wochenendhaus.

Notiere Bezeichnungen für die Teile eines Hauses, z. B.: □ **24**

Hausmauer, Haustor, Stockwerk, Dach, ...

→ **L24**

Arbeiten bei der Errichtung eines Hauses, z. B.: □ **25**

den Baugrund vermessen, eine Baugrube ausheben, die Grundmauern errichten, ...

→ **L25**

Wie das Haus sein kann, z. B.: □ **26**

hoch, niedrig, bewohnbar, schlüsselfertig, ...

→ **L26**

Sammle Ausdrücke zum Sprachfeld „Wohnung“, z. B.: □ **27**

Eigentumswohnung, Mietwohnung, Küche, ..

→ **L27**

Was zur Wohnungseinrichtung gehört. Ergänze die Liste: □ **28**

Möbel, Bett, Tisch, ...

→ **L28**

29 **Ausdrücke für „wohnen“:**
hausen, bewohnen, leben, ansässig sein, unterkommen, Quartier nehmen, sich aufhalten, beherbergen, eingemietet sein, einquartiert sein, untergebracht sein, verweilen, zubringen, ...

Wende die Wörter in Sätzen an! ☐

30 *Lerne auswendig und schreib aus dem Gedächtnis nieder:* ⊗

Das Dach über dem Kopf
Es ist nur natürlich, dass die Menschen für ihre Behausungen Baustoffe nehmen, die sowohl in genügender Menge vorhanden als auch leicht zu verarbeiten sind.
Für das eine Volk ist es der Bambus, der prächtige Trägerpfosten abgibt, der sich zu einem dichten Geflecht ineinander stecken lässt, für ein anderes sind es roh behauene Holzstämme oder Steine. Wo die Sonne vom Himmel brennt und Regengüsse selten sind, bietet sich der Lehm als Baustoff an. In feuchten, regenreichen Gebieten wie etwa in Südostasien setzt man die Häuser auf Pfähle.
Völkerschaften, die mit ihren Herden von Weideplatz zu Weideplatz ziehen und die ständig auf Wanderschaft sind, brauchen leichte Unterkünfte, die sich mitnehmen lassen. Diese Nomaden sind die Erfinder des Zeltes.

31 *Schreib ab und wähle von den eingeklammerten Wörtern das treffendere aus!* ⊗

Die Almhütte
Die Almhütte ist aus rohen Balken (gezimmert, gemacht), die auf einem Steinlager (ruhen, liegen). Die vier Wände deckt das sehr (flache, niedrige) Dach, dessen lange Schindeln nicht festgenagelt sind. Sie werden nur durch quer gelegte, mit (großen Steinen, Steinblöcken) beschwerte (Bretter, Latten) vor dem Davonfliegen geschützt. Das Dach (steht, ragt) ringsum weit vor, sodass es eine Art von Schuppen bildet, unter dem die (Almleute, Bewohner) Heu, Holz und Gerätschaften vor (Regen, Nässe) verwahren. Die Tür steht (angelweit, weit) offen, nur ein niedriges Gatter mit einem Schnap-

per ist lose angelehnt, damit (das Vieh, das Rindvieh) nicht (heraus, fliehen) kann. Vor Räubern und Dieben fürchtet sich der (Almer, Senne) nicht, denn so hoch oben gibt es (keine Schätze, nichts) zu stehlen. Nur wenn er (sich weiter entfernt, weiter fortgeht), (versperrt, verschließt) er seine (Wohnung, Behausung) mit einem einfachen Holzschloss. → **L31**

(Nach Peter Rosegger)

Ersetze in den folgenden Sätzen das Zeitwort „sein“ („ist“) durch ein treffenderes! ○ **32**

In der Mitte unseres Wohnzimmers ist ein großer Tisch mit sechs Sesseln.
Daneben ist die Anrichte.
Links davon ist eine gepolsterte Sitzgarnitur.
An der linken Wand des Wohnzimmers ist über der Anrichte ein Ölbild.
Es stellt einen Blumenstrauß dar und ist schon sehr alt.
Auf dem Boden ist ein Knüpfteppich, ich glaube, er ist aus der Türkei.
Neben dem Fenster ist noch ein Lehnstuhl, auf dem meistens mein Großvater sitzt. → **L32**

Schreib auf, was dir alles zum Wort ***Garten*** *einfällt!* □ **33**

→ **L33**

Schreib auf, welche Gemüsearten du kennst, z. B.: □ **34**

Kohl, Kraut, Blattsalat, … → **L34**

In manchen Hausgärten wachsen Obstbäume und Beeren: □ **35**

Birnen, Äpfel, Kirschen, Ribiseln (Johannisbeeren), Stachelbeeren, Brombeeren, … → **L35**

Welche Werkzeuge und Geräte braucht man im Garten? □ **36**

Stichschaufel, Rechen, Schubkarren, Rasenmäher, … → **L36**

37 *Lerne auswendig und schreib aus dem Gedächtnis auf:* O
Im März und April wird es in unserem Garten lebendig. Der Vater und meine älteren Brüder graben den Boden um und bepflanzen die Beete. In Furchen streuen sie Samen und bedecken sie mit Erde. Die Knospen an den Birnen- und Apfelbäumen springen auf und bald kann man die Blütenpracht des Gartens bewundern. Auf den Beeten blühen Tulpen, Hyazinthen und Märzenbecher. Etwas später treiben im Gemüsebeet Petersilie, Bohnen, Erbsen und Salat. Bald muss auch der Rasen zum ersten Mal gemäht werden.

Stelle bei deinen Erlebniserzählungen nur ein einziges, eng begrenztes Thema in den Mittelpunkt. Dieses Thema stelle jedoch mit vielen Einzelheiten ausführlich dar. Schweife nicht vom Thema ab und setze nichts voraus, was der Leser nicht wissen kann.

38 **Textvorschläge / Aufsatzthemen:** O
Ein Igel im Garten
Unser Garten (Beschreibung)
Wie ich bei der Gartenarbeit helfe
Mein Zimmer (Beschreibung)
Wie ich mir eine eigene Wohnung einrichten würde → **L38**

Sachkreis „Schule / Vom Lernen“

Erzähle in der richtigen Reihenfolge! Mache keine Gedankensprünge und schweife nicht vom Thema ab! Jeder Satz sollte inhaltlich an den vorherigen anknüpfen.

In dem folgenden Text berichtet Julia in einem Brief an ihre Freundin über die neue Schule. Die Sätze folgen nicht in der richtigen Reihenfolge aufeinander. **39**
Bringe sie in Ordnung, indem du zuerst die Nummern notierst und danach den Brief neu schreibst! O

Liebe Katrin!
(1) Seit einer Woche gehe ich in die neue Schule. (2) Oben gibt es viele Säle; einen Zeichensaal kenn ich ja schon, aber den Physiksaal und das Computerzimmer nicht, die sind nur für die Großen. (3) Im Schulhof können wir gar nicht richtig spielen, immer läuft einer dazwischen. (4) Manchmal sitze ich länger als drei Stunden. (5) Fünf Mädchen kenne ich schon, aber viele sind ganz neu. (6) Und verschiedene Lehrer und Lehrerinnen haben wir jetzt. (7) Bis man die alle kennt! (8) Es sind vierunddreißig Kinder in der Klasse, auch Angelika aus meiner alten Klasse ist hier. (9) Und noch vier andere. (10) Jeden Nachmittag muss ich

jetzt Hausaufgaben machen, auch in Englisch. (11) Wir sind zweiundzwanzig Mädchen und zwölf Buben. (12) Die Schule hat auch einen großen Turnsaal. (13) Unser Klassenvorstand ist prima, wir haben Englisch bei ihm. (14) Auf der Treppe ist immer eine Drängerei, denn die Schule ist zu klein. (15) Die Großen haben einen eigenen Hof, da dürfen wir nicht hin. (16) Ich freue mich, dass ich jetzt hier bin.

Viele Grüße

deine Julia

→ **L39**

40 *Schreib alle Wörter auf, die dir zum Sachkreis „Schule“ einfallen!* ☐

Volksschule, Hauptschule, Realgymnasium, Stundenplan, ...

→ **L40**

41 *Suche sinnverwandte Ausdrücke für* ***lernen****, z. B.:* ☐

sich etwas aneignen, studieren, stucken, ...

→ **L41**

42 *Wie kann man statt* ***lehren*** *noch sagen? Z. B.:* ☐

unterrichten, anleiten, schulen, ...

→ **L42**

43 *Wie Schüler sein können, z. B.:* ☐

fleißig, begabt, aufsässig, ...

→ **L43**

44

*Wie kann man statt **prüfen** noch sagen?*
Ergänze die Liste! ☐

testen, kontrollieren, die Leistung feststellen, …

→ **L44**

45

Schreib ab und unterstreiche in dem Text jene Wörter, die dir neu sind! ☐

Alles ändert sich

Vor hundert Jahren sah es in den Schulzimmern ganz anders aus. Da saßen fünfzig und mehr Kinder eng nebeneinander auf unbequemen Schulbänken mit Pulten, die man nach oben schieben konnte. Nicht selten blieb man an einem Holzsplitter der Bank hängen. Die kleineren Schüler schrieben mit Griffeln auf Schiefertafeln, die älteren mit einem Federstiel, in dem eine Stahlfeder stak. Beim Eintauchen in ein Tintenglas entstanden Kleckse. Geheizt wurde zumeist mit einem großen Ofen, der in der Mitte des Klassenzimmers stand und der einmal täglich vom Schulwart mit Kohlen vollgefüllt wurde.

46

*Was wir in der Schule alles **machen**. Schreib ab und ersetze das ungenaue Wort „machen“ durch treffendere Ausdrücke!* ☐

Einen Aufsatz machen, eine Rechnung machen, eine Zeichnung fertig machen, aus Papier ein Haus machen, den Bleistift spitz machen, Lärm machen, Musik machen, Licht machen, ein Kleid machen, einen Schneemann machen, die Tür zumachen.

Schreib so:

Einen Aufsatz verfassen, eine Rechnung lösen, …

→ **L46**

47

Lerne auswendig und schreib aus dem Gedächtnis auf! ⊗

Keine Zeit zum Lesen

Umfragen haben ergeben, dass viele Jugendliche keine Zeit zum Lesen haben. Die Nachmittage sind wochentags oft mit sportlichen Tätigkeiten ausgefüllt und abends besuchen die einen noch einen Hobbykurs und die anderen sitzen vor dem Fernseher oder vor dem Computer. Manche gehen montags immer schwimmen, andere freitags zu einer Band. Viele haben nachmittags Nachhilfestunden und besuchen abends ihre Freunde. Und sonntags schlafen sie gewöhnlich etwas länger und gehen dann vormittags zur Kirche. Wolfgang zum Beispiel hat nur am Sonntagnachmittag etwas Zeit, um nach einem Buch zu greifen.

Kinder und Jugendliche verwenden häufig **Modewörter**. Solche Wörter sind wenig treffend und in der schriftlichen Darstellung eher zu vermeiden. Es sind Wörter wie „toll“, „kaputt“, „wahnsinnig“, „geil“, „prima“, „super“.

48 *Verbessere:* O

Es gab wahnsinnig viel zu sehen.
Die Aufführung hat mir wahnsinnig gefallen.
Es war ein tolles Erlebnis.
Wir haben einen tollen Lehrer.
Das war ein Superfilm.
Das Essen schmeckt prima.
Er ist ein prima Kerl.
Das Buch ist supergeil.
Die Maschine ist kaputt.
Das Trinkglas ist kaputt.
Mein Bein ist kaputt.

→ **L48**

Textvorschläge / Aufsatzthemen: ○ **49**

Meine Schulsachen sprechen
Mein liebstes Unterrichtsfach
Unser Schulschlussfest
Eine lustige Unterrichtsstunde
Ein Schulprospekt
Mein Schulweg → **L49**

Sachkreis „In der Stadt“

50 Ich bin ein Kind der Stadt

Ich bin ein Kind der Stadt. Die Leute meinen,
und spotten leichthin über unsereinen,
dass solch ein Stadtkind keine Heimat hat.
In meine Spiele rauschen freilich keine
Wälder. Da schütterten die Pflastersteine.
Und bist mir doch ein Lied, du liebe Stadt!

So beginnt ein Gedicht des Wiener Dichters Anton Wildgans. Versuche die Verse zu deuten! □

51 *Notiere alle Wörter, die dir zum Sachkreis „Stadt“ einfallen! Z. B.:* □

Großstadt, Geschäfte, Verkehrslärm, ... → **L51**

52 *Für das Wort* ***gehen*** *gibt es viele sinnverwandte Ausdrücke.*

Schreib die folgenden Wörter ab und erkläre ihren Bedeutungsunterschied! O

schreiten, wandern, marschieren, watscheln, waten, bummeln, schlendern, eilen, laufen, rennen, stapfen, klettern, steigen, humpeln, hinken, stolzieren, im Gleichschritt gehen, trippeln, hüpfen, springen, schleichen, rutschen, sich vorwärts bewegen, kriechen, trotten, spazieren, schlurfen, latschen, torkeln, flanieren

53 *Setze in den folgenden Sätzen treffende Bezeichnungen für „gehen“ ein!* □

Plaudernd ______________ die Fremden die Geschäftsstraße entlang. Nach Schulschluss ______________ die Kinder nach Hause. In gleichem Schritt ______________ die Soldaten auf die Kaserne zu. Müde ______________ der alte Mann den Weg entlang. Am Morgen ______________ viele

Beschäftigte zu ihrer Arbeitsstätte. Vergnügt ____________ die Freundinnen durch den Park. Der Fußleidende ________ ______ langsam vorwärts. Meine Freundin ____________ mich bis zur Gartentüre. Wegen der hohen Absätze konnte die junge Frau nur ____________. Erhobenen Hauptes ____________ der Schauspieler durch die Straßen. Laut singend ____________ das Mädchen auf seine Mutter zu. Unbemerkt ____________ der Detektiv dem Mann. → **L53**

Gedächtnisübung: O **54**

Achtung Baustelle!
Straßen halten leider nicht ewig. Die vielen Fahrzeuge, die darüber hinwegrollen, beschädigen immer wieder die Straßendecke.
Die Bautrupps der Straßenbauverwaltung haben daher stets alle Hände voll zu tun. Eine solche Baustelle ist selbstverständlich immer ein Verkehrshindernis. Damit die Fahrer rechtzeitig gewarnt sind, werden Baustellen sorgfältig gekennzeichnet. Wer an Baustellen spielt, die Kennzeichnungen und die Warneinrichtungen beseitigt oder zerstört, begeht eine grobe Verkehrssünde. Er handelt unverantwortlich. Das kann nicht deutlich genug gesagt werden.

Streiche von den angegebenen Wörtern das weniger treffende Wort durch! O **55**
Danach schreib den Text ab!

Vom Benehmen auf der Straße
Um sich auf der Straße (gut, richtig) zu benehmen, muss man (vor allem, in erster Linie) die (Verkehrsvorschriften, Regeln) beachten. Ältere Personen oder (Damen, Frauen) lässt man an der rechten Seite gehen und (gewährt, lässt) ihnen den Vortritt, wenn man durch eine Türe geht. Auch schlägt man

niemandem die Tür vor der Nase zu. Auf der Straße wirft man nichts weg, vor allem keine (Obstschalen, Bananenschalen), denn man könnte auf ihnen ausrutschen. In der (Straßenbahn, U-Bahn) steht man auf, wenn behinderte oder ältere Personen einen Sitzplatz (brauchen, suchen). Auch ist es zu vermeiden, die (Türen, Ausstiege) zu blockieren. Aber auch das (Vorschwindeln, Vordrängen) an einem Schalter, an dem sich viele Leute anstellen, ist eine grobe Unhöflichkeit. → **L55**

Das Wort **Text** bedeutet eigentlich „Gewebe“, denn wie in einem Gewebe werden die Sätze eines Textes miteinander verknüpft.

In jedem Satz eines Textes werden Teile des Inhalts des vorherigen Satzes im darauf folgenden Satz **wiederholt**. Daneben bringt aber jeder Satz auch eine neue Information. An diese wird ihrerseits im nächstfolgenden Satz durch **Wiederholung** angeknüpft.

Der **Zusammenhang** kann **im Text** auf verschiedene Weise hergestellt werden, unter anderem (siehe folgendes Textbeispiel):

- durch das **Thema des Textes**, auf das immer wieder durch „Leitwörter“ Bezug genommen wird (Fahrt, Rad);
- durch die **wörtliche Wiederholung** eines Satzteiles oder Wortes im folgenden Satz (Sätze 5 und 9 im Beispieltext);
- durch **Pro-Formen** (z. B. Fürwörter), die stellvertretend statt einer wörtlichen Wiederholung verwendet werden können (Sätze 2 und 3);
- durch einen **sinnverwandten Ausdruck** oder durch Umschreibung (Satz 8: „Leute“ statt „Zuschauer“);
- durch ein **Verweiswort**, mit dem auf einen zurückliegenden oder einen folgenden Inhalt verwiesen wird (Sätze 11 und 13).

Beispiel:

Eine Fahrt mit dem Riesenrad

1	So ein großes **Rad** habe ich noch nie gesehen.	Der Inhalt des Satzes knüpft an die Überschrift an.
2	**Es** besteht aus vielen Kabinen.	„Es“ steht stellvertretend für das Wort „Rad“, von dem im ersten Satz die Rede war.
3	**Sie** sehen aus wie Eisenbahnwagen.	Mit „sie“ wird an das Wort „Kabinen“ im vorherigen Satz angeknüpft.
4	Ich stieg in eine solche **Kabine** ein.	Anknüpfung durch „Kabine“.
5	Auf ein Zeichen des Betreibers dreht sich das **Rad** ruckartig um die eigene Achse.	Durch Wiederholung des Wortes „Rad“ wird an den zweiten Satz angeknüpft, das Wort „Kabinen“ stellt den Zusammenhang zum 4. Satz her.
6	Auch ich durfte in einen dieser **Wagen**.	Der Zusammenhang wird durch Wiederholung des Wortes „Wagen“ hergestellt.
7	Bald **schwebte** ich über den Köpfen der Zuschauer.	Das Wort „schwebte“ stellt einen inhaltlichen Zusammenhang zum 6. Satz her.
8	Mit einem Taschentuch winkte ich den **Leuten** aus dem Fenster zu.	Der Zusammenhang wird durch das Wort „Leute“ hergestellt, das als Ersatz für „Zuschauer“ steht.
9	Wie klein die **Leute** da unten doch aussahen!	Der Zusammenhang zum vorherigen Satz wird durch Wiederholung des Wortes „Leute“ hergestellt.

10	Nach einigen Minuten war ich mit meiner **Kabine** an der höchsten Stelle angelangt.	Mit dem Wort „Kabine“ wird auf den Inhalt des 6. Satzes Bezug genommen.
11	Von **dort** aus konnte ich große Teile Wiens überblicken.	Das Wort „dort“ knüpft an die „höchste Stelle“ des 10. Satzes an.
12	Dann **ging** es wieder abwärts.	Der Satz nimmt Bezug auf das Thema (Fahrt mit dem Riesenrad).
13	**Dabei** kribbelte es mir im Magen.	Mit dem Wort „dabei“ wird auf das Abwärtsfahren im 12. Satz verwiesen.
14	Ich war froh, als ich nach dieser Fahrt wieder **aussteigen** konnte.	Der letzte Satz nimmt wieder inhaltlich auf das Gesamtthema, die Fahrt, Bezug und schließt ab.

56 Textvorschläge / Aufsatzthemen: O

Die Sehenswürdigkeiten meiner Heimatstadt
Ein Besuch im städtischen Museum
Meine engere Heimat
Warum ich gerne (nicht gerne) in der Stadt wohnen möchte
Ein Spaziergang auf einer belebten Straße
Die Stadt erwacht (Stimmungsbild)
Fünf Minuten am Fenster (Beobachtungsaufsatz)
Ein Einkaufsbummel in der Stadt

Sachkreis „Verkehr“

Schreib ab und unterstreiche im Text alle Namenwörter! □ **57**

Straße und Schiene

Manche sagen, Straße und Schiene liegen miteinander im Wettbewerb. Man könnte aber auch sagen, dass sowohl die Lokomotive als auch das Auto um Aufträge bemüht sind. Freilich ist heute an die Stelle der Dampflokomotive der elektrische Triebwagen getreten, und die Geschwindigkeit ist vor allem bei der Bahn gestiegen. Doch auch die elektrifizierte Bahn ist an die Schiene gebunden.

Demgegenüber ist das Auto das wendigere Verkehrsmittel. Es kann jedes Ziel direkt erreichen, ist an keine bestimmte Abfahrtszeit gebunden und hat vielfach eine ebenso große Geschwindigkeit. Es ist daher sehr beliebt.

Zwar ist es im Betrieb nicht billig, aber die Bahntarife sind auch nicht niedrig. Viele Frächter ziehen daher das Auto der Bahn vor, obwohl dabei die Umwelt stärker geschädigt wird. Es ist durchaus möglich, dass bei diesem Wettbewerb um viele Aufträge das Auto den Sieg erringt.

*Schreib alle Wörter auf, die dir zum Sachkreis „**Verkehr**“ einfallen!* □ **58**

Z. B.:

Verkehrszeichen, Fußgängerübergang, Verkehrspolizei, Autobahn, Fahrerflucht, ...

→ **L58**

Notiere, wie die Autofahrer fahren! □ **59**

vorsichtig, zügig, bedächtig, ... → **L59**

Was man auf der Straße hören kann: ○ **60**

das Rattern der Motorräder, das Brummen der Lastwagen, das Dröhnen der Schwerfahrzeuge, ...

→ **L60**

61 Text für eine Gedächtnisübung: ○

Schon vom 12. Lebensjahr an darf jeder allein mit einem Fahrrad auf der Straße fahren, daher sollte sich der Radfahrer über das Verhalten im Straßenverkehr im Klaren sein. Wie alle Lenker von Fahrzeugen haben sich auch die Radfahrer an die Rechtsfahrordnung zu halten und aus diesem Grund müssen sie am rechten Rand der Fahrbahn fahren. Der Radfahrer muss immer den rechten Fahrstreifen benützen. Das gilt besonders für Straßen mit mehreren Fahrstreifen. Auf manchen Straßen gibt es Nebenfahrbahnen. In diesem Fall müssen die Radfahrer diese benützen. Auch Radfahrstreifen sind abgegrenzte Teile der Fahrbahn. Sie müssen daher von den Radfahrern in einer Richtung befahren werden.

62 *Nimm an, der Fahrer des nachstehend abgebildeten Sattelschleppers hätte einen Unfall verursacht und du musst der Polizei eine Beschreibung des Fluchtfahrzeuges geben! Verfasse einen solchen Text und benütze die angegebenen Bezeichnungen!* ⊗

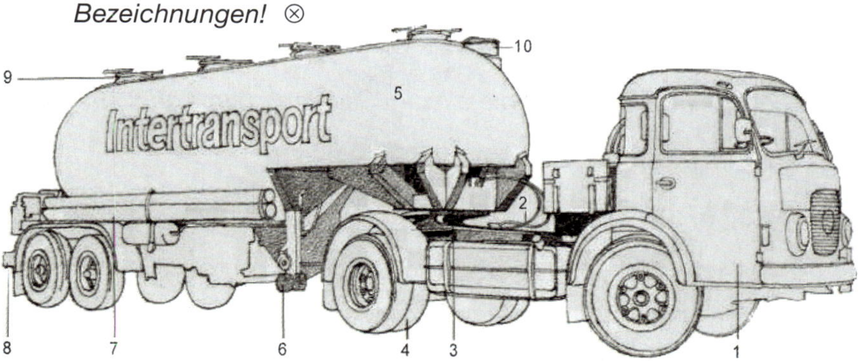

(Zeichnung: Alfred Koella aus „Sprechen und Schreiben 1“, Lehrmittelverlag des Kantons Zürich)

Lastwagen – Sattelschlepper (Vierachser)

1 Zugmaschine
2 Anschlussschläuche für Druckluft und Elektronik
3 Drehschemel
4 doppelbereifte Hinterreifen (Zwillingsreifen)
5 Siloauflieger

6 Stützräder nach Abhängen des Schleppers
7 Einfüllröhren
8 Schluss-, Brems- und Standlichtkombination und Nummernschild
9 Einfüllöffnungen
10 Aufstieg

Wenn du einen Gegenstand beschreiben willst, mache dir vorerst klar, aus welchen wesentlichen Teilen er besteht!
Dann stelle fest, was du über die Beschaffenheit der wesentlichen Teile weißt! (Merkmale)

Schreib den folgenden Text ab! □ **63**
Lass dabei von den eingeklammerten Wörtern das weniger treffende Wort weg!

Auf der Autobahn
Seit vier Stunden ist der schwere Lastzug auf der Autobahn unterwegs. Tief (brummen, klopfen) die starken Motoren, vor allem wenn es bergan geht. Warmer Dunst erfüllt das Führerhaus. Da ist es (angenehm, gemütlich), denn draußen (prallt, klatscht) der Regen gegen die Windschutzscheibe, sodass der Scheibenwischer kaum die (herabrieselnden, herabrinnenden) Wassermassen beiseite fegen kann. „Ein verdammtes Wetter“, (meint, flucht) der (Fahrer, Chauffeur). „Da werden wir länger brauchen als sonst“, (entgegnet, bemerkt) der Beifahrer dazu, der neben ihm sitzt und (immer, unverwandt) geradeaus (schaut, starrt). Die Dunkelheit bricht langsam herein. Der Fahrer schaltet die (Scheinwerfer, Lichter) ein. Unaufhaltsam weiter geht die (Fahrt, Reise). → **L63**

Textvorschläge / Aufsatzthemen: ○ **64**

Ein furchtbarer Verkehrsunfall → **L64**
Auf einer verkehrsreichen Kreuzung (Schilderung)
Als ich das erste Mal mit dem Rad gefahren bin
Warum es Verkehrsregeln geben muss (Stellungnahme)

Sachkreis „Auf dem Land / Landwirtschaft“

65 *Schreib die folgenden Wörter zum Sachkreis „Auf dem Land / Landwirtschaft“ ab und erkläre sie!* ☐

Landwirt, Bauer, Nebenerwerbsbauer, Forstwirt, Weinbauer, Winzer, Gutsbesitzer, Knecht, Magd, landwirtschaftlicher Facharbeiter, Pächter;
Bauernhof, Gutshof, Hühnerfarm, Almwirtschaft, Almhütte, Reiterhof, Fischzucht, Stadel, Scheune, Stall, Tenne, Geräteschuppen, Schweinestall, Kuhstall, Hühnerstall, Pferdestall;
Wald, Jungwald, Forst, Forstwirtschaft, Holzschlag, Sägewerk, Holzlagerplatz;
Weinberg, Weingarten, Weinkeller, Obstgarten;
Acker, Feld, Rain, Beet;
Traktor, Motorpflug, Pflugschar, Sämaschine, Mähdrescher, Egge, Heuwender, Kreissäge, Sense, Sichel, Heugabel, Mistgabel;
Getreide, Korn, Roggen, Weizen, Hafer, Gerste, Mais (Kukuruz);
Rüben, Kraut, Kohl, Kartoffeln, Spinat.

66 *Bezeichne Tätigkeiten des Landwirtes!* ☐

pflügen, eggen, säen, … → **L66**

67 *Welche Haustiere kann man auf dem Land finden?* ☐

Rinder, Schweine, Schafe, … → **L67**

68 *Beschreibe ein Pferd und verwende dabei die nachstehend angegebenen Ausdrücke* ○

1 das Ohr
2 das Auge
3 die Nüster
4 das Maul
5 der Fuß
6 die Fessel
7 der Huf
8 die Mähne
9 der Widerrist
10 der Rücken
11 die Kruppe
12 der Schweif

→ **L68**

Erkläre den Unterschied zwischen **69**

Ross, Klepper und Mähre
Stute, Hengst und Fohlen
Schimmel, Rappe und Fuchs! O

Was ist mit den folgenden Redensarten gemeint? ⊗ **70**

Das Pferd beim Schwanz aufzäumen.
Auf hohem Ross sitzen.
Keine zehn Pferde bringen mich dahin.

Beobachte Haustiere und schreib mit treffenden Wörtern auf, was sie tun! O **71**

Die Katze schleckt ihr Fell ab, macht einen Buckel, kratzt mit ihren scharfen Krallen, lauert unbewegt auf eine Maus, faucht den Hund an, sträubt ihre Haare, schmeichelt, schnurrt, miaut, duckt sich, ...

Der Hund streckt sich, fährt hoch, knurrt, bellt wütend, liegt zu Füßen seines Herrn, wedelt mit dem Schwanz, ...

Die Kuh muht, frisst Gras, kaut wieder, glotzt in die Gegend, gibt Milch, ...

Das Pferd wiehert, schlägt aus, springt über Hürden, grast, trägt den Reiter, schnaubt, ...

Das Schwein grunzt, wälzt sich im Schlamm, wühlt mit dem Rüssel den Boden auf, säugt seine Jungen, ...

Die Ziege meckert, gibt Milch, stößt mit den Hörnern, ...

Das Schaf blökt, folgt der Herde, liefert Wolle, wird geschoren, ...

Das Huhn gackert, scharrt, legt Eier, schläft auf der Stange, putzt seine Federn, der Hahn kräht, ...

Die Gans rupft das junge Gras ab, schwimmt, fliegt auf, schnattert, ...

Ergänze die Liste!

72 **Text für eine Gedächtnisübung:** ⊗

Erntezeit
Die Sonne strahlt vom stahlblauen Himmel. Die Getreidefelder liegen leuchtend und zur Ernte reif in der prallen Glut. Der schwere Traktor holpert über die grasbewachsenen Feldwege dem Weizenacker zu. Links und rechts dehnt sich das fruchtbare Land. Kirschbäume begrenzen eine Seite des Feldes. Blaue Kornblumen und roter Klatschmohn säumen den Weg. Auf dem Traktor sitzt der Bauer. Neben ihm sitzt ein kleiner Junge, ein Ferienkind aus der Stadt, und baumelt mit den Beinen. *(Nach Albert Henche)*

73 Holger hat an einer Exkursion in eine Molkerei teilgenommen. Dabei hat er sich folgende Notizen gemacht:

Anlieferung der Milch in Milchsammelwagen
Messen der Milchmenge
Entnahme einer Probe zur Bestimmung des Fettgehaltes

Reinigung in Sieben
Einfüllen der Milch in Separatoren
Zentrifugieren (Rahm bleibt zurück, Magermilch fließt ab)
Pasteurisieren durch Erhitzen auf 74 Grad (40 Sekunden)
Abfüllen in Papierbehälter
Rahm wird auf 93 Grad erhitzt
Zusatz von Milchsäurebakterien
10 Stunden rühren
Umfüllen in Butterfertiger (fasst 10.000 Liter, 30 Umdrehungen pro Minute)
Fettkügelchen bilden Klumpen, Rest Buttermilch
Waschen der Rohbutter in kaltem Wasser
Kneten und Formen der Butter durch Maschinen (3.500 Päckchen pro Stunde)
Verpackung
Auslieferung

Bei stichwortartigen Notizen werden Zeitwörter in der **Nennform** (Infinitiv) verwendet.

Verfasse nach dieser verkürzten Darstellung eine zusammenhängende ***Vorgangsbeschreibung*** *über die Butterherstellung!* ⊗ → **L73**

- Bei der **Vorgangsbeschreibung** muss der Vorgang immer in der gleichen Reihenfolge beschrieben werden, wie er tatsächlich abgelaufen ist. Unwesentliches sollte wegbleiben.
- Um einen Vorgang genau beschreiben zu können, solltest du die Namen der Gegenstände und ihrer Teile kennen.
- Für die Vorgangsbeschreibung wähle als **Zeitform** die **Gegenwart** (das Präsens)!
- Manche Vorgangsbeschreibungen werden durch eine Skizze verständlicher.

74 Textvorschläge / Aufsatzthemen: ○

Die verschwundene Kuh (Erlebniserzählung) → **L74**
Begegnung mit einem wilden Stier
Unsere Katze fängt eine Maus
Raufende Hunde (Beobachtungsaufsatz)
Wie Wein- und Obstsäfte hergestellt werden (Sachbericht)

Sachkreis „Natur/Umweltschutz“

In dem folgenden Text schildert der Dichter Peter Rosegger seine Natureindrücke. **75**

Unterstreiche die kennzeichnenden Eigenschaftswörter! ☐

Waldfrieden

... All mein Lebtag habe ich keine so merkwürdige Webematte gesehen als dieses bunte wunderbare Flechtwerk des Moosbodens. Es ist ein Wald im Kleinen. Hei, wie die Ameisen eilen und rennen, wie sie mit ihren haardicken Armen die kleinsten Dinge umklammern, mit ihrem ätzenden Safte alles Feindliche zu vergiften meinen! Ein glänzender Käfer hat ihnen lange zugesehen; er denkt verächtlich über die mühsam Kriechenden; denn er selbst hat ja Flügel.
Husch, dort hüpft ein Hase, bricht sich der gekrönte Hirsch Bahn durch das Gestrüpp. Jeglicher Strauch tut auch so geheimnisvoll, als ob er hundert Leben und Waldgeister in sich verberge. Darüber hin klingt das Läuten der Hummeln.
Ich trete hinaus in die Lichtung. Ein zitternder Lufthauch rieselt mir entgegen, schmeichelt mit den Locken, küsst die Wangen, dass sie sich röten. Hellgrünes Heidegebüsch mit den roten Blütenglöckchen der Beeren hier und dunkel glänzendes Preiselbeerkraut, wie ein Kranz immergrünen Lorbeers anzuschauen. Die Waldbiene surrt herum auf den Sträuchern; jedes Blatt ist für sie ein gedeckter Tisch.

Der Dichter schreibt einen Stil, der sich von dem Stil in Sachtexten besonders durch die kennzeichnenden Eigenschaftswörter unterscheidet. Dadurch wirkt der Text besonders anschaulich. Der Leser kann sich das Geschehen gut vorstellen. Eine solche Ausdrucksweise kann man wegen der vielen Eigenschaftswörter (Adjektive) als **adjektivistischen Stil** bezeichnen. Er ist besonders bei Schilderungen am Platz. Hier steht nicht die Handlung im Mittelpunkt, sondern die Stimmung, das gefühlsmäßige Nachempfinden des Naturerlebnisses.

76 *Schreib die folgenden Wörter ab und erkläre sie!* □

Berg, Anhöhe, Kuppe, Hügel, Ebene, Tiefland, Höhenzug, Vulkankegel, Bergmassiv, Bergrücken, Gebirge, Abhang, Böschung, Alm, Matte, Weide, Moorlandschaft, Tallandschaft, Wüste, Steppe, Ödland, Wald, Holzschlag, Gebiet, ...

77 *Ergänze die fehlenden Wörter für Laute und Geräusche, die man in der Natur hören kann!* ○

Die Quelle entspringt, sprudelt hervor . . .
Das Wasser des Baches . . . . .
Der Sturm . . . . .
Der Wind . . . . .
Die Blätter der Bäume . . . . .
Der Donner . . . . .
Die Vögel . . . . .
Der Specht . . . . .
Die Gänse . . . . .
Die Krähen . . . . .
Die Frösche . . . . .
Das Wildschwein . . . . .
Der Wolf . . . . .
Der Hirsch . . . . .

→ **L77**

Auch durch **lautmalende Wörter** kann das Geschehen veranschaulicht werden.

Ein **Beispiel** des Dichters Friedrich Schiller:

Und es wallet und siedet und brauset und zischt,
wie wenn Wasser mit Feuer sich mengt,
bis zum Himmel spritzet der dampfende Gischt,
und Flut auf Flut sich ohne Ende drängt.

Schreib die Namen von Bäumen, Sträuchern und Blumen auf, die du kennst! ☐ **78**

Eschen, Kastanien, Buchen ...

Holunder, Weigelien, Hasel ...

Veilchen, Schneeglöckchen, Narzissen ...

→ **L78**

Lerne auswendig und schreib aus dem Gedächtnis auf! ○ **79**

Vorfrühling

Sieben Tage schnob der bitterböse Wind im Lande umher, dann verlor er den Atem. Über den Berg stieg eine Wolkenwand, schwarzblau und schwer, schob sich über den hellen, hohen Himmel und legte sich tief auf das Land, bis sie sich an den scharfen Klippen des Berges den Bauch aufschlitzte. Da quoll es he-raus, weiß und weich, einen Tag und eine Nacht, und noch einen Tag und noch eine Nacht und so noch einmal, bis alles zugedeckt war im Lande und auf dem Berge und so sauber aussah und so reinlich, dass die Sonne vor Freuden lachte. Ihr Lachen brachte Leben an den Osthang des Berges. Mit einem Male waren die Rehe wieder da und die Hasen, Fuchs und Dachs fuhren aus ihren Gebäuden, das Eichhorn verließ den Kobel und die Maus das Loch, Bussard, Krähen und Häher tauchten auf, und überall wimmelte es von buntem lustigem Kleinvogelvolke.

Schreib ab und streiche von den eingeklammerten Wörtern das nicht treffende durch! ○ **80**

Feldhasen sind Tarnkünstler

Auf dem Pfingstspaziergang war's. Da (ging, wanderte) ich nichts ahnend einen (Weg, Pfad) entlang, der zwischen dem Waldrand und einem (Rübenacker, Feld) verlief, (blickte, schaute) nach hier und da und beobachtete ein paar Vögel durch (das Fernglas, den Feldstecher). Als ich dann (weiterging, weiterwanderte), erschrak ich plötzlich. Keine zwei Meter vor mir (sprang, hüpfte) ein Feldhase auf, einer von denen, welchen man nachsagt, dass sie mit offenen Augen (schlummern, schlafen). Aber die denken gar nicht daran! Nun – dieser Hase hat mich so (dicht, nah) an sich herangelassen, dass ich ihm (beinahe, fast) auf den Pelz gerückt war. Dann erst ist er (losgehetzt, davongelaufen), ein paar Haken, ein paar Riesensätze, fort! Mir war wohl der Schrecken mehr in die Glieder gefahren als dem Hasen, denn der hat mich längst (im Blick gehabt, bemerkt). Und dann war er plötzlich (weg, über alle Berge). Wohin wird er wohl gelaufen sein?

(Hermann Löns)

→ **L80**

81 *Schreib das Wesentliche aus dem folgenden Text in Stichworten heraus, damit du in der Schule über den Inhalt referieren kannst!* ⊗

Warum Umweltschutz?

Umweltschutz wird von immer mehr Menschen als dringend notwendig angesehen. Das war leider nicht immer so. Die Gefahren, die das „moderne“ Leben mit sich bringt, sind lange Zeit unterschätzt worden.

Abfälle enthalten immer auch giftige Stoffe, die durch das Wasser eines Baches oder durch Regen ausgewaschen werden und ins Grundwasser geraten – das wir dann aus einer Quelle oder einem Brunnen trinken. In Bächen und Flüssen, in die oft auch schädliche Abwässer aus Werkstätten, Fabriken und Haushalten (Waschmittel!) fließen, sterben die Fische. Krankheitserreger geraten ins Wasser, das mit der Zeit zu stinken beginnt.

In den Abgasen aus Autos und Heizungen (auch im Tabakrauch) ist das giftige Kohlenmonoxyd. Wer zu viel davon erwischt, dem wird übel, er wird bewusstlos, kann daran auch sterben. In den Autoabgasen ist es auch, als ganz feiner Staub, das giftige Blei; wir atmen es ein. Auch Rinder atmen das Blei ein und nehmen es mit dem Futter, das an der Straße wächst, zu sich; es gelangt dann in ihr Fleisch und ihre Milch.

Die Luft in den Städten wird von Jahr zu Jahr reicher an Giftstoffen. Daher kommt es tatsächlich auf jeden einzelnen

Baum an. Denn Bäume sind die wichtigsten Luftverbesserer. Auch der Lärm ist heimtückisch. An Lärm kann man sich nicht gewöhnen. Lärm macht müde, nervös, gereizt, unaufmerksam, schlaflos. Lärm macht krank – auch wenn er nicht zu stören scheint.
Jeder kann in seinem Bereich etwas zur Bewahrung einer gesunden Umwelt tun. → **L81**

Wie heißt das Gegenteil von □ **82**

verschmutzt – ....
giftig – ....
übel riechend – ....
schädlich – ....
genießbar – ....
gefährlich – ....

→ **L82**

Textvorschläge/Aufsatzthemen: ⊗ **83**

Ein Abend im Freien → **L83**
Am See (Schilderung)
Ein Sonnenaufgang im Gebirge (Schilderung)
Was der Einzelne zur Verringerung der Umweltverschmutzung tun kann
(Stellungnahme)

Sachkreis „Tageszeiten / Jahreszeiten / Wetter“

Schon immer haben Dichter Natureindrücke zu verschiedenen Tages- und Jahreszeiten anschaulich dargestellt. Für die Veranschaulichung der Farben und Formen verwenden sie **Vergleiche und zusammengesetzte Wörter**, wie himmelblau, schneeweiß, nachtschwarz u. dgl.

84 *Bilde nach den folgenden Angaben solche* ***„Farbwörter“****!* ☐

- **rot** wie Blut, Kirschen, Krebse, Kupfer, Rost, Brand, Himbeeren;
- **blau** wie der Himmel, Kornblumen, Veilchen, Enzian, Pflaumen, Stahl;
- **grau** wie Asche;
- **schwarz** wie der Rabe, wie Kohle, wie die Nacht;
- **grün** wie Gras, Spinat, Moos, Gift, das Meer;
- **gelb** wie Gold, Schwefel, Honig, Bernstein, Stroh;
- **braun** wie Schokolade, Kaffee, die Nuss;
- **weiß** wie Schnee, Porzellan, Kreide, Alabaster. → **L84**

Möglichkeiten, Farben noch weiter zu unterscheiden, bieten Verbindungen mit Eigenschaftswörtern wie hell, dunkel, leuchtend, licht, grell, tief, satt u. dgl.

85 *Bilde solche „Farbwörter“!* ☐ → **L85**

86 **Text für eine Gedächtnisübung:**

Sonnenaufgang im Harz
Hast du noch nie die Sonne aufgehen sehen über eine Gegend, zu welcher du gekommen warst im Dunkel der Nacht? Ich aber habe es. Es war im Harz. Ich erstieg um Mitternacht den Stufenberg hinter Gernrode. Da stand ich schauernd unter den Nachtgestalten wie zwischen Leichensteinen, und kalt

wehte mich die Luft an, wie ein Geist, und öde schien mir der Berg, wie ein Kirchhof. Aber ich irrte nur, solange die Finsternis über mir waltete. Denn als die Sonne hinter den Bergen heraufstieg und ihr Licht ausgoss über die freundlichen Fluren und ihre Strahlen senkte in die grünenden Täler und ihren Schimmer heftete um die Häupter der Berge und ihre Farben malte an die Blätter der Blumen und an die Blüten der Bäume – ja, da hob sich das Herz mir unter dem Busen; denn da sah ich und hörte und fühlte und empfand nun mit allen meinen Sinnen, dass ich ein Paradies vor mir hatte.

(Heinrich von Kleist)

*Schreib auf, wie das **Wetter** sein kann!* ☐ **87**

sonnig, heiter, nebelig, ... → **L87**

Sammle Wörter für die verschiedenen Arten von Niederschlägen! ☐ **88**

Regen, Schnee, Hagel, ... → **L88**

Unterstreiche in dem folgenden Text die treffenden Zeit- und Eigenschaftswörter! ☐ **89**

Bussarde im Frühling

Allmählich gibt es bessere Tage. Über Mittag kriecht allerlei Gewürm, Schnecken und Raupen im Gras, der Mäuse werden immer mehr. Da treibt es den Bussard über den Wald zu ziehen und seinen Ruf in das Tal hineinzuschicken. Als ihm hier keine Antwort wird, steigt er höher, und hoch über dem Kamm, hoch über dem Lugaus der Wanderfalken auf den grauen zerborstenen Klippen gellt sein schneidender Schrei. Von der Talflanke kommt ihm ein Widerhall. Ein Bussardweibchen kreist dort. Bald steigen und fallen die beiden Bussarde über dem rotbraunen Buchenjungwald und den blauen Klippen. Ihr Doppelschrei übertönt den Schrei der Finken und das Lied der Märzdrossel.

(Hermann Löns)

90 *Der folgende Text besteht aus zusammengesetzten Sätzen. Forme ihn um und drücke den Inhalt in einfachen Sätzen aus!* O

So ein Wetter!

Die Wolkenschleusen haben sich geöffnet, und der Regen prasselt in Strömen auf die Stadt herab. Aus allen Traufen schießt das Wasser, die Rinnsale füllen sich, doch die Kanäle können das viele Wasser nicht mehr aufnehmen. Ein vorüber fahrendes Auto spritzt nach allen Seiten, aber es ist glücklicherweise niemand in der Nähe. Etwas weiter vorne laufen ein paar Fußgänger zu einem Wartehäuschen der Straßenbahn; dort wollen sie sich unterstellen. Ein Radfahrer hat den Kragen seines Regenmantels hochgeschlagen, das Wasser rinnt ihm aber in kleinen Bächen ins Genick.

Auf dem Marktplatz haben die Händler den Verkauf eingestellt und sich in die nahe Gastwirtschaft geflüchtet, auch der Würstelstand ist menschenleer. →**L90**

Man kann sich in einfachen Sätzen oder in zusammengesetzten Sätzen ausdrücken. Einfache Sätze sind leichter verständlich. Mehrfach zusammengesetzte Sätze sollten eher vermieden werden, auch wenn manche Schriftsteller sich so ausdrücken.

91 **Textvorschläge / Aufsatzthemen:** ⊗

Mitten im Frühling
Sonnenaufgang im Gebirge
Nach dem Regen
Warum ich den Sommer / Winter lieber habe
Von einem Gewitter überrascht → **L91**

Sachkreis „Der Mensch (äußeres Erscheinungsbild / Kleidung)“

Wenn du Personen beschreiben willst, musst du vor allem das Kennzeichnende, Andersartige der jeweiligen Person sprachlich darstellen.
Verwende dazu beigefügte Eigenschaftswörter (Adjektive), die angeben, **wie** die Person aussieht, gekleidet ist.
Solche Beschreibungen findest du nicht nur in Texten von Dichtern, sie spielen auch im Alltag eine besondere Rolle, z. B. in Form von Suchanzeigen, Abgängigkeitsanzeigen u. dgl.
Die sprachliche Form hängt vom Zweck und vom Adressaten ab.
Als Zeitform wird gewöhnlich die **Gegenwart** (das Präsens) verwendet.

Beispiel:
Im Fernsehen wurde das Bild eines Mädchens gezeigt. Gleichzeitig sagte die Sprecherin den folgenden Text durch:

Die Polizei ersucht um folgende Durchsage: Seit dem 17. Juni, 14 Uhr, wird die dreizehnjährige Hauptschülerin Edith Hofer aus Innsbruck vermisst. Sie ist zuletzt in der Maria-Theresien-Straße gesehen worden, wo sie sich auf dem Rückweg von der Schule befand und sich von einer Freundin verabschiedet hat.
Das etwa 1,65 Meter große schlanke Mädchen hat braune Augen und langes, leicht gewelltes dunkelblondes Haar, das es hinten mit einer Schleife zusammengebunden trägt. Sein sommersprossiges ovales Gesicht zeigt oberhalb der rechten Augenbraue eine kleine Narbe. Das Mädchen, das mit tirolerischem Akzent spricht und Italienisch versteht, sieht älter aus als es ist.
Edith Hofer ist mit dunkelblauen Jeans und einer gelben Segeljacke über einem roten Pullover bekleidet. An den Füßen trägt es weiße Laufschuhe aus Kunststoff.
Seine Schulsachen befinden sich in einem kleinen hellblauen Rucksack.
Sachdienliche Hinweise über den Verbleib des Mädchens nimmt jede Polizeidienststelle entgegen.

92 Zur Beschreibung von Personen verwendet die Polizei Vordrucke, auf denen die äußeren Merkmale von Menschen angeführt sind (Checklisten).

Unterstreiche in der nachstehenden ***Checkliste*** *die auf dich zutreffenden Merkmale!* ☐

Geschlecht: männlich / weiblich
Alter: .... Jahre
Größe: .... cm
Gewicht: .... kg
Gestalt und Haltung: stark – untersetzt – schlank – schwächlich – hager – muskulös – unterernährt
steif – gebeugt - schief
Kopfform: oval – rund – kantig
Gesicht: schmal – länglich – rund – hohlwangig – faltig – narbig – frisch – blass – kränklich – pickelig
Haar und Bart: hell / dunkel – braun – schwarz – rötlich – grau – weiß – meliert – gefärbt – voll – schütter – glatt – wellig – gekräuselt – zurückgekämmt – Teilglatze vorn / hinten – Vollglatze – Bart – Bartform
Stirn: hoch – niedrig – stark zurückweichend – vorspringend
Augen: hell – dunkel – blau – grau – grün – braun – dunkelbraun – tief liegend – hervorstehend – stechender / trüber Blick
Augenfehler: schielend – Silberblick – kurzsichtig – weitsichtig – Brillenträger – Art der Brille: ....
Augenbrauen: buschig – schmal – rasiert
Nase: groß – klein – schmal – breit – Hakennase – Stupsnase – Knollennase – eingedrückte Nase
Ohren: groß – klein – abstehend – rund – oval – anliegend
Ohrläppchen: rund – frei hängend – angewachsen – anliegend
Mund: groß – klein – schmale Lippen – aufgeworfene Lippen – vorstehende Unterlippe – Hasenscharte
Zähne: vollständig – Zahnlücken – groß – klein – Über- / Unterbiss – vorstehend – Zahnkronen – Zahnprothese
Kinn: zurückweichend – vorspringend – spitz – breit – Doppelkinn – gespaltenes Kinn

Arme und Hände: lange/kurze Arme – behaart – kräftig – mager – Hände groß/klein – gepflegt – abgearbeitet – ungepflegt – schwielig – zart
Beine und Füße: kurz – lang – O-Beine – X-Beine – große/kleine Füße – Plattfüße – Gehfehler – Gehweise: ....
Sprache: Mundart – Akzent – gepflegte Umgangssprache – Hochsprache/Standardsprache – Sprachfehler: Stottern, Lispeln, Stammeln, Näseln
Stimme: hoch – tief – heiser – klar – monoton – laut – leise
Besonderheiten: z. B.: Narben, Invalidität, ...

Erkläre den Unterschied zwischen ○ **93**

hager und mager
klein und zwergenhaft
schmächtig und schlank
mollig und beleibt
muskulös und stämmig
gedrungen und dick

Unterstreiche die treffenden Ausdrücke in dem folgenden Text! ☐ **94**

Der Büttnerbauer

Der Büttnerbauer war ein Sechziger, groß, hager, bartlos, rotbraun im Gesicht, mit graugelbem Haupthaar, das er nach altmodischer Weise lang ins Genick wachsen ließ. Breitspurig und wuchtig trat er mit schwerem Stiefel auf, wie es ihm, dem Besitzer des größten Gutes im Dorfe, zukam. Seine starken, etwas eckigen Gliedmaßen, die sich ausnahmen wie knorrige Eichenäste, waren in einen Rock von dunkelblauer Farbe mit langen Schößen gezwängt. Die engen Ärmel behinderten ihn offenbar in der Freiheit der Bewegung. Dafür war das auch der nämliche Rock, in welchem er vor mehr als dreißig Jahren getraut worden war. Dass der Rock inzwischen etwas knapp geworden in den Schultern und über der Brust, störte den Alten nicht, im Gegenteil, diese Gebundenheit und enge Verschnürung des Leibes stimmten so recht zu der Weihe und feierlichen Gemessenheit, die nun einmal zum Sonntagmorgen gehörten. *(Wilhelm von Polenz)*

95 *Schreib die Bezeichnungen für Kleidungsstücke auf!* ☐

Anzug, Sakko, Bluse, Kleid, … → **L95**

96 *Notiere, wie die Kleidung sein kann!* ☐

sauber, geschmackvoll, zerrissen, verschmutzt, … → **L96**

97 *Lerne auswendig und schreib aus dem Gedächtnis nieder!* ⊗

Eine alte Frau

In der Stube war bloß eine alte Frau, die gerade ein Fenster geöffnet hatte und damit beschäftigt war, von den weiß gescheuerten Tischen, Stühlen und Schreinen den Staub abzuwischen und die Dinge, die sich etwa gestern Abend verschoben hatten, wieder zurechtzustellen. Durch das Geräusch des Hereintretenden von der Arbeit abgelenkt, wendete sie ihr Antlitz gegen ihn. Es war eines jener schönen, alten Frauenantlitze, die so selten sind. Ruhige, sanfte Farben waren auf ihm, und jedes der unzähligen kleinen Fältchen war eine Güte und eine Freundlichkeit. Um alle diese Fältchen waren hier noch die unendlich vielen andern einer schneeweißen, gekrausten Haube. Auf jeder der Wangen saß ein kleines, feines Fleckchen Rot. *(Adalbert Stifter)*

98 *Schreib ab und setze einen treffenden Ausdruck für „**hören**“ ein!* ○

Man konnte den Knall deutlich …………

Wo hast du denn das …………?

Aufmerksam ………… die Kinder den Worten des Lehrers.

Ihr Gespräch ist ………… worden.

Ich will mir dieses Gespräch nicht länger ………… .

Während des Vortrages sollten alle aufmerksam …………

Hast du schon …………, dass er gestorben ist?

Dieses Gerücht hat Grete in der Stadt ………… .

Wie ich ………… habe, wirst du morgen abreisen.

…………, wie das tönt!

Die Feinde haben das Ferngespräch ………… .

→ L98

99

Textvorschläge / Aufsatzthemen: ○

Ein Mensch, der mir auffiel → L99

Ein Mitschüler / Eine Mitschülerin (Beschreibungsrätsel)

Eine seltsame Begegnung

Vermisst! (Suchanzeige)

Sachkreis „Der Mensch (seelische Eigenschaften)“

Wenn du die seelischen (psychischen) Eigenschaften eines Menschen schildern willst, kannst du sie aus Folgendem erschließen:

1. aus dem äußeren Erscheinungsbild (Mimik, Gestik, Stimme);
2. aus dem Verhalten und den Gewohnheiten;
3. aus den Gefühlsäußerungen, Meinungen, Ansichten;
4. aus dem bisherigen Schicksal, dem Handeln.

Wie bei der Personenbeschreibung können vor allem Eigenschaftswörter (Adjektive) helfen, die Aussage zu differenzieren.

Bei Aufzählungen von Eigenschaften solltest du zuerst die kürzeren Wörter verwenden, dann die längeren.

Beispiel:

Mein Vater
Mein Vater ist groß, schlank, fast ein bisschen zu schlank. Sein Haar ist schon schütter und beginnt leicht zu ergrauen. Doch seine braunen Augen haben noch nichts von ihrer Lebhaftigkeit und Wärme verloren. Ein kleines Grübchen am Kinn betont seine Lachfalten. Doch seine Stirn kann sich auch bedrohlich in Falten werfen, wenn er zum Beispiel angestrengt nachdenkt oder Ärger über irgendetwas verspürt. Das ist aber nur selten der Fall.
Mein Vater ist von Beruf Lehrer. Er wäre ein Hauptschullehrer wie viele andere auch, wenn er nicht eine überaus große Geduld besäße. Schwierige Situationen meistert er mit Fröhlichkeit und Humor. Andere hätten dabei längst die Nerven verloren. Zum Beispiel, wenn Vati mit mir Mathematik lernt. Ich begreife manche Rechnungen nicht leicht, doch er erklärt mir auch die schwierigsten Beispiele so lange, bis mir endlich „ein Licht aufgeht“. Das ist auch der Grund, dass ihn alle Schüler gern haben und verehren. Auch ich schätze das be-

sonders und nehme mir Vaters Fröhlichkeit zum Beispiel. Oft schon konnte ich durch Lustigkeit mehr erreichen als durch Trotz oder Unbeherrschtheit.
Was ich an ihm außerdem bewundere?
Er ist nicht nur Lehrer, sondern auch ein vortrefflicher Handwerker. Viele Möbelstücke in unserer Wohnung hat er selbst angefertigt und konnte auf diese Weise viel Geld einsparen. Könnte ich es doch auch zu solch einer Fertigkeit bringen!
Von vielen wird er auch wegen seines musikalischen Könnens bewundert, kann er doch ebenso gut Violoncello wie auch Klavier spielen.
Trotzdem ist mein Vater immer bescheiden und nicht hochmütig oder stolz. Er ist nur bedacht, seinen Beruf zur Zufriedenheit aller auszuüben und die ihm anvertrauten Kinder zu guten und rechtschaffenen Menschen zu erziehen.
Vater ist in allem mein Vorbild. Er lebt mir das Ideal eines guten Familienvaters vor und eines Mannes, der mit beiden Beinen im Leben steht und alles mit Ruhe und Überlegung meistert. *(Waltraud, 15)*

Sammle Wörter, welche seelische Eigenschaften bezeichnen! O **100**

schüchtern, ängstlich, kühn, faul, ...

→ **L100**

Suche das Gegenwort! O **101**

kleinlich – großzügig
starrsinnig – ...
geschwätzig – ...
geizig – ...
griesgrämig – ...
bösartig – ...
pflichtbewusst – ...

eigensinnig – ...
zerstreut – ...
streitsüchtig – ...
genusssüchtig ...
dumm – ...
gehässig – ...
höflich – ...
feinfühlend – ...
verschlossen – ...
frech – ...
begeisterungsfähig – ... → **L101**

102 *Welche Redewendungen drücken den Wunsch nach mehr Nähe, welche nach Distanz aus?*
Schreib sie ab und ordne sie in zwei Spalten an! ⊗

Jemanden links liegen lassen. – Jemandem den Laufpass geben. – Bei jemandem einen Stein im Brett haben. – Jemandem auf die Nerven fallen. – Du könntest mir auch einmal ein bisschen entgegenkommen. – Mit jemandem auf gutem Fuß stehen. – Jemandem die Stange halten. – Jemanden wie Luft behandeln. – Mit jemandem Pferde stehlen können. – Jemanden vor den Kopf stoßen. – Jemanden in Ruhe lassen. – Auf jemanden ein Auge werfen.

103 *Lerne auswendig und schreib aus dem Gedächtnis auf:* O

Das Ehepaar Paulsen
Paulsen war seiner Abkunft nach ein Friese und der Charakter dieses Volksstammes aufs Schönste in seinem Antlitz ausgeprägt; unter dem schlichten blonden Haar die denkende Stirn und die blauen sinnenden Augen; dabei hatte, vom Vater ererbt, seine Stimme etwas von dem weichen Gesang seiner Heimatsprache.

Die Frau dieses Mannes war braun und von zartem Gliederbau, ihre Sprache von unverkennbar süddeutschem Klang. Meine Mutter pflegte von ihr zu sagen, ihre schwarzen Augen könnten einen See ausbrennen, in ihrer Jugend aber sei sie von seltener Anmut gewesen. – Trotz der silbernen Fäden, die schon ihr Haar durchzogen, war auch jetzt die Lieblichkeit ihrer Züge noch nicht verschwunden. *(Theodor Storm)*

Textvorschläge / Aufsatzthemen: ⊗ **104**

Wie ich mich sehe (Versuch einer Selbstdarstellung)
Mein bester Freund / Meine beste Freundin
Meine Mutter / Mein Vater
Ein vorbildlicher Mensch → **L104**

105 Sachkreis „Gesundheit und Krankheit“

Vergleiche: O

a) Christoph besucht seinen Freund Daniel. Daniels Mutter öffnet die Tür und sagt:
„Daniel ist krank. Er hat Grippe und hohes Fieber. Sein Zustand ist aber unbedenklich. In einer Woche wird er wieder in die Schule gehen können. Teile ihm bitte jeden Tag mit, was ihr in der Schule durchgenommen habt. Er wird dann versuchen alles nachzuholen. Bring bitte dieses Entschuldigungsschreiben deinem Klassenvorstand.“
„Gern“, antwortet Christoph, „ich wünsche ihm baldige Besserung.“

b) Christoph besucht seinen Freund Daniel. Daniels Mutter öffnet die Tür und sagt, Daniel **sei** krank. Er **habe** Grippe und hohes Fieber. Sein Zustand **sei** aber unbedenklich. In einer Woche **werde** er wieder in die Schule gehen können. Christoph **möge** ihm bitte jeden Tag mitteilen, was in der Schule durchgenommen worden **sei**. Er **werde** dann versuchen alles nachzuholen. Christoph **solle** bitte dieses Entschuldigungsschreiben seinem Klassenvorstand bringen.
Christoph antwortet, er **wünsche** ihm baldige Besserung.

c) Christoph berichtet, er **hätte** seinen Freund Daniel besucht. Daniels Mutter **hätte** die Tür geöffnet und gesagt, Daniel **wäre** krank. Er **hätte** Grippe und hohes Fieber. Sein Zustand **wäre** aber unbedenklich. In einer Woche **würde** er wieder in die Schule gehen können. Christoph **möchte** ihm jeden Tag mitteilen, was in der Schule durchgenommen **worden wäre**. Er **würde** dann versuchen alles nachzuholen. Christoph **sollte dieses Entschuldigungsschreiben seinem Klassenvorstand bringen.**
Christoph antwortet, er würde ihm baldige Besserung wünschen.

Wenn du die Rede anderer **direkt (wörtlich)** wiedergeben willst, verwende die **direkte Rede** (Beispiel a).

Wenn du, etwa bei einer Inhaltsangabe, die Rede der sprechenden Personen nicht direkt wiedergeben möchtest, verwende die **indirekte Rede** (Beispiel b). Dabei werden die **Zeitwörter** in der **unbestimmten Aussageweise (im 1. Konjunktiv)** verwendet (er/sie habe, sei, möge, dürfe, wolle, werde, könne, glaube, hoffe u. dgl.).

Wenn du jedoch ausdrücken willst, dass der Inhalt der Rede unwahrscheinlich, zweifelhaft oder völlig ungewiss ist, verwende den **2. Konjunktiv** (Beispiel c), **die Möglichkeitsform** (er/sie hätte, wäre, möchte, dürfte, wollte, würde, könnte, glaubte, hoffte u. dgl.).

Die richtigen Konjunktivformen findest du im Wörterbuch.

In der Umgangssprache werden die Formen des 2. Konjunktivs häufig vermieden und stattdessen die Nennform des Zeitwortes mit **würde** umschrieben (Er würde gern kommen, – statt: Er käme gern.).

Schreib auf, welche Krankheiten du kennst! ☐ **106**

Grippe, Masern Röteln, ... → **L106**

Wie Krankheiten sind: ☐ **107**

lebensgefährlich, gutartig, schmerzhaft, ...
→ **L107**

Schreib die folgenden Wörter ab und erkläre sie: ☐ **108**

Hausarzt, Facharzt, Zahnarzt, Kinderarzt, Krankenschein, Medizin, Arznei, Rezept, Krankenhaus, Spital, Sanatorium, Erholungsheim, Klinik, Krankenschwester, Pfleger, Krankenkasse, Spitalsambulanz, Operation, Krankentransport, Rettung.

109 *Was die Ärzte tun:* □

untersuchen, behandeln, heilen, Wunden verbinden, ... → **L109**

110 *Lerne auswendig und schreib aus dem Gedächtnis auf!* ○

Schwitzen ist gesund

Durch körperliche Anstrengung erhitzt sich unser Körper, besonders bei Wärme. Wir beginnen zu schwitzen. Die Schweißdrüsen, die in der Lederhaut liegen, sondern Schweiß ab. Der Schweiß verdunstet an der Hautoberfläche. Wir spüren, dass die Haut kalt wird. Das Blut, das durch die feinsten Äderchen der Haut fließt, kühlt ab. Es bringt die Abkühlung auch ins Körperinnere.

Bei Kälte droht der Körper auszukühlen. Jetzt zieht sich die Haut zusammen. Wir sagen, wir bekommen eine Gänsehaut. Die Hautäderchen verengen sich. Die Haut wird blass, weil sie weniger durchblutet wird. Die Körperwärme bleibt erhalten.

111 *Welche Heilmittel kennst du?* □

Tabletten, Tropfen, Augentropfen, Hustensaft, ... → **L111**

112 *Auch Kräuter können heilen.* □

Salbei, Ringelblumen, Spitzwegerich, ... → **L112**

113 *Suche andere Ausdrücke für das Wort* ***krank****!* □

verkühlt, leidend, unwohl, ... → **L113**

114 *Schreib ab und wähle den treffendsten Ausdruck aus!* ○

Nasenbluten

Ich (will, möchte) euch etwas vom Nasenbluten (erzählen, mitteilen). (Vielleicht, möglicherweise) habt ihr es an euch selbst oder euren (Freunden, Schulkameraden) schon einmal (erlebt, gesehen), denn es kommt (häufig, oft) vor. Und wenn dann aus einem Nasenloch (plötzlich, unerwartet) das Blut (tropft, fließt), so ist das (ziemlich, etwas) (beängstigend, beunruhigend). Aber (meistens, im Allgemeinen) sieht es (schlimmer, gefährlicher) aus, als es ist. Ich will euch gleich ein (gutes, wirksames) (Mittel, Verfahren) dagegen sagen: Wenn einer von euch plötzlich Nasenbluten bekommt, (so, dann) legt er sich am besten flach hin, den Kopf tief gelagert, und drückt die Nasenhälfte, aus der es blutet, (ungefähr, etwa) zehn Minuten gegen die Nasenscheidewand. (Meistens, im Allgemeinen) wird (der Schaden, das Bluten) dann (behoben sein, aufhören). Die Blutung „steht“, sagt der (Fachmann, Arzt). → **L114**

Textvorschläge / Aufsatzthemen: ☐ **115**

Als ich einmal krank war
Beim Zahnarzt
Als ich mir einmal das Bein (den Arm) gebrochen habe
Ist Gesundheit Glückssache? → **L115**

Sachkreis „Vom guten Benehmen“

116 Lies die folgende Erlebniserzählung durch und versuche festzustellen,

wie der Aufsatz aufgebaut ist,
wie er eingeleitet wird,
was im Hauptteil erzählt wird,
wo die unerwartete Wendung (der Höhepunkt) liegt,
was am Schluss erzählt wird! ⊗

Ein Spiel mit bösem Ende

Seit langem machte es uns Buben Freude, die breiten Geländer in unserem Treppenhaus hinunterzurutschen. Das Geländer vom ersten Stock zum Erdgeschoss war besonders beliebt, da es einen weiten Auslauf bot. Wenn wir dort hinuntersausten, wurden wir wie bei einer Sprungschanze ein Stückchen hinausgetragen und landeten gerade noch vor dem Windfang, einer Glastür.

Vor kurzem hatte Hans den Einfall, ein „Wettspringen“ zu veranstalten. „Wer kommt so weit wie ich?“, fragte er uns herausfordernd. Das spornte uns an, es ebenfalls zu versuchen. Fritz, Arnim und ich rutschten in raschem Tempo das Geländer hinab. Die Fliesen des Fußbodens waren unsere Markierungen. Fritz flog dreizehn Fliesen weit, ich vierzehn, und Arnim kam noch ein paar Zentimeter weiter.

Dann rutschte Hans. Wie ein Blitz schoss er das Geländer hinab, sauste durch die Luft, prallte gegen die Glastür und blieb liegen. Er lag bewusstlos auf dem Boden und blutete im Gesicht.

„Ich rufe sofort die Rettung an!“, rief Arnim. Wir wussten nicht, wie wir helfen sollten. Die Eltern von Hans waren beide berufstätig. Wir konnten sie daher nicht benachrichtigen.

Da kam auch schon das Rettungsauto mit dem Notarzt. Hans wurde auf eine Bahre gelegt und weggefahren.

Drei Wochen musste er wegen einer Gehirnerschütterung im Krankenhaus liegen. Seither rutschte niemand mehr das Treppengeländer hinab. *(Florian, 13)*

→ **L116**

Wenn eine Erzählung lesenswert sein soll, musst du sie folgendermaßen aufbauen:

1. In einer kurzen **Einleitung** sollte die Ausgangssituation dargestellt werden, also wann, wo, unter welchen Umständen das Geschehen abläuft.
2. Im **Hauptteil** sollte von einer **offenen Situation** erzählt werden, die nach einer Lösung verlangt. Auf diese Weise wird der Leser neugierig gemacht. **Spannung** wird dadurch erzeugt, dass die Lösung durch die Darstellung von Einzelheiten verzögert wird („Zeitdehnung“).
3. Gegen Ende des Hauptteils sollte es dann zur **Lösung** des Problems kommen, z. B. zu einer unerwarteten Wendung. Es sollte erkennbar werden, ob die Absicht der Hauptperson verwirklicht werden konnte oder ob sie gescheitert ist.
4. Der kurze **Schluss** kann einen Rückblick, eine Zusammenfassung oder einen Ausblick enthalten.

Schreib den folgenden Text ab und unterstreiche das Wesentliche! O **117**

Vom Grüßen

„Mit dem Hute in der Hand kommt man durch das ganze Land!“ Vergiss das Sprichwort auf dem Land nicht, wo es noch Sitte ist, alle zu grüßen! Überhaupt ist es besser, zu viel als zu wenig zu grüßen, denn der Gruß ist ein Zeichen der Hochachtung, und die Menschen sollten einander immer Hochachtung entgegenbringen. Der Jüngere grüßt den Älteren, der Herr die Dame, der Junge das Mädchen zuerst.

Wenn du einen Bekannten siehst, schau nicht schüchtern weg, um dem Gruß auszuweichen! Höher gestellte Persönlichkeiten grüßt man auf der Straße meist stumm; man nimmt die Kopfbedeckung ab und neigt den Kopf. Nur der Höherstehende (die Dame) hat das Recht, die Hand zum Gruß zu reichen. Man darf die Hand des andern nicht zu stark pressen, aber die Hand auch nicht zu schlaff geben, denn es soll doch ein Hände-„Druck“ sein. Der Herr muss beim Betreten einer Wohnung oder eines Lokales seine Kopfbedeckung abnehmen. → **L117**

118 *Schreib auf, wie man grüßen kann!* ☐

höflich, freundlich, flüchtig, ... → **L118**

119 *Erkläre die folgenden* ***Sprichwörter*** *und* ***Redensarten****!* ○

Böse Beispiele verderben gute Sitten. – Geben ist besser als Nehmen. – Einem geschenkten Gaul sieht man nicht ins Maul. – Borgen macht Sorgen. – Spare in der Zeit, dann hast du in der Not. – Fleiß bringt Brot, Faulheit Not. – Der Geizhals ist der Ärmste auf Erden, weil er niemals satt kann werden. – Ehre, wem Ehre gebührt. – Wer andern eine Grube gräbt, fällt selbst hinein. – Der brave Mann denkt an sich selbst zuletzt. – Sage mir, mit wem du umgehst, und ich sage dir, wer du bist. – Quäle nie ein Tier zum Scherz, denn es fühlt wie du den Schmerz. – Lügen haben kurze Beine.

120 *Ordne die folgenden Wörter nach den Oberbegriffen Höflichkeit und Unhöflichkeit!* ○

Manierlichkeit, Rücksichtslosigkeit, Takt, Verstoß, schlechtes Benehmen, vollendetes Benehmen, Ungehörigkeit, Haltung, gute Umgangsformen, Liebenswürdigkeit, Rüpelhaftigkeit, Unverschämtheit, guter Umgangston, Ehrfurcht, Ungezogenheit, Rohheit, die Ehre erweisen, den Rücken zukehren, keines Blickes würdigen. → **L120**

121 *Suche andere Wörter für* ***anstößig****:*

ungehobelt, ungehörig, unanständig, ...

→ **L121**

122 *Welche Eigenschaften besitzt jemand, der sympathisch ist? Er ist* ☐

liebenswert, höflich, charmant, ... → **L122**

Lerne auswendig und schreib aus dem Gedächtnis auf! O **123**

Wir machen einen Besuch

Gute Laune ist bei einem Besuch nach Möglichkeit mitzubringen. Man wird nicht nur über seine eigenen Probleme sprechen, sondern auch für das Wohl und Wehe seiner Gastgeber Anteilnahme zeigen. Der Besucher wird außerdem bestrebt sein, der Hausfrau möglichst wenig Arbeit zu machen. Er wird die Schuhe abputzen, Tisch- und Geschirrwäsche schonen und die Zigarettenasche nicht auf den Boden fallen lassen. Er wird unter Umständen der Hausfrau bei ihrer Arbeit für die Gäste behilflich sein.

Die Kleidung des Besuchers soll nett und sauber sein, schon aus Achtung vor dem Gastgeber. Nicht geladene Gäste mitzubringen sollte man vermeiden.

Wer diese Ratschläge beachtet, wird ein gern gesehener Gast sein.

Textvorschläge / Aufsatzthemen: O **124**

Ein Lausbubenstreich

Als ich einmal Freude bereitet habe → **L124**

Sachkreis „Vom Glauben“

125 *Schreib die fett gedruckten Wörter aus dem folgenden Text heraus!* □

Der **Glaube** der Menschen an eine höhere Wesenheit (**Gott**) wird als **Religion** bezeichnet. Eine Gemeinschaft der Menschen gleichen Glaubens nennt man **Religionsgemeinschaft**. Das griechische Wort **Kirche** (den Herrn betreffend) bezeichnet die auf **Jesus Christus** zurückzuführenden Glaubensgemeinschaften, das **Christentum**.

Mit dem Wort „Kirche“ wurden später auch die Gebäude bezeichnet, in denen der Gottesdienst abgehalten wird.

Auf **Moses** (um 1225 v. Chr.) ist der **mosaische Glaube** der **Juden** zurückzuführen.

Auf **Buddha** (um 560 v. Chr.) geht der **Buddhismus** zurück.

Mohammed (um 600 n. Chr.) hat den **Islam** gegründet.

Es gibt aber auch Menschen, die an viele Götter glauben (z. B. die Anhänger des **Hinduismus**).

Manche glauben zwar an einen Gott, bekennen sich aber zu keiner Religionsgemeinschaft (**Theisten**).

Menschen ohne Glauben nennt man **Atheisten**.

Zu den christlichen Kirchen zählen die **römisch-katholische Kirche**, die **orthodoxen Kirchen**, die **evangelische Kirche** (die von Martin Luther 1515 n. Chr. begründet wurde und deren Mitglieder als **Protestanten** bezeichnet werden), die **altkatholische Kirche**, die **Apostelkirche** u. a. m.

Die Quelle des Christentums ist die **Bibel**, bestehend aus dem **Alten** und **Neuen Testament** (**Evangelium**).
Die Quelle des Islam ist der **Koran**.

126 *Schreib ab und erkläre die folgenden Begriffe!* ⊗

Gotteshaus, Dom, Münster, Kathedrale, Stift, Stiftskirche, Kloster, Mönchsorden, Sakristei, Altar, Orgel, Kruzifix, Marterl, Kapelle; Bethaus, Synagoge, Tempel; Moschee.

(„Die Heimkehr des verlorenen Sohnes“, Zeichnung von Albrecht Dürer, 1471–1528, Albertina, Wien)

Nenne geistliche Berufe: ○ **127**

Priester, Abt, Nonne, Rabbiner, ... → **L127**

Welche christlichen Feiern kennst du? ○ **128**

Messfeier, Taufe, Firmung, ... → **L128**

129 *Lies im Neuen Testament (Lk 15,11–32) das Gleichnis vom verlorenen Sohn und erzähle den Inhalt nach!* ○

130 *Schreib auf, wie gläubige Menschen sind!* □

fromm, gottesfürchtig, barmherzig, ...

→ **L130**

131 *Was gläubige Menschen tun:* □

Sie glauben an Gott, verehren die Heiligen, besuchen den Gottesdienst, ...

→ **L131**

132 *Lerne auswendig und schreib aus dem Gedächtnis auf!* ○

In einer katholischen Kirche

In meiner Heimatstadt gibt es eine ehrwürdige Kathedrale. Sie stammt aus dem 14. Jahrhundert und ist im Stil der Gotik erbaut. Sie ist der Sitz eines Kardinals. Betrittst du sie durch das spitzbogige Portal, gelangst du in das hohe dreischiffige Gotteshaus. Ganz vorn ist der Hochaltar mit einem alten Kruzifix. Die Decke wird von hohen Säulen getragen, an denen steinerne Statuen von Heiligen stehen. In einer Ampel brennt das ewige Licht. Zu beiden Seiten des Altars sind Kandelaber aufgestellt. Im Tabernakel werden die Monstranz und das Ziborium aufbewahrt. Wenn ein Hochamt gefeiert wird, kommt der Kardinal mit dem Domherrn und den Kaplänen im Ornat aus der Sakristei und zelebriert die heilige Messe. Nach dem Verlesen des Evangeliums predigt er zu den Gläubigen von der Kanzel, während die Ministranten an der Seite des Kirchenchores warten. An Sonntagen ist nachmittags die Vesper, bei der eine Litanei gelesen wird. Nach der Messe wird manchmal für die Caritas gesammelt.

133 **Textvorschläge / Aufsatzthemen:** ⊗

Lügen haben kurze Beine

Gilt das Gebot „Du sollst nicht töten“ auch im Krieg?

Erzähle die folgende Legende nach!

Muttergottestrinkbecher

Es hatte einmal ein Fuhrmann seinen Karren, der mit Wein schwer beladen war, festgefahren, sodass er ihn trotz aller Mühe nicht wieder losbringen konnte.

Nun kam gerade die Mutter Gottes des Weges daher, und als sie die Not des armen Mannes sah, sprach sie zu ihm: „Ich bin müd und durstig, gib mir ein Glas Wein, und ich will dir deinen Wagen frei machen!“

„Gerne“, antwortete der Fuhrmann, „aber ich habe kein Glas, worin ich dir den Wein geben könnte.“

Da brach die Mutter Gottes ein weißes Blümchen mit roten Streifen ab, das Feldwinde heißt und einem Becherlein sehr ähnlich sieht, und reichte es dem Fuhrmann. Er füllte es mit Wein, und die Mutter Gottes trank ihn, und in dem Augenblick ward der Wagen frei, und der Fuhrmann konnte weiterfahren.

Das Blümlein heißt noch immer Mariengläschen oder Muttergottestrinkbecher. *(Brüder Grimm)*

Sachkreis „Von der Arbeit / Berufe“

Eisenabstich

Ein naher Gongschlag überdröhnt den Lärm, das hohle Pfeifen des Gebläsewindes in den Winderhitzern verstummt; der Vorarbeiter knöpft die Arbeitsjacke zu und stülpt die Drahthaube über den Kopf: Abstich. Mit einer langen Eisenstange, mit wuchtigen, rhythmischen Stößen zerstoßen die Arbeiter die verhärtete Stopfmasse im Abstichloch, bis ein dünnes, goldgelbes Rinnsal hervorbricht, das rasch zu einem faustdicken Bächlein anschwillt, durch die Sandrinnen der Bühne läuft, sich nach Eisen und Schlacke scheidet und in zwei Strömen in die bereitstehenden, mit feuerfestem Gestein ausgemauerten Pfannen fließt.

Der Text ist eine **Reportage**. Im Gegensatz zu Erzählungen wird bei Reportagen die Zeitform „Gegenwart“ (das Präsens) gewählt. Dadurch entsteht beim Leser der Eindruck, am Geschehen unmittelbar teilzunehmen. Wird über Vergangenes berichtet, muss die Zeitform in die „Vergangenheit“ (ins Präteritum) wechseln.
Die „Gegenwart“ wird als Stilmittel auch am Höhepunkt von Erzählungen verwendet um die Spannung zu erhöhen. Ferner ist die „Gegenwart“ die angemessene Zeitform bei Inhaltsangaben und Beschreibungen aller Art.

134 *Notiere bedeutungsverwandte Ausdrücke für das Wort* ***arbeiten****!* ☐

werken, schaffen, bohren, hobeln, … → **L134**

135 *Ersetze das Wort* ***machen*** *durch einen treffenderen Ausdruck!* ☐

ein Kleid machen (nähen); eine Kiste machen (verfertigen, zimmern); das Zimmer sauber machen; eine Bestellung machen; Essen machen; einen Teig machen; Holz machen; Feuer machen; eine Wanderung machen; das Fenster zumachen; ein Loch machen; vollständig machen; höher machen; möglich machen; zahm machen; Musik machen. → **L135**

Schreib Berufe auf! ☐ **136**

Schneider, Tischler, Schweißer,
Verkäufer, … → **L136**

Lerne auswendig und schreib aus dem Gedächtnis auf! ○ **137**

Vom Sinn der Arbeit
Auf der ganzen Welt sind von morgens bis abends Tausende an der Arbeit. Überall schaffen Arbeiter, Handwerker, Bauern, Händler, Techniker, Forscher, Lehrer. Warum? Weil wir Menschen für unser tägliches Leben Dinge brauchen, die nicht einfach da sind, sondern erst erzeugt werden müssen. Viele der Dinge, die wir brauchen, sind von anderen gemacht. Wir müssen sie kaufen. Wir arbeiten also auch, um das Geld zum Einkaufen zu verdienen. Das, was die einen herstellen, wollen die anderen kaufen. Es soll gut sein, damit die anderen es wirklich gebrauchen können. Aus guter Arbeit werden gute Dinge. Und weil uns dieses Tun freut, gehen viele Menschen gern ihrem Beruf nach.

Notiere sinnverwandte Ausdrücke für ***Anstrengung****!* ☐ **138**

Mühe, Belastung, Anspannung, … → **L138**

Der folgende Text ist eine ***Vorgangsbeschreibung****. Die Zeitwörter in Vorgangsbeschreibungen werden in der* ***Leideform (im Vorgangspassiv)*** *verwendet.* **139**

Schreib den Text ab und unterstreiche die Passivformen! ☐

Wie Schokolade erzeugt wird
Zuerst werden Kakaobohnen auf ein Fließband geschüttet. Arbeiterinnen suchen sorgfältig Schalenreste und kleine Steinchen heraus. Dann werden die Bohnen zu feinem Mehl gemahlen. Nun wird das Kakaomehl in erhitzten Trommeln mit Zucker und Milchpulver vermischt. Diese Mischung knetet eine Maschine zu einem Brei, der anschließend in Formen gegossen wird. Ein Fließband transportiert die gefüllten Formen durch eine Kühlbahn. Nach dem Erstarren werden die Tafeln

von einer Maschine in Stanniolpapier verpackt. Schließlich legen Arbeiterinnen die fertigen Tafeln in Kartons. → **L139**

Vermeide in Vorgangsbeschreibungen gleiche Satzanfänge!

140 *Verfasse ein **Bewerbungsschreiben**!*
Bewirb dich schriftlich um eine Lehrstelle als Fernmeldemonteur / Zuckerbäckerin! ⊗
Beachte dabei die folgenden Ratschläge!

Wer sich schriftlich um eine **Lehrstelle** bewirbt, wirbt für sich selbst. Er sollte daher trachten, einen guten Eindruck zu hinterlassen. Lobe dich nicht selbst, führe jedoch alle nachweisbaren Tatsachen an!
Eine weitere Voraussetzung für den Erfolg des Bewerbungsschreibens ist, dass es sprachlich und orthografisch richtig abgefasst ist und hinsichtlich der Form den Normen entspricht.

Papierformat: A 4 (210 x 297 mm). Links oben sollten der Name und die Anschrift des Absenders stehen sowie die Telefonnummer.

Als **Anrede** verwende den Namen der Firma bzw. jenen des Inhabers! Danach folgt die Anschrift und – eine Zeile darunter – der Ort und das Datum. Nach einigen Leerzeilen steht der **Betreff** (unterstrichen).

Man leitet das Bewerbungsschreiben gewöhnlich damit ein, dass man sich auf eine Anzeige oder Empfehlung bezieht.

Danach folgen im **Hauptteil** Angaben über die Schulbildung, abgelegte Prüfungen, besondere Kenntnisse sowie persönliche Angaben (Geburtsdatum, Beruf der Eltern).

Den **Schluss** bilden die Unterschrift und die Anführung der Beilagen (Zeugniskopien, Lichtbild).

Siehe Beispiel! → **L140**

Textvorschläge / Aufsatzthemen: ⊗ **141**

Ein Blick in die Welt der Arbeit
Ich beobachte einen Handwerker bei seiner Arbeit
Ein Auto wird aufgetankt
Mein Bruder befestigt die Fahrradkette
Verfasse eine Reportage über einen Werkstättenbesuch!

→ **L141**

Sachkreis „Arbeitsgeräte / Maschinen / Technik“

Wenn du ein Arbeitsgerät oder eine Maschine das erste Mal benützen willst, musst du die **Gebrauchsanleitung** lesen. Solche Anleitungen können auf zweierlei Weise formuliert werden:
in vollständigen Sätzen (Beispiel a),
in verkürzten Sätzen, in denen das Zeitwort (Verb) in der Nennform (im Infinitiv) steht, also in Stichworten (Beispiel b).

Beispiele:

a) Wie dieser Füllfederhalter gefüllt wird

Dies ist ein so genannter Kolbenfüller. Wollen Sie ihn füllen, so müssen Sie vorerst die Schutzkappe abziehen. Dann lösen Sie durch eine Linksdrehung den Verschluss am oberen Ende des Halters! Dadurch wird eine gerillte Drehschraube sichtbar; diese steht durch eine Spindel mit dem Kolben in Verbindung, welcher den zylinderförmigen Tintenbehälter nach oben abschließt. Drehen Sie nun an der Schraube nach links, so schiebt sich der Kolben im Tintenbehälter langsam nach unten! Danach stecken Sie den Halter so tief in Füllhaltertinte, dass Feder und Tintenzunge völlig verdeckt sind! Wenn Sie anschließend an der Drehschraube langsam nach rechts drehen, so schiebt sich der Kolben wieder nach oben und in das Vakuum des Tintenbehälters wird Tinte angesaugt. Ehe Sie jedoch den Verschluss am Ende des Halters wieder aufschrauben, prüfen Sie, ob der Tintenbehälter voll ist! Ist dies nicht der Fall, so muss der Vorgang wiederholt werden. Abschließend reinigen Sie die Griffmulde für die Finger!

b) Das Füllen des Füllfederhalters

Schutzkappe **abziehen**,
Verschluss am hinteren Ende des Halters durch Linksdrehung **lösen**,
gerillte Drehschraube bis zum Anschlag nach links **drehen**,
Feder und Tintenzunge des Halters in Füllhaltertinte **stecken**,
durch Rechtsdrehung der Drehschraube Tinte **ansaugen**,
prüfen, ob Tintenbehälter voll ist,
wenn nicht, Vorgang **wiederholen**,
Griffmulde **reinigen**.

142 *Drücke die folgende Anleitung für den Start eines Rasenmähers in* ***Stichworten*** *aus! Mit Hilfe der Zeichnung kannst du dich informieren, wie die einzelnen Bestandteile des Rasenmähers heißen.* ⊗

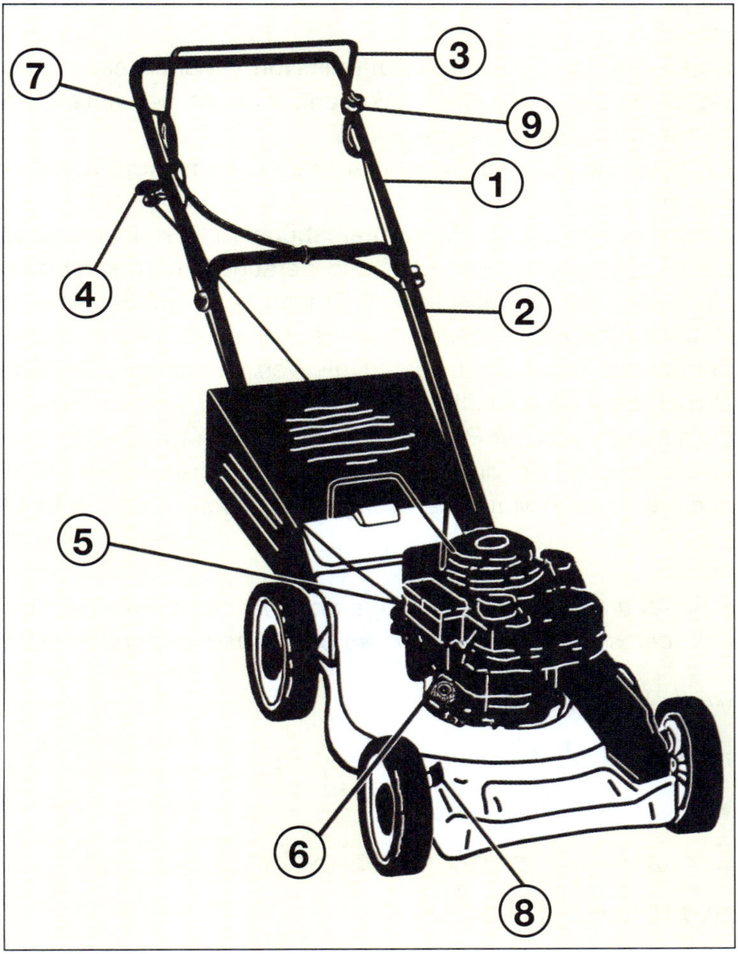

① oberer Handgriff
② unterer Handgriff
③ Motorbremsbügel
④ Anlasser
⑤ Luftfilter
⑥ Benzineinfüllöffnung
⑦ Gasregler
⑧ Höheneinstellgriff
⑨ Kupplungshebel

Ehe Sie den Rasenmäher starten, stellen Sie ihn auf einen ebenen Untergrund und bringen Sie den Rasenmäher mit Hilfe der Höheneinstellgriffe bei den Rädern in die gewünschte Höhe!
Danach überprüfen Sie mit Hilfe des Messstabes den Ölstand!
Nun füllen Sie in den Kraftstofftank Normalbenzin ein!
Beachten Sie, dass dieser Vorgang niemals bei laufendem Motor durchgeführt werden darf!
Drücken Sie drei- bis viermal auf den Gummiknopf der Vorpumpe!
Jetzt drücken Sie den Motorbremsbügel mit der linken Hand gegen den oberen Handgriff und betätigen mit der rechten Hand den Startschlüssel durch Drehen nach rechts!
Sobald der Motor angesprungen ist, schieben Sie den Kupplungshebel nach unten, damit die Verbindung mit den Antriebsrädern hergestellt wird!
Damit setzt sich der Rasenmäher in Bewegung.
Wenn Sie den Rasenmäher zum Stehen bringen wollen, müssen Sie nur den Motorbremsbügel auslassen. → **L142**

143 *Schreib auf, welche Werkzeuge und Maschinen ein Tischler, ein Schlosser, ein Schneider, ein Schuhmacher benützt!* O

Werkzeuge des Tischlers:

Hobel, Hobelbank, Fräse, …

Werkzeuge des Schlossers:

Schweißapparat, elektrische Bohrmaschine, Feile, …

Werkzeuge des Schneiders:

Schneiderschere, Nadeln, Nähmaschine, …

Werkzeuge des Schuhmachers:

Leisten, Schusterhammer, Fräse, … → **L143**

144 *Schreib Wörter für die Tätigkeiten des Tischlers, Schlossers, Schneiders, Schuhmachers auf!* ○

Tischler:

hobeln, fräsen, sägen, ...

Schlosser:

schweißen, bohren, feilen, ...

Schneider:

Maß nehmen, zuschneiden, nähen, ...

Schuhmacher:

Leder zuschneiden, Schuhe besohlen, nageln, ... → **L144**

145 *Schreib andere Ausdrücke für* ***herstellen*** *auf!* ○

verfertigen, erzeugen, produzieren, ... → **L145**

146 *Schreib ab und unterstreiche die als Namenwort gebrauchten Zeitwörter!* □

Hochofenbetrieb

Damit die Eisenerze im Hochofen schneller schmelzen, bedürfen sie vorher einer besonderen Aufbereitung. Durch Sortieren wird von vornherein viel taubes Gestein ausgeschieden. Durch Pochen in den Pochwerken, Quietschen und Brechen werden die Erzstücke zerkleinert. Durch Waschen werden sie von Sand, Ton und Kalk gereinigt. Durch Rösten im Röstofen werden sie aufgelockert, porös gemacht und von Wasser, Schwefel, Phosphor sowie anderen fremden Bestandteilen befreit. Auch durch Verwittern, Auslaugen und Ausfrieren der Erze wird das Schmelzverfahren beschleunigt, vor allem aber durch Beimengen von Zuschlägen wie Kalkstein und anderem. Erst dann beginnt das Beschicken (Einfüllen) der Öfen und das eigentliche Schmelzen des Eisenerzes. → **L146**

147 *Das Wort **kaputt** wird oft verwendet, obwohl es nur ungenau über die Art der Unbrauchbarkeit Auskunft gibt.*
Setze statt „kaputt“ ein treffenderes Wort ein: ☐

der ______________ Sessel, ein ______________ Glas, eine ______________ Tapete, ein ______________ Buch, eine ______________ Hose, ein ______________ Haus, ein ______________ Teppich, ein ______________ Luftballon, eine ______________ Scheibe, ______________ Speichen, ein ______________ Fahrrad, eine ______________ Stoßstange, ein ______________ Reifen. → **L147**

148 **Textvorschläge / Aufsatzthemen:** ⊗

Wie eine Fahrradkette aufgelegt wird → **L148**
Gebrauchsanleitung für ein Küchengerät
Wie mein Fotoapparat bedient wird
Mein Vater / meine Mutter bei der Arbeit

Sachkreis „Werben/Vom Kaufen und Verkaufen“ 149

Schreib aus dem folgenden Text das Wesentliche des Inhalts in Stichworten heraus! O

Von der Werbung

Ihr werdet euch sicher schon gefragt haben, was heißt eigentlich „werben“? Das Wort „werben“ bedeutete ursprünglich „sich umtun“, „sich um jemanden bemühen“. Erst seit dem 19. Jahrhundert versteht man unter diesem Wort „sich um einen Kunden bemühen“, „ihn für einen Kauf gewinnen“.
Wir können drei Formen der Werbung unterscheiden: die schreiende Reklame, die überredende Werbung und die aufklärende Werbung, die bloß informieren will.
Während die schreiende Reklame mit Hilfe von Abbildungen der Ware oder durch einen nichtssagenden Slogan zum Kauf verlocken will, arbeitet die überredende Werbung mit einem längeren Text. Er verspricht Gesundheit, Geborgenheit, Glück, Zufriedenheit, Sicherheit und dergleichen, wenn man die Ware käuflich erwirbt. → **L149**

Die Werbung bedient sich besonderer Mittel (Werbemittel), um ihr Ziel zu erreichen. Wer wirbt, versucht durch geschickte Verwendung von **Werbeträgern** (Plakate, Flugzettel, Zeitungen, Rundfunk, Fernsehen) und Werbemitteln die Aufmerksamkeit zu erreichen.

Beispiel für die überredende Werbung:
Bio-Super-S ist kein gewöhnlicher Fleckentferner. Sie bekommen ihn in keinem Geschäft, sondern nur bei mir. Es gibt keinen Fleck, keinen Schmutz, der Bio-Super-S widerstehen kann. Nach Aussagen bedeutender Chemiker hat Bio-Super-S keine schädigenden Nebenwirkungen wie andere Erzeugnisse, sondern ist absolut gewebefreundlich. Im Gegensatz zu fragwürdigen Produkten der Konkurrenz, die Ihnen an der Wohnungstür aufgeschwatzt werden, kann Bio-Super-S hier und jetzt den Beweis dafür antreten, dass es Teer-, Blut-, Öl- und Grasflecken, die hier auf diesem Tuch zu sehen sind, mühelos entfernt. Nun müssen Sie genau aufpassen!

150 *Durch welche sprachlichen Besonderheiten versucht der Verkäufer seine Ware anzubringen?* ⊗ → **L150**

151 *Verfasse einen kurzen Werbetext zum abgebildeten Kochtopf! Hebe die Besonderheiten hervor und weise auf seine Vorteile hin!* → **L151**

152 *Verfasse Werbeslogans nach dem folgenden Muster!* ⊗

WER SICHERHEIT SUCHT, LÄSST SICH VERSICHERN

BRASILIO-KAFFEE,
DER BERÜHMTE MAGENFREUNDLICHE

GOLDMÜNZEN SIND MEHR ALS GOLD WERT

MAUNZ – DIE LEIBSPEISE FÜR KATZEN

Notiere Namenwörter zum Sachkreis „Kaufen und Verkaufen“! ☐ **153**

Warenangebot, Auswahl, Supermarkt, ...

Nenne Tätigkeiten des ***Verkäufers!*** ☐ **154**

Waren vom Großhändler kaufen, in Regalen anordnen, anbieten, ... → **L154**

Schreib auf, was der ***Käufer*** *tut!* ☐ **155**

Waren betrachten, begutachten, auswählen, ... → **L155**

Im Geschäftsleben werden viele ***Fremdwörter*** *verwendet. Schreib ab und ersetze die Fremdwörter durch deutsche Ausdrücke!* ⊗ **156**

Der neue CHEF berichtet

Vor kurzem **avancierte** ich zum **Manager** der großen Export- und Importfirma Berger und **Kompagnon**. In mein Büro hatte ein **Spediteur** neues **Mobiliar** geliefert, sodass alles nach meinen Wünschen eingerichtet war. Neben meinem Schreibtisch standen ein Computer mit Internetanschluss und ein Faxgerät. An Hand meiner Informationen fiel es mir nicht schwer, mich in dem großen **Etablissement** zu **orientieren**. In dem Büro nebenan erwartete mich ein **versierter** Prokurist. Er stellte mir das Personal vor: die beiden **Kontoristen**, zwei Sekretärinnen, den Auslandskorrespondenten und eine für das **Marketing** zuständige Assistentin. Den **Magazineur** lernte ich im **Magazin** kennen. Eine Telefonistin bediente die Telefonzentrale, wo auf einem Apparat ständig Lichter aufleuchteten. Nach einer kurzen **Konferenz**, in der ich mich über die einzelnen **Ressorts** informierte, **inspizierte** ich die verschiedenen **Etagen** des ausgedehnten Gebäude**komplexes**. Ich war sehr glücklich, hier arbeiten zu dürfen, denn nicht jeder kann auf eine solche **Karriere** zurückblicken. → **L156**

Auch der Stil von Geschäftsbriefen muss dem Zweck und dem Adressaten angepasst sein. Von einem persönlichen Schreiben unterscheidet sich der Geschäftsbrief vor allem durch Sachlichkeit und eine den Normen entsprechende äußere Form. Dadurch wird eine raschere Bearbeitung ermöglicht.

Beispiel (Reklamationsschreiben)**:**

Walter Immervoll
Oberweg 19 Navis
6143 Matrei am Brenner

Versandhaus Kosmos
Imbergstraße 18
5010 Salzburg

Navis, 18. Okt. 2 ...

Reklamation der Lieferung Nr. 7438/12
vom 15. Okt. 2 ...

Auf Grund meiner Bestellung vom 3. Okt. 2 ... haben Sie mir eine Kleinbildkamera, Marke Hektor 35/RC, zur Ansicht zugesandt. Bei der Erprobung der Kamera musste ich leider feststellen, dass der Verschluss manchmal klemmt.
Ich sende Ihnen daher den Apparat zurück und ersuche ihn umzutauschen.
Die Bezahlung erfolgt nach Lieferung einer einwandfreien Kamera.

Mit höflichem Gruß

Walter Immervoll

Beilage
Kamera

Verfasse ein ähnliches Reklamationsschreiben! ⊗ → **L157** **157**

Textvorschläge / Aufsatzthemen: ⊗ **158**

Verfasse einen Werbetext für einen Haushaltsroboter!

159 Sachkreis „Vom Geld und vom Sparen“

Schreib ab und wähle das treffendere der eingeklammerten Wörter aus! O

Wer spart, hat mehr vom Leben
Sparen erfordert (Willenskraft, Entschlusskraft). Einmal muss man damit (anfangen, beginnen), kleinweis, aber (unnachgiebig, andauernd, ständig). Wenn man einmal (einen größeren Betrag, etwas Geld) beisammen hat, kommt einem die (Lust, Freude) am Weitersparen (von selbst, von allein), weil man schon mit einem festen Betrag rechnen kann, die (Dinge, Sachen) in den Geschäften mit anderen Augen ansehen kann. Man spürt, wie man mit jedem gesparten (Euro, Betrag) (unabhängiger, wohlhabender) wird. Eine große Hilfe dabei ist das Sparkonto, eine Art moralischer Rückhalt, denn in der (Brieftasche, Geldbörse) stecken die Geldscheine gar so locker. Der Weg zur (Sparkasse, Bank) hingegen verlangt schon eine gewisse (Überwindung, Überlegung). Abheben kann man nicht (ohne weiteres, jeden Tag). Außerdem erhalten die Sparer alljährlich eine kleine (Belohnung, Draufgabe), die Zinsen. → **L159**

160 *Vergleiche den Satzbau!* O

a) Sparen hat nichts mit Geiz zu tun.
Es ist ein Planen und Vorausdenken.

Du kaufst dir ein Paar Schuhe weniger.
Schon kannst du dir einen schönen Ausflug leisten.

Manche wollen nicht lange warten.
Sie brauchen sofort eine größere Summe.

In diesem Fall gewährt die Sparkasse einen Kredit.
Er kann in Raten abgezahlt werden.

b) Sparen hat nichts mit Geiz zu tun, es ist ein Planen und Vorausdenken.

Du kaufst dir ein Paar Schuhe weniger, und schon kannst du dir einen schönen Ausflug leisten.

Manche wollen nicht lange warten, denn sie brauchen sofort eine größere Summe.

In diesem Fall gewährt die Sparkasse einen Kredit, er kann in Raten abgezahlt werden.

c) Sparen hat nichts mit Geiz zu tun, weil es ein Planen und Vorausdenken ist.

Wenn du dir ein Paar Schuhe weniger kaufst, kannst du dir schon einen schönen Ausflug leisten.

Weil manche sofort eine größere Summe brauchen, wollen sie nicht lange warten.

In diesem Fall gewährt die Sparkasse einen Kredit, der in Raten abgezahlt werden kann.

Du kannst den Inhalt eines Textes in verschiedenen Satzformen ausdrücken:
in **einfachen Hauptsätzen** (Beispiele a);
in **zusammengesetzten Hauptsätzen,** so genannten **Hauptsatzreihen** (Beispiele b);
in **Satzgefügen**: sie bestehen aus einem Hauptsatz und einem von diesem abhängi-gen **Gliedsatz** (Beispiele c).

Ein reiner Hauptsatzstil ist eintönig. Wechsle daher ab!

Forme die folgenden Satzpaare zu Satzgefügen um! O **161**

Manche Waren sind zu teuer.
Die Händler verlieren Kunden.

Die Käufer wollen preiswert kaufen.
Sie vergleichen die Preise.

Von manchen Waren lassen sie sich Proben geben.
Sie wollen die Güte der Ware überprüfen. → **L161**

162 *Forme die folgenden Satzgefüge zu Hauptsatzreihen um!* ○

Weil der Käufer nicht übervorteilt werden will, prüft er die Qualität der Ware.
Er fragt nach dem Preis, da er vergleichen will.
Weil der Verkäufer die Qualität nachweisen will, legt er die Ware vor.
Wenn der Anzug nicht geändert wird, will ihn der Käufer nicht kaufen.
Nachdem der Käufer auch andere Anzüge probiert hat, findet er den passenden.
Da die Hosenbeine gekürzt werden müssen, kann er den Anzug erst in der folgenden Woche abholen. → **L162**

163 *Wie kann man für* ***teuer*** *noch sagen?* □

kostspielig, unerschwinglich, nicht preiswert, ... → **L163**

164 *Notiere Wörter zum Sachkreis* ***Geld****!* □

Münzen, Geldscheine, Sparbuch, ... → **L164**

165 *Schreib ab und ordne die nachstehenden Wörter zum Thema* ***Umgang mit Geld*** *nach folgenden Gesichtspunkten:* ⊗

leichtsinnig Geld ausgeben
(z. B. verschleudern, verprassen),
ungern Geld ausgeben (z. B. knausern, geizen),
sinnlos Geld ansammeln (z. B. hamstern, horten),
sinnvoll Geld ansammeln (z. B. sparen).

Geld auf die Seite legen, beiseite legen, anhäufen, dem Geld nachjagen, Geld verschwenden, verpulvern, verjubeln, durchbringen, auf seinem Geld sitzen, gut wirtschaften, auf die hohe Kante legen, sein Geld zusammenhalten, verwirtschaften, vertun, verplempern, vergeuden, das Geld zum Fenster hinauswerfen, aufhäufen, erübrigen, Rücklagen machen, einteilen, haushalten, ansparen. → **L165**

Erkläre die folgenden Redewendungen: ⊗ **166**

Das Geld liegt auf der Straße; ein Vermögen durch die Gurgel jagen; den reichen Mann spielen; sich nach der Decke strecken; an seine alten Tage denken.
Wer den Pfennig nicht ehrt, ist den Taler nicht wert. Spare in der Zeit, dann hast du in der Not. Wo Tauben sind, fliegen Tauben zu.

Lerne auswendig und schreib nach einigen Tagen aus dem Gedächtnis auf! O **167**

Vom Sparen
Der Kluge bewahrt sein Geld in der Sparkasse auf. Die Sparkasse kann das ihr anvertraute Geld wieder an Privatpersonen oder an Gewerbetreibende beliebig weiterverborgen. Das verliehene Geld „arbeitet“ und trägt Zinsen. Diese Zinsen werden dir in das Sparkassenbuch eingetragen. Das Sparkassenbuch ist daher ein Wertpapier. Bewahre es gut zu Hause auf! Über das Geld, das du der Sparkasse geliehen hast, kannst du jederzeit frei verfügen. Die Vorlage des Sparbuches genügt, um deine Ersparnisse wieder abheben zu können. Wenn es dir lieber ist, die eingelegten Beträge für längere Zeit zu binden, bekommst du höhere Zinsen.

Textvorschläge / Aufsatzthemen: ⊗ **168**

Sparen ist besser als Schulden machen
Warum ich spare
Sollen Kinder Taschengeld bekommen?
Formen des Sparens → **L168**

Sachkreis „Gemeinschaften / Staat“

169 *Schreib die folgenden Wörter ab! Begriffe, die du nicht kennst, schlag in einem Wörterbuch oder Lexikon nach!* □

Gemeinwesen, Staat, Volk, Bevölkerung, Volksherrschaft, Demokratie, Gewaltherrschaft, Anarchie, Chaos, Diktatur, Republik, Bundesrepublik, Königreich, Kaiserreich, Monarchie, Nationalrat, gesetzgebende Versammlung, Bundespräsident, Monarch, Bundeskanzler, Regierungschef, Landeshauptmann, Bundesregierung, Bundesminister, Landesregierung, Stadtverwaltung, Magistrat, Bürgermeister, Gemeindeverwaltung, Gemeinderat, Staatseinnahmen, Steuern, Abgaben, Staatsbürger, Wahl, Partei, Stimmzettel.

170 *Die Menschen in einem Staat sind*

ansässig, eingeboren, eingebürgert, ... □

→ **L170**

171 *Die neu Hinzugekommenen nennt man*

Einwanderer, Fremde, Gastarbeiter, ... □

→ **L171**

172 *An der Staatsgrenze gibt es*

Grenzstationen, Grenzübergänge, Kontrollpunkte, ... □

→ **L172**

173 *Wo man geboren wurde, ist*

die Heimat, das Heimatland, das Vaterland, ... □

→ **L173**

174 *Wer keine Heimat hat, ist*

heimatlos, staatenlos, entwurzelt, ... □

→ **L174**

Unerlaubt Eingewanderte können **175**

abgeschoben werden, zurückgeschickt werden, ausgebürgert werden, … ☐ → **L175**

Jeder braucht **176**

einen Personalausweis, einen Reisepass, Personaldokumente, … ☐ → **L176**

In jeder Gemeinschaft gibt es **177**

ein Oberhaupt, einen Befehlshaber, einen Vorsitzenden, … ☐ → **L177**

Was es für Politiker gibt: ☐ **178**

Abgeordnete, Minister, Bürgermeister, … → **L178**

Was Politiker tun: ☐ **179**

Sie besprechen Gesetzesvorlagen, beschließen Gesetze, regieren, … → **L179**

Soziale Einrichtungen: ☐ **180**

Krankenkassen, Unfallversicherungen, Jugendamt, … ☐ → **L180**

Ergänze die Bezeichnungen für ***Staatseinnahmen****!* ☐ **181**

Lohnsteuer, Einfuhrzoll, Getränkesteuer, … → **L181**

Jedes Gemeinwesen muss verwaltet werden: ☐ **182**

durch Landesbehörden, Bezirks- und Gemeindeverwaltungen, Beamte, … → **L182**

183 *Drücke den Inhalt des folgenden Textes in der* ***unbestimmten Aussageweise*** *aus!* ○

Aus einer Gemeinderatssitzung

Ein Gemeinderat kritisiert die Zustände in der Gemeinde: In der Schlosshofer-straße versinkt man bei nassem Wetter im Schlamm. Die Klagen der Anrainer sind daher berechtigt. Die Gemeindeverwaltung hat aber derzeit dringendere Probleme zu lösen. Erst soll der neue Sportplatz angelegt werden. Auch ist es notwendig, die veraltete Straßenbeleuchtung zu erneuern. Wegen der hohen Lohnkosten der Arbeitskräfte muss auch dringend eine Kehrmaschine angeschafft werden. Außerdem sind vier Schulen mit neuen Möbeln auszustatten. Auch der Bau eines Hallenbades ist seit einem Jahr beschlossen, aber noch nicht in Angriff genommen worden. Die Siedler der Schlosshoferstraße müssen daher noch ein Jahr warten, bis der Antrag bewilligt werden kann. → **L183**

184 *Lerne auswendig und schreib aus dem Gedächtnis auf:* ⊗

Wir leben in einer Gemeinschaft

Der Mensch ist kein Wesen, das auf Dauer allein leben kann. In vielen Fällen ist der Einzelne darauf angewiesen, dass ihm die Gemeinschaft hilft. Damit das Zusammenleben in einer Gemeinschaft funktioniert, muss es geordnet verlaufen. Eine solche Ordnung wird durch Gesetze, Erlässe, Verordnungen geregelt, die für alle Gültigkeit haben. Weil wir in einer Demokratie leben, kann und soll jeder volljährige Staatsbürger dabei mitreden. Er tut es, indem er sein Wahlrecht in Anspruch nimmt. Er hat die Freiheit, jene politische Partei zu wählen, die seine Interessen am besten vertritt. Im Parlament sitzen dann die von den Parteien vorgeschlagenen Abgeordneten und debattieren über Gesetzesvorschläge. Danach wird abgestimmt. Wofür die Mehrheit entscheidet, das wird zum Gesetz erhoben. Anträge, die nicht die Zustimmung der Mehrheit der Abgeordneten finden, werden zurückgewiesen. Jeder Staatsbürger genießt den Schutz der demokratischen Rechtsordnung. Es muss ihm aber auch bewusst sein, dass eine Verletzung dieser Ordnung nicht ohne Folgen bleiben kann.

Textvorschläge / Aufsatzthemen: ⊗ **185**

Wie die Gemeinde für ihre Bewohner sorgt → **L185**
Meine engere Heimat

Sachkreis „Post / Feuerwehr / Rettung“

Neben Hauptsätzen, Hauptsatzreihen und Satzgefügen sind noch andere Satzformen möglich. An Stelle eines Gliedsatzes (Nebensatzes) können **Nennformgruppen** und **Mittelwortgruppen** verwendet werden.

Beispiele:

Fritz ging zum Postamt (,) um ein Paket zu versenden.
(**Erweiterte Nennformgruppe mit „zu“**)

Am Postamt angekommen (,) ging er sogleich zum Paketschalter.
(**Wortgruppe mit Mittelwort der Vergangenheit**)

Vor dem Schalter wartend (,) zählte er sein Geld.
(**Wortgruppe mit Mittelwort der Gegenwart**)

186 *Forme die satzwertigen Wortgruppen der Beispiele zu Gliedsätzen um!* O **L186**

Erweiterte Nennformgruppen mit „zu“ (Infinitivgruppen) stehen immer an Stelle eines Umstandssatzes des Grundes.

Mittelwortgruppen der Vergangenheit stehen an Stelle von Umstandssätzen der Zeit und drücken ein vergangenes Geschehen aus.

Mittelwortgruppen der Gegenwart stehen ebenfalls an Stelle von Umstandssätzen der Zeit, drücken jedoch ein gleichzeitiges Geschehen in Bezug auf den Inhalt des Hauptsatzes aus.
Zwischen satzwertigen Wortgruppen und dem übrigen Satz kann ein Beistrich gesetzt werden, um die Verständlichkeit zu erhöhen.

Forme die folgenden Satzgefüge mit Gliedsätzen zu Mittelwortgruppen um! ○ **187**

Als Fritz endlich zum Postschalter vorgerückt war, musste er für das Paket eine Gebühr von zwei Euro bezahlen.
Er sandte das Paket an seinen Großvater, weil er ihm zum Geburtstag ein Geschenk machen wollte.
Während er über den Geburtstag seines Großvaters nachdachte, verließ er das Postamt. → **L187**

Notiere Namenwörter, Zeitwörter und Eigenschaftswörter zum Sachkreis „Post“! ☐ **188**

Brief, Postanweisung, Briefträger, …
frankieren, Briefmarken aufkleben, senden, …
portopflichtig, gebührenfrei, eilig, … → **L188**

Suche Namenwörter, Zeitwörter und Eigenschaftswörter zum Stichwort Telefon! ☐ **189**

Handy, Fernsprecher, Hörer, …
anrufen, anläuten, telefonieren, …
telefonisch, fernmündlich, laut, … → **L189**

Sammle Wörter zum Wortfeld ***Feuerwehr****!* ☐ **190**

Brandbekämpfung, Feuer, Rauch, …
brennen, löschen, bekämpfen, …
brennbar, feuerfest, entflammbar, … → **L190**

Lerne auswendig und schreib aus dem Gedächtnis auf! ○ **191**

Der Weg eines Briefes
Zwischen dem Hineinwerfen eines Briefes in den Briefkasten und dem Einordnen der Post in den Hausbriefkasten liegt ein langer Weg.

Nach dem Entleeren des Briefkastens werden die Poststücke zunächst im Postamt gestempelt und nach Größe und Anschrift geordnet. Anschließend werden alle Sendungen nach Bestimmungsorten verteilt. In Postsäcken werden die Briefe zum Bestimmungsort befördert, mit dem Auto, im Flugzeug oder mit dem Schiff.
Im Zustellpostamt werden die Sendungen wieder geordnet und von Briefträgern den Empfängern zugeführt.
Einige Postkunden holen ihre Post selbst im Postamt ab.

192 *Welche Wörter fallen dir zum Sachkreis Rettung ein?* ☐

Krankenwagen, Notruf, Rotes Kreuz, ...

→ **L192**

193 *Schreib den folgenden Text ab und verwende von den eingeklammerten Wörtern das jeweils treffendste Wort!* ☐

Eine mutige Tat

Ohne (eine Sekunde, einen Augenblick) zu (warten, zögern), (stieg, sprang) der Hilfsarbeiter Wildberger in die (kalte, eisige) Salzach, als ein kleines (Kind, Mädchen) vier Meter tief ins Wasser (glitt, rutschte), weil es mit seiner Rodel so (rasch, schnell) den Abhang (hinuntergesaust, hinuntergefahren) war. Der (kühne, mutige) Mann stieß bei dem Sprung in das reißende (Wasser, Nass) auf einen (Stein, Felsblock) und verletzte sich; aber er erreichte das Kind doch und (brachte, trug) es ans Ufer. Dort erholte sich (die Verunglückte, die Kleine, das Kind) rasch, aber der (Mann, Retter) war so erschöpft, dass er vom „Roten Kreuz“ versorgt und nach Hause (gebracht, gefahren) werden musste. → **L193**

194 **Textvorschläge / Aufsatzthemen:**
Erzähle den Inhalt des folgenden Berichtes nach!
Lass jedoch den Geretteten erzählen! ○

Bauarbeiter als lebende Fackel

Vor einigen Tagen lief der Bauarbeiter Michael R., lichterloh brennend, quer über eine belebte Straße der Innenstadt. R.

hatte etwa dreißig Lampen mit Petroleum zu füllen. Sie sollten in der Nacht die Baustelle beleuchten. Dann zündete er sich eine Zigarette an. Plötzlich fuhr ihm eine Stichflamme entgegen und wenige Sekunden später glich der Arbeiter einer lodernden Fackel. Hilfe rufend lief er brennend vor den Augen hunderter entsetzter Menschen von der Baustelle weg und rief um Hilfe. Herbert K., ein Bankbeamter, lief ihm entschlossen nach. Mitten auf der Straße holte er den Unglücklichen ein und riss ihm die brennenden Kleider vom Leib. Mit bloßen Händen erstickte er die Glut am Körper des Verunglückten. Dann ging er an seinen Arbeitsplatz in der Bank zurück.

→ **L194**

Sachkreis „Ordnung und Recht“

195 *Lies den folgenden Text aufmerksam durch!* ⊗

Was ist Notwehr?
Du weißt, dass eine Form der Verteidigung – die Notwehr – nach dem Gesetz nicht bestraft wird. Stell dir nun vor, du hast dich – oder auch andere – mit Notwehr verteidigt und dabei jemandem einen Schaden zugefügt. Ehe du freigesprochen wirst, muss der Richter Folgendes feststellen:

1. War deine Verteidigung unbedingt erforderlich?
   (Hast du vielleicht geschossen, obwohl du nur angefasst worden bist?)
2. War der Angriff gegenwärtig?
   (Oder hast du erst Tage später Rache genommen?)
3. War der Angriff rechtswidrig?
   (Die Polizei z. B. ist berechtigt, dich nötigenfalls mit Gewalt festzunehmen. Würdest du dich wehren, wäre das „Widerstand gegen die Staatsgewalt“.)

Der obige Text ist klar und verständlich, einfach und gut gegliedert. In Gesetzestexten jedoch fehlt meist diese Einfachheit und Verständlichkeit. Stattdessen werden vermehrt Fachausdrücke, Namenwörter (Nomen) verwendet. Der Inhalt wird in mehrfach zusammengesetzten Sätzen ausgedrückt. Man bezeichnet so etwas als Nominalstil.

Beispiele:

Was ist Diebstahl?
Unter der Annahme, dass jemand eine bewegliche Sache, die im Besitz eines anderen ist, diesem wegnimmt, um sie sich selbst anzueignen, ohne dass er dazu ein Recht oder eine besondere Erlaubnis hat, nennt man das Diebstahl, und der Täter kann der Bestrafung zugeführt werden.

Was ist Raub?
Unter der Annahme, dass der Täter, der einen Diebstahl begehen will, dabei noch Gewalt gegen einen Menschen anwendet oder ihm droht, Gewalt anzuwenden, ihm eine Verletzung beizubringen oder gar zu töten, sodass der bedrohte Mensch in ernstlicher Gefahr ist, dann heißt die Tat Raub.

Was ist Hehlerei?
Unter der Annahme, dass jemand Sachen durch eine strafbare Handlung an sich gebracht hat, also zum Beispiel durch eine Unterschlagung, einen Diebstahl oder Raub, und diese weiter zum Verkauf bringt, um selbst einen Vorteil dabei zu haben, so begeht er Hehlerei und kann als Hehler bestraft werden.

Drücke die folgenden Sätze einfacher und verständlicher aus! ⊗ 196

Unter Außerachtlassung der gesetzlichen Vorschriften überquerte der Verkehrsteilnehmer die Straße.
Unter besonderer Berücksichtigung der Unbescholtenheit des Angeklagten entschied das Gericht die Anwendung der Möglichkeit mildernder Umstände und verurteilte den Delinquenten zu einer Geldstrafe in der Höhe von dreißig Tagsätzen.
Die Strafverfolgung wurde unter Berücksichtigung der gegebenen Umstände nicht in Anwendung gebracht.
Nach Aushebung einer Vertiefung liegt auch für den Urheber ein Stürzen im Bereich der Möglichkeit. → **L196**

Vermeide nach Möglichkeit den Nominalstil und verwende stattdessen treffende **Zeitwörter**.

Drücke durch ein Zeitwort aus! ○ 197

In Angriff nehmen, eine Behauptung aufstellen, um sofortige Bezahlung bitten, ein Lexikon zu Rate ziehen, bei der Regierung Handlungsbedarf orten. → **L197**

198 *Welche Bezeichnungen für Gesetzesübertreter kennst du? Schreib sie auf!* ☐

Dieb, Räuber, Betrüger, ... → **L198**

199 *Notiere, was die Verbrecher tun!* ☐

betrügen, stehlen, rauben, ... → **L199**

200 *Suche andere Ausdrücke für* ☐

benachteiligen – begaunern, prellen

Beschädigung – ...
bestechlich – ...
Betrug – ...
betrügen – ...
Betrüger – ...
Beute – ...
Dieb – ...
Diebstahl – ...
fliehen – ...
Flucht – ...
übervorteilen – ...
Unterschlagung – ...
Verbrechen – ...
Verbrecher – ...
Verdacht – ...

→ **L200**

201 *Für Recht und Ordnung sorgt die **Polizei**.*
Schreib spezielle Ausdrücke für die Gesetzeshüter auf! ☐

Kriminalpolizei, Verkehrspolizei, Geheimpolizei, ... → **L201**

202 *Verfasse nach dem folgenden Muster eine Diebstahlsmeldung!* ○

Diebstahlsmeldung des Filialleiters

Am 14. Juni gegen 10 Uhr beobachtete unsere Angestellte, Frau Anna Müller, eine Kundin dabei, wie diese ein Päckchen Bohnenkaffee in ihrer Manteltasche verschwinden ließ. Sie meldete mir sofort den Vorfall. Ich stellte daraufhin die Beschuldigte zur Rede und forderte sie auf, den Kaffee in den Einkaufswagen zu legen. Die Frau leugnete aber den Diebstahl und lehnte auch eine Kontrolle ab. Nun drohte ich ihr, die Polizei zu rufen und den Diebstahl von einem Polizeibeamten untersuchen zu lassen. Da warf sie mir plötzlich das Kaffeepäckchen vor die Füße. Ich brachte die Frau in unser Büro und stellte dort ihre Personalien fest. Den Anweisungen entsprechend habe ich Frau Herta B. wegen Ladendiebstahls bei der Polizei angezeigt.

Oswald Gruber, Filialleiter

Auch Verträge sorgen für Ordnung.

Als Beispiel ein Leihvertrag:

Leihvertrag

Zwischen Marie Silberfaden, wohnhaft in 1010 Wien, Bäckerstraße 18/10, und Albert Kräutner, wohnhaft in 1120 Wien, Margaretenstraße 117.
Frau Marie Silberfaden stellt hiermit Herrn Albert Kräutner einen Personalcomputer, Marke Brother, Modell CE 26, für drei Monate leihweise und unentgeltlich zur Verfügung.
Herr Albert Kräutner verpflichtet sich, den Computer nach Ablauf der Entlehnzeit, das ist spätestens am 1. September 2…, unbeschädigt und betriebsbereit Frau Marie Silberfaden zurückzubringen. Für etwaige Schäden oder Reparaturen während dieser Zeit kommt Herr Albert Kräutner auf.

Wien, 30. Mai 2…

Marie Silberfaden | *Albert Kräutner*

Fasse die Merkmale eines Leihvertrages in kurzen Worten zusammen! ⊗ **203**

→ **L203**

204 *Lerne auswendig und schreib aus dem Gedächtnis auf!* ○

Muss es Krach geben?

Man muss anderen manchmal seine Meinung sagen. Aber man muss sich auch die Meinung der anderen anhören. Konflikte kann man wahrscheinlich nicht vermeiden, aber die dümmste und unmenschlichste Art, sie zu beenden, wäre Gewalt, Mord oder Krieg. Gewalt löst keine Konflikte, sie bringt nur neue hervor. Das lehrt uns die Weltgeschichte. Gewalt erzeugt wieder Gewalt. Wir müssen alle mithelfen Gewalt zu vermeiden. Die Staatslenker beginnen zu begreifen, dass Reden besser ist als Schießen. Und wenn Verhandeln noch so mühsam ist, darf die Hoffnung auf eine friedliche Lösung und das Bemühen um sie nie aufgegeben werden.

205 *Auch das* ***Militär*** *sorgt für Ordnung, indem es die Grenzen schützt.*
Schreib auf, was dir zum Wort Militär einfällt! ○

Landesverteidigung, Heer, Fliegertruppe, ...

→ **L205**

206 *Wie heißt das Gegenteil von Krieg, Angriff, Sieg, Not, Tod, Feind, Soldat, Zerstörung?* ☐ → **L206**

207 **Textvorschläge / Aufsatzthemen:** ○

Zu Unrecht beschuldigt → **L207**
Ein Streit mit bösen Folgen

Sachkreis „Dichtung / Sprache“

Lies das folgende Gedicht laut und betone die unterstrichenen Wörter! ☐ **208**

Osterspaziergang

Vom Eise befreit sind Strom und Bäche
durch des Frühlings holden, belebenden Blick;
im Tale grünet Hoffnungsglück;
der alte Winter, in seiner Schwäche,
zog sich in raue Berge zurück.
Von dort her sendet er, fliehend, nur
ohnmächtige Schauer körnigen Eises
in Streifen über die grünende Flur;
aber die Sonne duldet kein Weißes.
Überall regt sich Bildung und Streben,
alles will sie mit Farben beleben;
doch an Blumen fehlt's im Revier,
sie nimmt geputzte Menschen dafür.
Kehre dich um von diesen Höhen
nach der Stadt zurückzusehen.
Aus dem hohlen, finstern Tor
dringt ein buntes Gewimmel hervor.
Jeder sonnt sich heute so gern.
Sie feiern die Auferstehung des Herrn,
denn sie sind selber auferstanden;
aus niedriger Häuser dumpfen Gemächern,
aus Handwerks- und Gewerbebanden,
aus dem Druck von Giebeln und Dächern,
aus der Straßen quetschender Enge,
aus der Kirchen ehrwürdiger Nacht
sind sie alle ans Licht gebracht.

*(Gekürzt aus „Faust“, I. Teil
v. Johann Wolfgang v. Goethe)*

Dieses Gedicht von Goethe (1749–1832) ist in **gebundener Sprache** abgefasst, also in **Versen**. Betonte und unbetonte Silben folgen regelmäßig aufeinander. Bei lautem Lesen hört man den **Sprechrhythmus**. Dazu kommen noch der **Endreim** und **Sprechpausen**. Durch die Betonung einzelner Wörter und durch verschiedene Tonhöhen beim Sprechen entsteht eine **Satzmelodie**.
In der gebundenen Sprache sind **Gedichte**, **Balladen**, **Versepen** und manche **Dramen** abgefasst. Gedichte sind vielfach in **Strophen** gegliedert.
Die Gesamtheit aller schriftlichen Erzeugnisse bezeichnet man als **Literatur**. Im engeren Sinne versteht man unter Literatur jedoch nur die **schöngeistige Dichtung (die Belletristik)**. In ihr werden Gedanken und Gefühle in kunstvoller Form ausgedrückt.
Die **sachbezogene Literatur** umfasst auch die **Fachliteratur**.

Die Dichtung teilt man in folgende Gattungen ein:
Lyrik (Gedichte),
Epik (erzählende Dichtung),
Dramatik (Texte in Wechselrede),
Didaktik (belehrende Dichtung).
Sonderformen sind die **Jugendliteratur** und die so genannte **Trivialliteratur** (leicht verständliche Unterhaltungsliteratur ohne Merkmale eines Sprachkunstwerkes).

Lyrische Formen sind das **Lied**, die **Ode**, die **Hymne**.
Epische Formen sind das **Märchen**, die **Sage**, das **Volksbuch**, der **Schwank**, die **Anekdote**, die **Erzählung**, die **Novelle**, der **Roman**, die **Kalendergeschichte**, die **Kurzgeschichte**, das **Epos**, die **Ballade**, die **Legende** u. a.
Zu den dramatischen Texten zählen die **Tragödie** (das Trauerspiel), die **Komödie** (das Lustspiel), das **Schauspiel**, der **Sketch**, das **Hörspiel** u. a.
Zu den didaktischen Dichtungsformen zählen das **Rätsel**, der **Spruch**, die **Parabel**, die **Fabel**, das **Epigramm**, das **Lehrgedicht** u. a.

Schreib alle fett gedruckten Wörter aus dem Text heraus! ☐ **209**

Schreib ab und setze von den eingeklammerten Wörtern das treffendste ein! ☐ **210**

Till Eulenspiegel in Bayreuth

Von Bamberg aus (wanderte, bummelte, pilgerte) Till Eulenspiegel (nach, gegen) Bayreuth. Dort kam er in (ein Wirtshaus, eine Herberge), deren Wirt (die Klugheit, die Weisheit) nicht gerade mit dem Löffel gegessen hatte, wie Till bald (spürte, merkte, feststellte). Geld (gehörte, besaß) Eulenspiegel wie gewöhnlich nicht, dafür hatte er (großen, starken, schrecklichen) Hunger. Der Wirt (fragte ihn, erkundigte sich), ob er ihm (einen Krug, ein Glas) Wein bringen solle. Dabei (bemerkte, entdeckte) Eulenspiegel, dass in der Küche Rostwürstchen (geröstet, gebraten) wurden. Die (dufteten, rochen) gar (köstlich, lieblich, gut). Als nun der Wirt den Wein brachte und ihm mit einem „Gesegn' es Gott!“ (vorsetzte, reichte), sagte er (launig, schalkhaft): „Lieber Herr Wirt, bringt mir dafür ein Rostwürstlein!“ Da nahm der Herbergsvater seinen Wein zurück und (holte, brachte, besorgte) ihm ein Rostwürstchen. Das (verschlang, verzehrte, aß) Till mit Stumpf und Stiel und ging dann seines Weges. An der Tür aber hielt ihn der Wirt zurück und sagte: „Mein (lieber, werter) Herr, das ist hier nicht (Brauch, Mode, Sitte), ohne Bezahlung (zu verschwinden, wegzugehen). (Zahlt, vergütet) mir das Rostwürstchen!“ – „Das Rostwürstchen zahle ich nicht“, antwortete Till (rasch, schlagfertig), „denn dafür habe ich Euch den Wein gegeben.“ – „Den habt Ihr ja auch nicht bezahlt“, (sagte, entgegnete) der Wirt. – „Ich habe ihn ja auch nicht (getrunken, gesoffen)“, versetzte Till und ging davon, sodass der Wirt, dem so etwas nicht recht (in den Kopf, in das Herz, in den Verstand) gehen wollte, (das Nachsehen, den Nachteil) hatte. → **L210**

Märchen, Fabeln, Schwänke oder Lügengeschichten von Münchhausen können auch umgestaltet oder verändert erzählt werden. Nur der Grundgedanke und der Stil müssen beibehalten werden.

211 *Baue den folgenden Inhalt einer Eulenspiegelgeschichte aus!*

Als der Spaßvogel Eulenspiegel einmal bei einem Anstreicher arbeitet und dieser ihm den Auftrag erteilt, Fenster mit roter Farbe zu streichen, streicht er nicht nur die Rahmen rot an, sondern auch die Glasscheiben. Er nimmt immer alles wörtlich, um die Leute zu ärgern. O

212 *Gestalte das Märchen von Hänsel und Gretel um!*

Nimm an, die Hexe sei eine gutmütige alte Frau, die davon lebt, Lebkuchen herzustellen und zu verkaufen! Hänsel und Gretel jedoch sind böse Kinder. O

213 *Auch Schwänke lassen sich nachgestalten.*
Als Modell der folgende Text. O

Wie die Schildbürger ihre Glocke versenkten

Auf eine Zeit des Friedens verbreitete sich im Land die Kunde von einem großen Krieg. Die Schildbürger sorgten sich um ihr Hab und Gut, das ihnen geraubt werden könnte. Besonders fürchteten sie um ihre Glocke, die auf dem Rathaus hing. Sie dachten, diese könnte das Kriegsvolk haben wollen, um Waffen daraus anzufertigen. Sie berieten daher, wo sie die Glocke verstecken könnten, und einigten sich schließlich darauf, die Glocke im See zu versenken und sie, wenn der Feind abgezogen wäre, wieder herauszuziehen und aufzuhängen.
Sie bestiegen also ein Schiff und fuhren mit der Glocke auf den See. Als sie aber die Glocke versenken wollten, fiel es einem von ihnen ein, wie sie den Ort denn auch wiederfinden könnten, wo sie die Glocke ausgeworfen hätten.
„Da lass dir keine grauen Haare darüber wachsen!“, sagte der Bürgermeister und schnitt mit dem Messer eine Kerbe in das Holzboot an dem Ort, wo sie die Glocke in den See versenkten. „Hier bei dem Einschnitt“, sprach er, „wollen wir sie wiedererkennen.“ Nun wurde die Glocke versenkt.
Lange nachher, als der Krieg vorüber war, fuhren sie wieder auf den See, ihre Glocke zu holen. Den Kerbschnitt an dem

Schiff fanden sie richtig wieder, aber den Ort, wo die Glocke war, zeigte er ihnen nicht.
So hatten sie die schöne Glocke doch im Krieg eingebüßt.

Die Schildbürgergeschichten sind alle nach den **gleichen Grundgedanken** aufgebaut:
- Die Schildbürger haben ein Problem.
- Sie beraten, wie das Problem gelöst werden kann.
- Einer macht einen Vorschlag, der auf einem Denkfehler beruht.
- Sie führen diesen Vorschlag aus, was zur Folge hat, dass sie wieder vor demselben Problem stehen.

Denke dir nach diesen Grundgedanken eine andere Schildbürgergeschichte aus! Nimm z. B. an, die Schildbürger wollen ein Schiff bauen“! O **214**

a) Sie bauen ein Schiff an Land.
b) Sie bohren Löcher in den Rumpf, damit das Regenwasser ablaufen kann.
c) Beim Stapellauf versinkt das Schiff im Wasser.

Wer gerne liest, legt sich zumeist eine kleine Bibliothek an und notiert sich auf Karteikarten **Buchbesprechungen**. Eine solche Buchbesprechung sollte folgende Merkmale aufweisen:

- Titel des Buches,
- Verfasser,
- kurze Inhaltsangabe (Zusammenfassung),
- wie das Buch geschrieben ist (spannend, humorvoll, belehrend ...),
- Angaben zur Aufmachung des Buches (Bilder, Druck, Einband),
- ob und wem das Buch empfohlen werden kann (deine persönliche Meinung über das Buch).

Beispiel:

Verfasser	Buchtitel (Buchgattung)	Verlag	Karteinummer
Queen, Ellery	Milo und die goldenen Adler (Detektiv-geschichte)	Arena	A 17

Inhalt:

Milo und sein Hund Stumpi, ein schwarzer Terrier, verbringen die Sommerferien am Meer. Dort lernt Milo schon am ersten Tag Billy kennen, den Sohn eines Schiffskapitäns. Billy versteht sich aufs Segeln und kennt die Gegend wie seine Westentasche. Er bringt Milo bei, wie man Hummer fängt und wie man ein Boot steuert. Aber auch sonst langweilen sich die beiden nicht. Es gibt da nämlich etwas, das Milos Neugier erregt: Immer wieder verschwinden Dinge, die zwei Buben machen aber auch – dank Stumpis Hilfe – recht seltsame Funde. Milo hat daher allen Grund, sich als Detektiv zu betätigen. Nach vielen abenteuerlichen Zwischenfällen gelingt es ihm schließlich, das Geheimnis der Goldenen Adler, einer Schmugglerbande, zu lüften und alle rätselhaften Vorgänge nach und nach zu klären.

Ein spannender Jugendroman, der Mädchen und Buben ab 12 Jahren sicher gefallen wird.

215 *Besprich auf ähnliche Weise ein Buch, das dir gut gefallen hat!* O

216 *Berichte über den Inhalt einer Geschichte aus deinem Lesebuch!* O

Inhaltsangaben sind Berichte und keine Nacherzählungen.
Fasse dich daher kurz und wähle als Zeitform die „Gegenwart“!

Nicht bloß Märchen oder Schwänke, sondern auch ***Fabeln*** *lassen sich leicht nachgestalten.* **217**
Lerne den folgenden Text auswendig und schreib ihn aus dem Gedächtnis auf! O

Der Löwe und die Maus

Eine Maus kroch gerade zwischen den Tatzen eines Löwen aus der Erde. Sie war sehr erschrocken. Der König der Tiere aber schenkte ihr großmütig das Leben. Diese Großmut vergaß die Maus nicht.
Es klingt unwahrscheinlich, aber eines Tages brauchte der Löwe die Hilfe der Maus. Er hatte sich nämlich in einem Netz gefangen. Der Löwe brüllte zornig, aber er konnte sich nicht befreien. Da eilte die Maus herbei. Sie nagte so lange an den Stricken, bis der Löwe das Netz auseinander reißen und entkommen konnte. So hatte die Maus mit Geduld und Ausdauer das erreicht, was der mächtige König der Tiere trotz seiner Stärke und seines lauten Gebrülls nicht hatte erreichen können. *(La Fontaine)*

Verfasse nach diesem Muster selbst eine Fabel, bei der ein Schwächerer einem Stärkeren Hilfe leistet! O → **L218** **218**

In Fabeln sprechen und handeln die Tiere wie Menschen.

- Jede Fabel möchte dem Leser einen Ratschlag erteilen, etwa wie man sich im Umgang mit seinen Mitmenschen richtig verhalten sollte, oder eine Mahnung, wie man sich vor Schaden bewahren kann.
- Wenn du den Aufbau der Fabeln betrachtest, wirst du feststellen, dass sie immer aus drei Teilen bestehen: Ohne Einleitung setzt sofort die Handlung ein, ihr folgt eine Gegenhandlung.
  Das Ergebnis, die Lösung, wird verallgemeinert und zumeist am Schluss in einem Lehrsatz zusammengefasst.
- In Fabeln werden nur die Wende- und Höhepunkte des dramatischen Geschehens vorgeführt.

219 *Erkläre, was mit den folgenden **sprachlichen Bildern** gemeint ist!* □

Man kann aufschneiden ohne Messer; etwas bemänteln ohne Mantel; sich einschränken ohne Schranken; jemanden ausstechen ohne Spieß; sich entrüsten ohne Rüstung; etwas erfahren ohne zu fahren; man kann gerissen sein, ohne dass man einen Riss hat; verschlagen sein, ohne dass man geschlagen wurde; ergriffen sein, ohne dass jemand nach einem greift.

Auch etwas Ruhendes kann durch die Sprache **personifiziert** werden:

Man sagt: eine Uhr „geht“; der Abend „kommt“; die Sonne „lacht“; der Sturm „heult“; die Tür „kreischt“; das Verbrechen „schreit zum Himmel“; das Fieber „schüttelt“ den Kranken; die Sorgen „zermürben“ jemanden.

220 *Erkläre, was mit den folgenden bildhaften Ausdrücken gemeint ist!* ○

Man begegnet manchmal einem **Kauz**, einem **Frechdachs**, einem **Angsthasen**, einem **Duckmäuser**, einem **Rindvieh**, einem **Esel**, einer dummen **Gans**.

221 *Erkläre die folgenden **Redewendungen** aus der Umgangssprache:* ○

sich die Birne anschlagen, sich die Spazierhölzer brechen, eine Gurke im Gesicht haben.

Auch **sprichwörtliche Redensarten** veranschaulichen das Geschehen. Sie stammen aus den Lebensbereichen der Handwerker, Kaufleute, Soldaten usw.

Erkläre, was damit gemeint ist: ⊗ **222**

in die gleiche Kerbe schlagen (Zimmermann);
gut beschlagen sein (Schmied);
aus der Fassung kommen (Goldschmied);
Oberwasser bekommen (Müller);
jemanden einseifen (Barbier);
jemandem Scherereien machen (Haarschneider);
alles über einen Leisten schlagen (Schuster);
jemandem das Fell gerben (Gerber);
Raubbau treiben (auf den Raub baut der Bergmann, wenn er nur auf die schnelle Gewinnung der Kohle bedacht ist, die Sicherung der Stollen jedoch vernachlässigt);
jemandem etwas ankreiden (Kaufleute; Schulden wurden auf Tafeln mit Kreide notiert);
durch die Lappen gehen (Jäger; um das Wild am Ausbrechen aus dem Revier zu hindern, wurden bunte Lappen zwischen den Bäumen aufgehängt);
aus dem Stegreif eine Rede halten (Stegreif hießen früher die ringförmigen Steigbügel. Fürstenkuriere verlasen die Mitteilungen ihrer Herren ohne abzusitzen, sie stellten sich nur in den Steigbügeln auf);
mit der Tür ins Haus fallen (dieses sprachliche Bild erinnert an einen Menschen, der, anstatt die Tür langsam zu öffnen, diese aus den Angeln reißt und mit ihr ins Haus fällt).

Die Bildhaftigkeit ist auch ein hervorstechendes Kennzeichen der ***Sprichwörter****. Versuche zu erklären, was mit den folgenden Sprichwörtern gemeint ist!* ⊗ **223**

Ohne Fleiß kein Preis. – Der Apfel fällt nicht weit vom Stamm. – Wenn es dem Esel zu wohl geht, geht er aufs Eis tanzen. – Neue Besen kehren gut. – Der Krug geht so lange zum Brunnen, bis er bricht. – Man muss das Eisen schmieden, solange es heiß ist. – Ein gutes Gewissen ist ein sanftes Ruhekissen. – Gut Ding braucht Weile. – Wo die Gewalt der Herr ist, ist die Gerechtigkeit der Knecht. – Wer selbst im Glashaus sitzt, soll nach anderen nicht mit Steinen werfen. – Stille Wasser sind tief. – Allzu scharf macht schartig. – Es ist dafür gesorgt, dass die Bäume nicht in den Himmel wachsen. – Faulheit ist der Schlüssel zur Armut. – Die Wahrheit will an den Tag. – Untreue schlägt ihren eigenen Herrn. – Morgenstund' hat Gold im Mund. – Voller Bauch studiert nicht gern . –

224 *In der Dichtersprache findet man oft veraltete Ausdrücke. Ergänze die Angaben durch Wörter gleicher oder ähnlicher Bedeutung!* ⊗

Gestade –	Labsal – ....
Ross –	Lenz – ....
Schrein –	Haupt – ....
Gottesacker –	hehr – ....
Antlitz –	wundersam – ....
Leu –	harren – ....
Gefilde –	entschlafen – ....
Born –	zürnen – ....
Aar –	ziemen – ....
Mannen –	lauter – ....

→ **L224**

225 **Textvorschläge / Aufsatzthemen:** ○

Ein Hund wird gesprächig → **L225**
Ein Buch, das mir besonders gefallen hat (Buchbesprechung)
Ein erfundenes Märchen
Eine Eulenspiegelgeschichte

Sachkreis „Musik / Bildende Kunst“

Hast du dich schon einmal gefragt, was **Kunst** ist? Das Wort kommt von „können“.

Wer also ein Kunstwerk schaffen will, muss überragend viel können, die künstlerische „Technik“, das Malen, Komponieren, Verfassen von Texten, beherrschen.

Aber das allein macht noch keinen Künstler. Ein Künstler muss auch originelle Einfälle haben, die er in seinem Werk zum Ausdruck bringen muss. Beide Merkmale zusammen ergeben ein Kunstwerk.

Fehlt es am Handwerklichen, entsteht ein dilettantisches Experiment.
Fehlt es am persönlichen Ausdruck, an der Originalität und Fantasie, entsteht Kitsch.
Die Übergänge sind allerdings fließend.

*Schreib auf, was dir zum Stichwort **Musik** einfällt!* ☐ **226**

Melodie, Konzert, Lied, ...

→ **L226**

Wie die Musik sein kann: ☐ **227**

wohlklingend, ausdrucksvoll,
mitreißend, . . .

→ **L227**

Welche Arten von Musik kennst du? Ergänze! ☐ **228**

Popmusik, symphonische Musik,
Chormusik, ...

→ **L228**

Notiere die Namen der Musikinstrumente, die du kennst! ○ **229**

→ **L229**

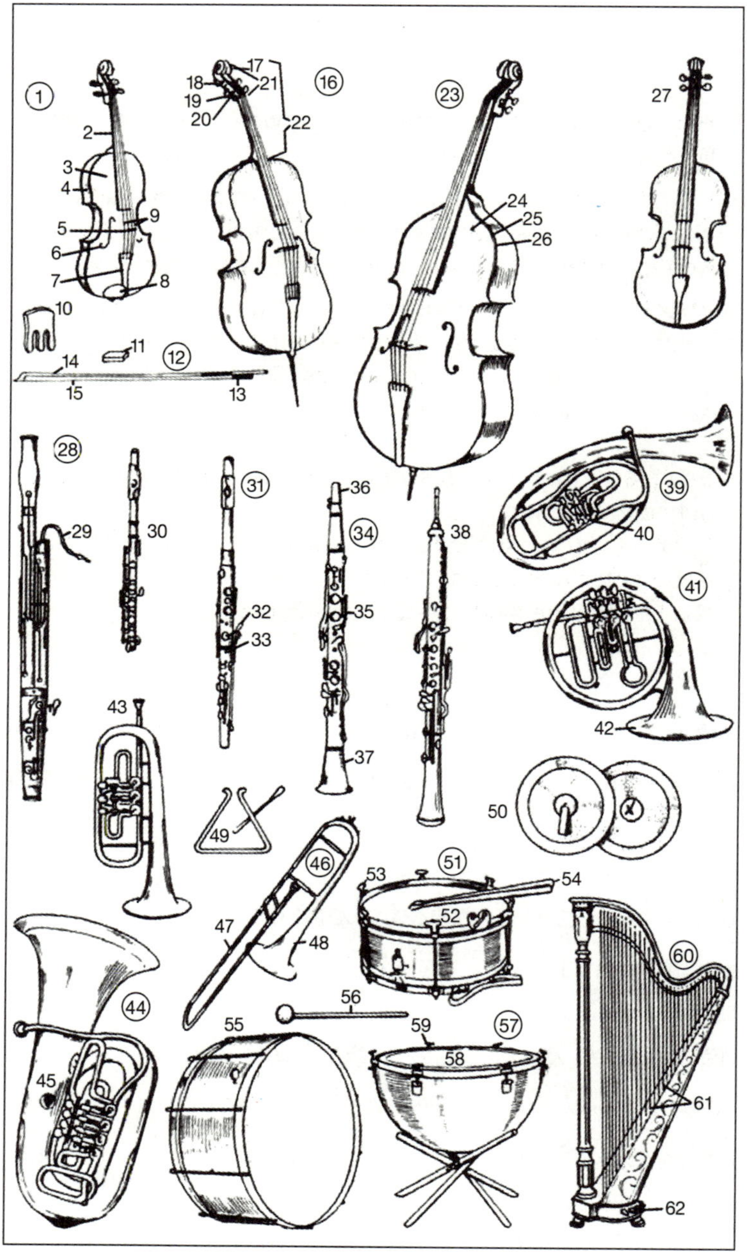

(Aus: Duden Bildwörterbuch, 2. Auflage, Bibliografisches Institut, Mannheim)

Nenne andere Wörter für das Musizieren! □ **230**

Klavier spielen, singen, blasen, ... → **L230**

Lerne auswendig und schreib aus dem Gedächtnis auf! □ **231**

Ein Popsänger gibt ein Konzert

In der Ankunftshalle des Flugplatzes verkündete der Lautsprecher die Ankunft des **Jets** aus London. Die Wartenden verließen das Flugplatz**restaurant** und strömten neugierig auf die Aussichts**terrasse**. Und wirklich, es dauerte nicht lange, da stand der berühmte **Pop**sänger oben auf der Treppe, die **Gitarre** im Arm und winkte seinen **Fans** zu. Unten angekommen, wurde er von zahlreichen **Reportern** und **Fotografen** umringt. **Mikrofone** wurden ihm vor das Gesicht gehalten, **Filmkameras** surrten, **Fotoapparate** klickten, Tonbänder hielten das **Interview** fest.

Als der viel bewunderte Schlagersänger aus der Zollabfertigungshalle trat, stürzten sich seine **Fans** auf ihn, alle, die den beschwingten **Rhythmus** seiner Musik und seinen heiseren Gesang liebten. Eine Welle von Begeisterung und **Sympathie** brandete ihm entgegen. Der **Star** wurde in ein **Taxi** gezogen und entschwand schnell seinen Anhängern. Die **Teenager** starrten benommen auf das **Autogramm** in ihren Händen, dem eiligen Namenszug ihres **Idols**.

*Vergleiche die **Wortstellung** in den folgenden Sätzen!* ○ **232**

Mit Musik geht alles besser.
Besser geht alles mit Musik.
Alles geht mit Musik besser.

> Willst du in Aussagesätzen ein Wort besonders hervorheben, musst du es an den Anfang des Satzes stellen! Beim lauten Lesen wird es in diesem Fall betont.
>
> In Nebensätzen (Gliedsätzen) steht das am stärksten betonte Wort am Ende des Nebensatzes.

Beispiele:

Wer das Lied hört, ist davon ergriffen.
Wie spät war es, als das Konzert begann.
Beginnt das Konzert nicht bald, so gehen wir wieder.

233 *Verbessere die Verstöße gegen die Wortstellung:* ○

Wir suchen ein Klavier für ein Kind, das schon gebraucht sein kann.
Der Mann sucht über die Zeitung eine Violine für seine Enkelin, die einen guten Klang hat.
Die Frau kauft eine Gitarre, die sehr wohlhabend ist. → **L233**

Der Gliedsatz muss unmittelbar auf das Wort folgen, auf das er sich bezieht.

234 *Wie kann man statt „Bild“ noch sagen?* ☐

Gemälde, Zeichnung, Holzschnitt, ... → **L234**

235 *Wie Bilder sein können.* ☐

farbenfroh, bunt, grell, ... → **L235**

236 Der Dichter Hermann Löns, ein Meister der Sprache, hat uns eine Fülle von Ausdrücken für Farben geschenkt, indem er die Farben vergleicht:

So **rot** wie Blut, Kirschen, ein Fuchs, ein Krebs, Kupfer, Himbeeren, Rost, ein Brand, Purpur, Scharlach, Wein, Ziegeln.

So **blau** wie der Himmel, Veilchen, Kornblumen, Enzian, Vergissmeinnicht, Pflaumen, Stahl.

So **grün** wie Moos, das Meer, Gift, Gras, Spinat, Oliven, Smaragde, Tannen.

So **gelb** wie Gold, Schwefel, Zitronen, Honig, der Dotter, Stroh, Bernstein, Safran, Ocker.

So **braun** wie Schokolade, Kaffee, Rost, die Nuss.

So **weiß** wie Schnee, Blüten, Kreide, Lilien, Porzellan, Alabaster.

So **grau** wie Asche, Schiefer, Silber, die Maus.

So **schwarz** wie Kohle, der Rabe, Pech.

Bilde auf Grund der Vergleiche Eigenschaftswörter für Farben! ☐ → **L236**

*Es gibt verschiedene **bildnerische Techniken**.* **237**
Schreib diese Wörter ab: ☐

Bleistiftzeichnung, Rötelzeichnung, Federzeichnung, Kohlezeichnung;
Wasserfarbenmalerei, Aquarell, Deckfarbenmalerei, Temperamalerei, Ölmalerei, Acrylfarbenmalerei, Glasmalerei, Freskomalerei;
Druckgrafik, Kupferstich, Radierung, Lithografie, Holzschnitt;
Scherenschnitt, Mosaik, Sgraffito, Gipsschnitt, Bronzeguss, Steinskulptur.

Wo man Bilder betrachten kann: ☐ **238**

Schreib diese Wörter ab!
in Ausstellungen, Museen, bei Kunsthändlern, in Galerien, in Sammlungen, in Antiquitätenläden, ...

Bei einer Bildbeschreibung kannst du dich durch folgende Fragen leiten lassen:

1. Was stellt das Bild dar? Was geschieht auf dem Bild? Was ist das Wesentliche des Bildes? Was bildet den Bildmittelpunkt (Größe, Anordnung, Farbe)?
2. Welcher bildnerischen Technik hat sich der Künstler bedient?
3. Welche Farben herrschen vor? Wie passen die Farben zueinander?

Wie verlaufen die Linien im Bild? Was steht im Vordergrund, was bildet den Hintergrund?
4. Was wollte der Künstler mit dem Bild zum Ausdruck bringen? Wollte er bloß abbilden oder besondere Gedanken oder Gefühle zum Ausdruck bringen?
5. Wie heißt der Künstler? Wann hat er gelebt? Welcher Stil herrschte zu dieser Zeit vor?
6. Wie wirkt das Bild auf dich? Welchen Gesamteindruck hast du?

239 *Versuche das Ölgemälde „Jäger im Schnee“ von Pieter Brueghel d. Ä. (1565) zu beschreiben und zu deuten!* ⊗

→ **L239**

(Kunsthistorisches Museum, Wien)

240 **Textvorschläge / Aufsatzthemen:** ⊗

Beschreibe ein Bild, das dir besonders gut gefällt!
Schildere die Stimmung bei einem Popkonzert / Musikfest!
Warum ich gerne singe / Klavier spiele, ...

Sachkreis „Massenmedien“

Zeitungen, Zeitschriften, der Rundfunk und das Fernsehen sind Massenmedien, also Mittel, welche möglichst viele Menschen (Massen) informieren, aufklären und unterhalten wollen.

Darüber hinaus versuchen Massenmedien aber auch die Leser bzw. Zuhörer oder Zuseher zu **manipulieren**, d. h. zu beeinflussen, im Sinne des Verfassers oder Auftraggebers zu denken und zu handeln.

Dazu verwenden die Journalisten und Werbefachleute besondere sprachliche Formen und Mittel. Die Überschrift wird größer und fett gedruckt, farbige Bilder oder die Lautstärke und Hintergrundmusik versuchen die Aufmerksamkeit möglichst vieler Menschen zu erregen.

Vielfach wird nicht objektiv (wahrheitsgetreu) berichtet, es wird übertrieben, Unwesentliches hervorgehoben, Tatsachen werden abgeschwächt oder verharmlost, wichtige Einzelheiten werden verschwiegen. Das gilt besonders für die Leitartikel und Kommentare in den Tageszeitungen, welche die persönlichen Ansichten des Verfassers wiedergeben.

Massenmedien sollten daher immer kritisch betrachtet und hinterfragt werden. Wer die Wahrheit herausfinden will, muss mehrere Nachrichtenquellen benützen, eine Sache von verschiedenen Standpunkten aus sehen. Massenmedien bringen nur einen Teil der Wahrheit. Das gilt für Zeitungsartikel ebenso wie für Interviews, Meinungsumfragen und Statistiken. Im letzteren Fall kann man dadurch, dass man nur bestimmte Leute nach ihrer Meinung befragt, das Ergebnis der Umfrage verfälschen.

Im Fernsehen kann man durch bestimmte Bildausschnitte und die Lautstärke die scheinbare Wichtigkeit einer Sache hervorheben.

Zeitungsberichte lassen einen bestimmten Aufbau erkennen:

Auf eine groß und fett gedruckte **Schlagzeile** in Stichworten folgt eine **Kurzinformation** in Sätzen.
Danach erst wird ausführlicher über Einzelheiten berichtet.
Zusätzlich gibt es noch **Kommentare** (Erläuterungen, Stellungnahmen), welche die persönliche Meinung des Verfassers (Journalisten) wiedergeben und namentlich gezeichnet sind.

Beispiel:

Mutter und Baby gerettet

Bruck/Mur: Polizist verhindert Katastrophe auf Bahnübergang

Der automatische Schranken sperrte in Bruck an der Mur einen PKW ein, in dem sich eine Mutter und ihr drei Monate altes Baby befanden. Ein Polizist, der in der Nähe des Bahnüberganges den Schulweg sicherte, brachte vorerst Frau und Kind aus dem Gefahrenbereich und hielt dann noch rechtzeitig den herankommenden Güterzug an.
Dienstag gegen 7.30 Uhr wollte Johanna B., 34, in der Nähe der Klosterschule mit ihrem PKW die Gleise überqueren. Entgegenkommende Schulkinder zwangen die Lenkerin zur Langsamfahrt und schließlich zu kurzem Anhalten. In diesem Augenblick löste die Lok eines Güterzugs den Kontakt für die Schrankenanlage aus, die Sperre schloss sich, bevor Johanna B. mit ihrem Auto den Bahnübergang verlassen konnte.
Zum Glück hatte der Polizist Oskar W. den Vorfall bemerkt und sofort reagiert. Zuerst holte er die völlig verzweifelte Frau und das Baby aus dem Wagen, dann kümmerte er sich um den Zug. Er lief dem Güterzug entgegen und gab mit seiner Taschenlampe Stoppsignale, die der Lokführer auch sofort richtig deutete. Der Güterzug hielt wenige Meter vor dem quergestellten Wagen.
Durch diesen Zwischenfall war die Strecke Bruck–Leoben eine halbe Stunde blockiert. ■

241 *Forme den Inhalt des Zeitungsberichtes zu einem persönlichen Bericht in Briefform um! Lass dabei den Polizisten seiner Frau, die sich in einem Genesungsheim befindet, berichten!* ⊗ → **L241**

242 *Forme den folgenden persönlichen Bericht eines Tierwärters (Brief) in einen sachlichen Zeitungsbericht um!* ⊗

Liebe Julia!

Du weißt ja, dass es zu meinen Aufgaben im Tiergarten gehört, täglich die Krokodile zu füttern und das Krokodilhaus zu reinigen. Da hat es bisher noch nie irgendwelche Schwierigkeiten gegeben. Die Tiere liegen ja meist faul und träge im warmen Wasser oder auf den Fliesen daneben. Sie bewegen sich eigentlich nur, wenn ich ihnen am Morgen das Futter, die Fleischstücke, zuwerfe. Wenn ich dann am Nachmittag wiederkomme, um die Fliesen zu kehren und abzuwaschen, beachten sie dies kaum.

Aber heute war es anders. Da hatte ich ein schreckliches Erlebnis, das zum Glück gut ausging.

Ich war eben dabei, die Speisereste und den Kot der Tiere mit dem Reisbesen von

den Fliesen zu kehren, als Maximus, du weißt ja, der große Alligator, plötzlich mit dem Schwanz eine Bewegung machte. Im nächsten Augenblick spürte ich einen Schlag, der mich fast umriss. Als mir bewusst wurde, was geschehen war, stellte ich fest, dass ich nur den halben Besenstiel in der Hand hielt, die zweite Hälfte des Besens lag auf dem Boden. Das Krokodil hatte also mit dem Schlag seines Schwanzes den Besenstiel glatt auseinandergebrochen. Wenn der Schwanz mich getroffen hätte, wäre ich wahrscheinlich ins Bassin gefallen und nicht mehr am Leben.
Was das Tier veranlasst haben mag, diese Angriffsbewegung zu machen, weiß ich bis jetzt nicht, da mich die Tiere sonst noch niemals angegriffen haben. Künftig muss ich bei meiner Arbeit noch vorsichtiger sein als bisher.
Ich freue mich schon auf deine Rückkehr von der Kur.

Viele liebe Grüße sendet dir

dein Stefan → **L242**

243 *Schreib die folgenden Wörter aus dem Zeitungswesen ab!* □

Tageszeitung, Wochenzeitung, Zeitschrift, Fachzeitschrift, Modezeitschrift, Blätterwald, Lokalblatt, Bezirkszeitung, Skandalblatt, Presse, Presseagentur, Pressedienst, Redaktion, Schriftleitung, Redakteur, Schriftleiter, Korrespondent, Berichterstatter, Reporter, Reportage, Unterhaltungsteil, Feuilleton, Sportteil, Nachrichtenteil, Anzeigenteil, Inserat, Annonce, Kommentar, Journalist, Widerruf, Publikation.

244 *Notiere Materialien, Arbeitsgeräte und Maschinen, die im Pressewesen verwendet werden!* ○

PC (Personalcomputer), Rotationspapier, Druckpresse, ... → **L244**

245 *Nenne Textformen, die im Zeitungswesen verwendet werden!* ○

Bericht, Reportage, Interview, ... → **L245**

246 *In Zeitungen und Zeitschriften werden viele Fremdwörter verwendet.*
Schreib die Wörter ab und ersetze sie durch treffende deutsche Ausdrücke! ⊗

Printmedien – ....
Inserat (Annonce) – ....
Journal – ....
Journalismus – ....
Redaktion – ....
Redakteur – ....
Reportage – ....
Reporter – ....
Korrespondent – ....
Interpretation – ....

Interview - ....

Kolumne - ....

News - ....

Feuilleton - ....

In Zeitungen und Zeitschriften werden häufig auch Interviews abgedruckt. Dabei befragt ein Berichterstatter eine Person über einen Sachverhalt, von dem angenommen werden kann, dass er die Leser interessiert.

Die Art der Fragestellung in einem Interview hängt von der Absicht des Fragenden ab. Will er Auskünfte über Sachverhalte bekommen, spricht man von einem **informativen Interview**.

Will der Interviewer Stellungnahmen zu Wertfragen erhalten, handelt es sich um ein **gegenüberstellendes (konfrontatives) Interview**.

247 *Stelle einen **Befragungsplan** für ein Interview mit einer Krankenschwester, einem Imker, einem Sportlehrer oder einem Angehörigen eines anderen Berufsstandes zusammen!*
Befrage sie nach ihrer Berufstätigkeit! ⊗

248 *Nimm an, dein Informant (Befragter) ist ein bekannter Sportler (Popsänger)! Du willst ihn als Reporter einer Jugendzeitschrift interviewen.*
Überlege bei der Planung, was die Leser deiner Zeitschrift über den Sportler (Popsänger) gern wissen möchten!
Lege dir danach einen Befragungsplan zurecht!
Frage z. B. nach den Lebensgewohnheiten, den Interessen, den Einstellungen zu Problemen der Zeit, den beruflichen und persönlichen Zielen, der Lieblingsbeschäftigung u. dgl. mehr!
*Nimm dieses **gegenüberstellende Interview**, wenn möglich, auf ein Tonband auf und kontrolliere, ob du zielführend gefragt hast und ob dein Informant die erwartete Antwort gegeben hat!* ⊗

Der **Interviewer** kann

- direkt nach einer Meinung fragen,
- zur Beurteilung eines Sachverhaltes auffordern,
- gegenteilige Standpunkte formulieren und um Stellungnahmen ersuchen,
- durch bestimmte Fragen den Verlauf des Gespräches steuern.

Der **Befragte (Informant)** kann

- eine Frage im Sinne der Absicht des Fragers beantworten,
- Behauptungen zurückweisen,
- die Beantwortung einer Frage verweigern,
- eine Frage umdrehen.

*An die Schriftleitungen von Zeitungen und Zeitschriften werden häufig **Leserbriefe** gesandt. In ihnen wird auf Zeitungsartikel oder aktuelle Ereignisse durch die Leser persönlich Stellung genommen.* **249**
Schreib einen Leserbrief an die Redaktion der Schülerzeitung deiner Schule und nimm Stellung zu den vielen Hausübungen! Fordere, dass die Lehrer sich untereinander abstimmen! ○

*Schreib auf, was dir zu den Stichworten **Rundfunk** und **Fernsehen** einfällt!* ☐ **250**

Radiosprecher, Fernsehsendung,
Nachrichten, ...

→ L250

*Ergänze die Liste der folgenden Fremdwörter zum Stichwort **Fernsehen** durch deutsche Bezeichnungen!* ⊗ **251**

Television – ... Event – ...
Talkshow – ... Regisseur – ...

Highlight – …
Primetime – …
Moderator – …
Entertainer – …
Evergreen – …
spektakulär – …
publizieren – …

→ **L251**

252 *Lerne auswendig und schreib aus dem Gedächtnis auf!* O

Vom Fernsehen

Das Fernsehgerät verführt seine Besitzer leicht dazu, es möglichst oft einzuschalten, auch wenn nichts Besonderes oder Interessantes auf dem Programm steht. Man sollte aber unter dem Gebotenen auswählen und sich nur Sehenswertes, Wissenswertes und etwas Wichtiges ansehen. Studiert man das Programm genauer, wird man gewiss mancherlei Wertvolles entdecken. Der Kluge wird den Fernsehapparat stets überlegt einschalten und bei überflüssigen, wertlosen Sendungen sein Gerät abschalten.

253 *Schreib ab und ergänze die Lücken des Textes durch die nachfolgenden Wörter!*
Wähle dabei das treffendste Wort aus! O

Vor dem Bildschirm

Das Fernsehen ist eine Erfindung des 20. Jahrhunderts. Es hat unsere ________________ (1) gründlich verändert. Rufen Sie einmal Ihr Elektrizitätswerk an! Sie werden ________________ (2), dass der Stromverbrauch jeden Abend zur ________________ (3) rasch ________________ (4), wenn der Nachrichtensprecher mit den Nachrichten ________________ (5). Sie, ich und noch etliche Millionen ________________ (6) tun dann nämlich das Gleiche. Das Fernsehen hat uns gleichgeschaltet, Sie, mich und viele andere, obwohl wir uns gar nicht kennen. Auch sonntags bleiben wir ______________ (7) vor dem ______________ ______________ (8) sitzen und ernähren uns von Erdnüssen, Pralinen, Keksen oder Kartoffelchips. Unsere vierköpfige Familie hat ______________ (9) vier Kilo zugenommen. Und Ihre? Wenn drei Millionen ______________ (10) vor den ______________ (11) gleichgeschaltet sind und je ein Kilo zugenommen haben, dann sind das 3000 Tonnen „Fernsehfett“. So schwer wiegen unsere ______________ (12).

(1) Lebensgewohnheiten, Verhalten (2) erfahren, hören (3) Primetime, Hauptsendezeit (4) ansteigt, sich erhöht (5) beginnt, einsetzt (6) Zuseher, Fernseher (7) zu Hause, daheim (8) Bildschirm, Fernsehapparat (9) in den letzten Monaten, in letzter Zeit (10) Zuseher, Menschen (11) Fernsehapparaten, Fernsehgeräten (12) Gewohnheiten, Bräuche. → **L253**

Textvorschläge / Aufsatzthemen: ⊗ **254**

Schreib an eine Tageszeitung einen Leserbrief! Nimm darin zu einem aktuellen Thema kritisch Stellung!
Berichte über den Inhalt eines Fernsehfilmes, der dich besonders beeindruckt hat!

Sachkreis „Unterhaltung / Sport“

255 Um sich zu unterhalten, besuchen viele Leute ein Theater oder Kino, die Oper oder ein Konzert, eine Show, eine Ausstellung, ein Museum oder eine sportliche Veranstaltung.

Schreib die genannten Namenwörter ab! ☐

Theaterfreunde finden in den Tageszeitungen Kritiken von Aufführungen.

Beispiel: **Ein Rappelkopf wird vernünftig**

Zur Aufführung von Raimunds „Der Alpenkönig und der Menschenfeind“ in unserem Stadttheater

Ein romantisch-komisches Märchen nannte Ferdinand Raimund dieses 1828 entstandene Stück, in dessen Mittelpunkt der durch viele Enttäuschungen zum Menschenfeind gewordene reiche Rappelkopf steht. Er tyrannisiert seine Frau Sophie und seine Tochter Malchen und quält seine Dienerschaft.

Als Malchen im Wald ihrem geliebten August, einem Maler, klagt, dass ihr Vater einer Heirat mit ihm nicht zustimmt, wird sie von dem als Jäger verkleideten Alpenkönig Astralagus belauscht. Dieser verspricht dem Paar seine Hilfe. Er werde den alten Rappelkopf von seinem Wahn heilen. Dabei wendet er zauberische Mittel an. Er überredet Rappelkopf, sich in den Bruder seiner Frau, den Bankier Silberkern, verwandeln zu lassen, während der Alpenkönig selbst die Gestalt und das Wesen Rappelkopfs annimmt. So erlebt dieser, wie unerträglich er selber ist und dass ihn seine Frau wirklich liebt.

Als ihm durch einen Brief gemeldet wird, dass er sein Vermögen verloren habe, fällt er in Ohnmacht. Im Tempel der Erkenntnis findet er sich später wieder in seiner wahren Gestalt und kehrt, reuevoll gewandelt, in sein Haus zurück. Malchen darf ihren August heiraten.

Wenn das Stück auch in einem märchenhaften Rahmen spielt, Menschen wie den alten Rappelkopf gibt es auch in unserer Zeit.

Daher ist das Stück auch heute noch sehenswert, besonders wenn es so meisterhaft gespielt wird wie von Robert Winter (Rappelkopf), Christl Eigner (Malchen), Kurt Franke (August). Der Regisseur Karl Rohmer hat viele zeitgenössische Gags eingebaut und ein Bühnenbild frei von biedermeierlichem Kitsch gestalten lassen. Eine sehenswerte Aufführung!

256

Verfasse eine ähnliche Theaterkritik! ⊗
Beachte dabei die folgenden Ratschläge!

- Gib zuerst an, um welches Stück es sich handelt und was die **Problematik** (das **Hauptanliegen**) **des Stückes** ist.
- Danach informiere den Leser kurz über den **Inhalt.**
- In einem weiteren Absatz kannst du über die **Gestaltung des Stoffes** schreiben (Aufbau, Handlungshöhepunkte, Sprache).
- Beurteile anschließend kurz die **Leistung der Schauspieler und des Regisseurs** sowie die **Bühnenbilder** und die **Kostüme.**
- Schließlich gib deinen **persönlichen Eindruck** von der Aufführung wieder.

257

Sammle Wörter zum Sachkreis ***Theater****!* ○

Bühne, Schauspieler, Kostüme, ... → **L257**

258

Notiere Ausdrücke zum Stichwort ***Film****!* □

Abenteuerfilm, Dokumentarfilm, Drehbuch, ... → **L258**

259

Verfasse eine Inhaltsangabe zu einem Film, der dir gut gefallen hat! ⊗ → **L259**

260

Viele Menschen betreiben selbst Sport. Sie laufen, schwimmen, tauchen, surfen, paddeln, segeln, rudern, turnen, boxen, klettern, springen, wandern, rodeln, fahren Schi, ...

Schreib ab und ergänze die Liste! □

261

Lerne auswendig und schreib aus dem Gedächtnis auf! □

Das Schwimmen
Immer noch werden viele Menschen Opfer des „nassen Todes“, nur weil sie Nichtschwimmer oder schlechte Schwim-

261 mer geblieben sind. Jeder junge Mensch sollte daher trachten ein tüchtiger Schwimmer zu werden.

Beim Schwimmenlernen gewöhnt man sich zuerst ans Wasser, indem man an seichten Stellen spielt. Eines Tages erlebt man dabei den „Auftrieb“ und gewinnt dadurch zum Wasser Vertrauen. Als Vorübung stößt sich der Lernende von der Wand ab und legt sich flach aufs Wasser. Dann kann er bereits mit den Arm- und Beinbewegungen des Brustschwimmens beginnen.

262 *Nenne Turngeräte und Turnübungen!* ⊗ → **L262**

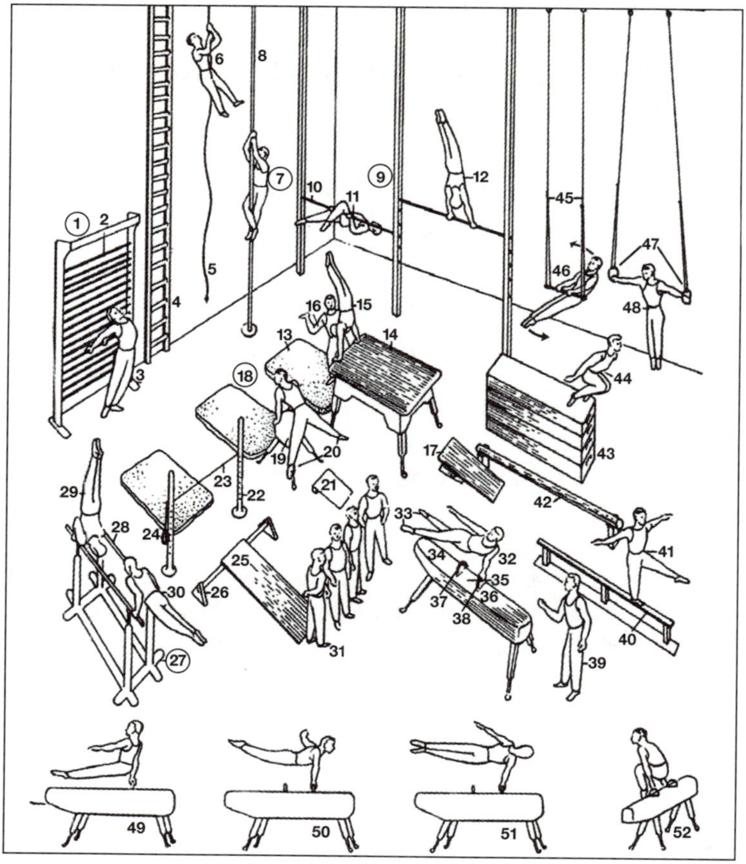

(Aus: Duden Bildwörterbuch, 2. Auflage, Bibliografisches Institut, Mannheim)

263

Im Sport werden viele englische Ausdrücke verwendet. Schreib die folgende Liste ab und ergänze sie durch deutsche Ausdrücke! ⊗

Rekord	Distanz ....
Derby	Snowboard ....
Jockey	Skateboard ....
Hockey	Baseball ....
Tennis	Team ....
Match	Rivale ....
Goal	Favorit ....

→ L263

Zu größeren Sportveranstaltungen werden von den Zeitungsredaktionen Reporter geschickt, die unmittelbar vom Ort des Geschehens berichten, ihre Eindrücke auf einem Tonband aufnehmen und dann schriftlich wiedergeben.
Solche **Reportagen** müssen **spannend** sein. Das erreichen die Verfasser dadurch, dass sie von einer **offenen Situation** ausgehen (z. B. Wer wird siegen?) und dann durch die Darstellung von vielen Einzelheiten die Lösung (das Ergebnis des Spiels) verzögern. Man bezeichnet das als **Zeitdehnung**.

Beispiel:

Als Reporter unterwegs (Eine fiktive Reportage)
Eben beginnt der Grand Prix von Monaco. Zahlreiche Spitzenfahrer aus der ganzen Welt befinden sich am Start.
Es ist 15 Uhr. Die Flagge hebt sich – Start!
Sofort geht Alain Proust auf Ferrari in Führung. Dahinter ein prächtiges Spitzenfeld. Achtzig Runden sind zu fahren. Gerhard Berger, unser Weltklassefahrer, befindet sich derzeit an sechster Stelle. Ihm wollen wie heute unsere besondere

Aufmerksamkeit schenken. Er ist mit einem McLaren-Honda unterwegs. Berger wird versuchen, den gleichen Erfolg zu erzielen wie seinerzeit Niki Lauda.
Elfte Runde: Bergers McLaren-Honda zieht an Nelson Piquet vorbei und versucht Ayrton Senna in der Kurve zu überholen. Geschafft – doch nein! Ayrton Senna zieht wieder an. Aber Berger lässt sich nicht abschütteln. Hart bleibt er ihm auf den Fersen. Bei der Zuschauertribüne geht Senna plötzlich an die Boxen: Motorschaden!
Unser Berger liegt nun an fünfter Stelle!
Dreißigste Runde: Noch immer hat sich am Gesamtbild nichts geändert. Proust musste zwar kurz an die Boxen, konnte aber wieder die Spitze übernehmen. Während Berger nun alles daransetzt, den drittplatzierten Tierry Boutsen zu überholen, kann sich ein weiterer Landsmann unter die ersten Zehn drängen.
Endlich! In der fünfundvierzigsten Runde schafft es Berger und kommt an Boutsen vorbei.
Zwanzig Runden sind noch zu fahren. Berger geht aufs Ganze, kommt am Zweiten, Sandro Nannini, vorbei und liegt Kopf an Kopf mit Proust. Nun beginnt ein Führungsduell. Dauernd wechselt die Spitze. Und plötzlich, in der achtletzten Runde, fängt Bergers Wagen zu stottern an. Doch schon zieht er mit neuer Kraft wieder an und behält die Führung. Jetzt: Sieg für Berger!
Ein Interview mit ihm bringen wir im „Abendjournal“.
Es verabschiedet sich herzlich von Ihnen Ihr Sportreporter.

(Christian, 14)

264 Textvorschläge/Aufsatzthemen: ⊗

Verfasse eine Reportage über eine Sportveranstaltung!

→ **L264**

Im Schwimmbad (Erlebniserzählung)
Eine Filmkritik
Eine Theaterkritik

Sachkreis „Reisen / Fremde Länder / Fremde Sprachen“

Schreib den folgenden Text ab! **265**
Ersetze die Fremdwörter möglichst durch deutsche Ausdrücke gleicher Bedeutung! ⊗

Reisen heute

Die Reise**büros** und **Touristik**unternehmen bieten den **Touristen Pauschal**reisen an, in denen alle **Extras inkludiert** sind: der **Transport** an das Reiseziel, **tour** und **retour**, die Verpflegung durch **Spezialitäten-Menüs** während des gesamten Aufenthaltes (Voll- oder Halb**pension**), die Nächtigung in **Komforthotels**, **Appartements** oder **Bungalows**, der Aufenthalt in gemütlicher **Atmosphäre**. Die Preise richten sich nach dem Reise**termin** und den Ansprüchen. Während der Hoch**saison** sind sie höher als in der übrigen Zeit, **egal** ob jemand eine **Fotosafari** in Afrika gebucht hat oder einen Aufenthalt am Meer, um dort zu **surfen**. Auch für die Unterhaltung der Gäste wird gesorgt. Es gibt fast immer eine **Bar** mit **Pop**musik, **Folklore**veranstaltungen, **Minigolf**, **Tennis**plätze und andere Vergnügungsmöglichkeiten. Auch für die Gesundheit und Schönheit kann man etwas tun: **Wellnesshotels** bieten zu **Pauschal**preisen eigene **Fitnessprogramme** an. Man kann sich aber auch **massieren** lassen, **gymnastische** Übungen durchführen oder sich in **Beauty-Shops** verwöhnen lassen. Wer es aber vorzieht, auf der **Terrasse** zu liegen und das **Panorama** zu bewundern, dem steht auch diese Möglichkeit offen. → **L265**

Wenn du durch Europa reist, wirst du feststellen, dass in Europa viele Sprachen gesprochen werden, die miteinander verwandt sind. **266**
Vergleiche die Wörter „Mutter“ und „drei“! ⊗

Deutsch:	Mutter	drei
Niederdeutsch:	Moder	drei
Holländisch:	moeder	drie
Dänisch:	moder	tre

Schwedisch:	moder	tre
Norwegisch:	moder	tre
Englisch:	mother	three
Isländisch:	mother	three
Französisch:	mère	trois
Spanisch:	madre	tres
Italienisch:	madre	tre
Griechisch	meter	treis
Litauisch:	motyna	trys
Russisch:	matj	tri
Bulgarisch:	mati	trije
Tschechisch:	matka	tri
Slowenisch:	mate	trije
Serbokroatisch:	mati	tri

Alle diese Sprachen gehören zum europäischen Zweig der **indogermanischen Sprachenfamilie.**

Zu ihr zählen

die **germanischen Sprachen** (**Deutsch**, Englisch, Holländisch, Dänisch, Friesisch, Isländisch, Schwedisch, Norwegisch);
die **romanischen Sprachen** (Französisch, Spanisch, Portugiesisch, Italienisch, Rumänisch, Rätoromanisch);
die **slawischen Sprachen** (Russisch, Ukrainisch, Bulgarisch, Polnisch, Tschechisch, Slowakisch, Slowenisch, Serbokroatisch, Mazedonisch);
die **baltischen Sprachen** (Litauisch, Lettisch);
die **keltischen Sprachen** (Irisch, Kymrisch in Wales);
Albanisch und **Griechisch**.

Keine indogermanischen Sprachen sind Ungarisch, Estnisch, Finnisch, Türkisch, Baskisch und die Sprache der Samen in Skandinavien.

267 *Schreib die Namen der europäischen Sprachen ab!* ☐

Die **deutsche Sprache** entstand zwischen dem 5. und 8. Jahrhundert aus Dialekten germanischer Stämme: der Franken, Sachsen, Thüringer, Alemannen, Bajuwaren. Diese Sprache veränderte sich im Laufe der Jahrhunderte, immer neue Wörter wurden aus anderen Sprachen aufgenommen. Erst seit rund 500 Jahren gibt es eine einheitliche deutsche **Schriftsprache**, die auf das Thüringische zurückgeführt werden kann.
Heute sprechen 100 bis 110 Millionen deutsch. Schriftlich wird die **Standardsprache** gebraucht, wie sie von den Nachrichtensprechern gesprochen wird.

Jede Sprachlandschaft hat eigene Ausdrücke. **268**
Ergänze jeweils ein anderswo gebrauchtes Wort! ⊗

Kneipe ....

Metzger ....

Krämer ....

Kartoffeln ....

Aprikosen ....

Tomaten ....

Apfelsinen ....

Sahne ....

Quark ....

Hefe ....

Blumenkohl ....

Sonnabend ....

Abendbrot ....

Kissen ....

Bindfaden ....

Vesper ....

Klöße ....

Eisbein ....

Borke ....

Flagge ....

Schornsteinfeger ....

Schrank ....

Diele ....

plätten ....

Brotkrume ....

dreist ....

Brötchen ....

Axt ....

→ **L268**

Die Sprache lebt. Sie verändert sich ständig und nimmt neue Wörter aus anderen Sprachen auf. Gleichzeitig werden manche Wörter wenig oder nicht mehr gebraucht. Die aus anderen Sprachen stammenden Wörter nennt man **Lehnwörter** oder **Fremdwörter**.

Lehnwörter haben schon die Schreibweise der deutschen Sprache angenommen und werden wie deutsche Wörter gebraucht (z. B.: Soldat, Platz, Preis, Flöte u. v. a.).

In **Fremdwörtern** wird die fremde Schreibung und Aussprache beibehalten (z. B.: Restaurant, Match, Handy u. v. a.).
Wenn es für das Fremdwort einen treffenden deutschen Ausdruck gibt, sollte das Fremdwort durch diesen ersetzt werden.

269

Die folgenden Wörter stammen aus dem Französischen. Ersetze sie nach Möglichkeit durch treffende deutsche Ausdrücke! ⊗

Bassin ....

Portmonee ....

Portal ....

Pension ....

Trottoir ....

Menü ....

Etage ....

Passage ....

Bandage ....

Blamage ....

Billett ....

Boulevard ....

Pardon ....

Kompagnon ....

Saison ....

Palais ....

→ **L269**

270

Lerne auswendig und schreib aus dem Gedächtnis auf! ⊗

An der Sonnenküste Frankreichs

Aus den Kuppen des verwitterten Gesteins ragen verkrümmt und ineinander verschlungen die mannshohen Blätter der Agaven in die Höhe. Gierig fressen sich die Schaummäuler des Mittelmeeres tief in das Land. Ausgewaschen und ausgelaugt krümmt sich an der Steilküste der Stein. An anderer Stelle speit die ankommende Woge die zerriebene Nahrung wieder in Fülle aus. So ist die Küste von Marseille bis Mentone reich gegliedert. Tief einschneidende Buchten wechseln mit den weit vorspringenden Klippen und Kaps, die aus der Ferne wie große, geduckt lauernde Tiere anmuten. Die Straße folgt den zahlreichen Windungen und zieht sich wie ein Riesenreptil an der Küste entlang bis zur italienischen Grenze. Wie auf einem prächtigen Halsband des Meeres reihen sich hier die in aller Welt bekannten Rivieraorte auf, einer glanzvoller und eleganter als der andere.

In neuester Zeit, besonders seit dem Zweiten Weltkrieg wurden viele Fremdwörter aus dem Englischen und Amerikanischen in der deutschen Sprache heimisch. Manche von ihnen bezeichnen Dinge und Sachverhalte, für die es bisher keine deutsche Bezeichnung gab. Die meisten jedoch sind durch treffende deutsche Ausdrücke ersetzbar.

271 *Ergänze die deutschen Bezeichnungen!* ⊗

Match ....

Goal ....

Handicap ....

Export ....

Import ....

Waggon ....

Girl ....

Beefsteak ....

Kids ....

Shorts ....

Hobby ....

Handy ....

Lift ....

Boy ....

Flirt ....

Job ....

Spleen ....

Tipp ....

Cape ....

Safe .... → **L271**

272

Was ist das?
Streiche die falschen Worterklärungen durch! ⊗

Lektüre: Eingangstor, Lesestoff, Vorlesung?
Monument: Augenblick, Koloss, Denkmal?
qualifiziert: befähigt, energisch, charakterfest?
resolut: widerstrebend, starrsinnig, forsch?
Serpentine: Schnörkel, gewundener Weg, Lösungsmittel?
Toleranz: Gleichgültigkeit, Nachgiebigkeit, Duldsamkeit?
Stress: Überbeanspruchung, Müdigkeit, Kopfschmerz?
applaudieren: zu etwas aufrufen, abstimmen, Beifall spenden?
Biografie: wahre Geschichte, Lebensbeschreibung, Wissenschaft?
Konzept: Standpunkt, Vorschrift, Entwurf?
Safe: Seife, Panzerschrank, Kühlschrank?
Make-up: Öffnung, kosmetische Verschönerung, Aufmachung?
Jogging: Laufen in mäßigem Tempo, Pferderennen, Rennreiter?
Fastfood: schnelles Essen, Vorfuß, Fundgegenstand?
Superstar: großer Stern, berühmter Schauspieler, Einkaufszentrum? → **L272**

273 *Schreib ab und setze aus den unten angegebenen Wörtern das treffendste ein!* O

Im brasilianischen Urwald

Wie mächtige Pfeiler streben ________________ (1) Riesenstämme auf, verschwinden ________________ (2) in dem ________________ (3) wogenden Meer der ________________ (4). Das ________________ (5) dringt nur gedämpft hindurch. Das Weiß, Rosa, Schwarz und Purpur der ________________ (6) ist nur zu sehen, wenn eine Lichtung ________________ (7) unterbricht. Wucherndes Pflanzenchaos, Schlinggewächse, fadendünn bis schenkelstark, ________________ (8) an den hoch zum Licht wachsenden ________________ (9), durchziehen schlangengleich den Luftraum. Mit Luftwurzeln, die wie unzähliges Tauwerk ________________ (10), saugen sie die ________________ (11) aus der schweren, dumpfen Urwaldluft. Auf den Ästen, in Winkeln zwischen hoch rankendem Kriechgewächs und Stamm, in Höhlungen und Gabeln, ________________ (12) grüne und braune Büsche: Schmarotzerpflanzen. Sie haben mit ihren Ranken und Blättern manchen ________________ (13) zum verschwommenen Pflanzenturm umsponnen.

(1) rings, überall (2) droben, in der Höhe (3) leise, kaum merklich (4) der Wipfel, der Baumkronen (5) Licht, Tageslicht (6) Blüten, Blumen (7) das Laubmeer, das Dickicht (8) emporklimmend, hinaufkletternd (9) Bäumen, Stämmen (10) niederhängen, herabhängen (11) Nässe, Feuchtigkeit (12) sprießen, wachsen (13) Baumriesen, Baum → **L273**

Textvorschläge / Aufsatzthemen: 274

Hier möchte ich gern wieder einen Urlaub verbringen → **L274**
Die Bedeutung des Fremdenverkehrs in unserem Land
Reisefieber

Lösungsvorschläge zu den Übungsaufgaben

L1 Großmutter, Großvater, Großeltern, Vorfahren, Ahnen, Verwandtschaft, Onkel, Tante, Cousin, Vetter, Cousine (Kusine), Base, Schwager, Schwägerin, Stiefmutter, Stiefvater, Sippe, ...
Hochzeit, Heirat, Ehe, Ehegatte, Ehegattin, Scheidung, ...
fleißig, strebsam, arbeitslos, beschäftigungslos, berufstätig, erwerbstätig, ledig, verheiratet, verwitwet, ...
heiraten, die Ehe schließen, verehelichen, sich scheiden lassen, ...

L3
a) reden, etwas sagen, meinen, einwenden, erzählen, etwas mitteilen, berichten, andeuten, schwätzen, tratschen, bedauern, ...
b) erwidern, entgegnen, ergänzen, feststellen, widersprechen, fragen, sich erkundigen, ...
c) stottern, stammeln, lallen, nuscheln, lispeln, ...
d) flüstern, wispern, murmeln, schreien, rufen, anbrüllen, plärren, ...
e) vortragen, referieren, eine Rede halten, lehren, unterweisen, predigen, deklamieren, kommandieren, ...

L4 **Wieder daheim**

Als wir am Freitag heimkamen, war ein großes Durcheinander zu Hause. Jeder wollte seine Erlebnisse erzählen.
Als es gar zu bunt wurde, sagte der Vater: „Zuerst darf Walter sprechen." Walter kam sich ungeheuer wichtig vor und berichtete: „Also, wir haben in den großen Wellen gebadet."
Oskar ergänzte: „Da waren gewiss Haifische darin."
Walter entgegnete zornig: „Sei ruhig, du Schafskopf!"
Da schrie ich: „Nun hört einmal alle her, jetzt wird nicht gestritten!"
Aber Walter erwiderte ganz eifrig: „Da haben wir zwei Seepferdchen und eine Qualle gefangen."
Oskar flüsterte mir ins Ohr: „Schau einmal in seiner Hosentasche nach, vielleicht hat er sie mitgebracht!"
Aber ehe ich meinen Bruder damit ärgern konnte, steckte die Mutter den Kopf zur Tür herein und stellte mit wichtiger Miene fest: „Heute gibt es Haifischkotelett zum Abendessen!"
Da lachten wir alle und gingen zum Essen.

L5 **Der selbstlose Retter**

Eines Abends legte das Hausbesorgerehepaar Winter seine drei Kinder zu Bett, und als die Kleinen schliefen, eilten die Eltern ins Kino. Der Eisenofen in dem kleinen Zimmer gab jedoch zu viel

Hitze, er begann zu glühen, und Papierabfälle, die neben dem Ofen lagen, fingen zu brennen an, ohne dass die Kinder im Nebenraum etwas merkten. Im Haus gegenüber wohnte ein junger Mann, der sah den Feuerschein hinter den Fenstern der Hausbesorgerwohnung. Der Bursche zögerte nicht lange, lief zum Fenster der Familie Winter und klopfte gegen die Scheiben. Als sich nichts rührte, zerschlug er kurz entschlossen die Fensterscheibe und stieg in die Erdgeschosswohnung. Der Retter kam zur rechten Zeit, denn das Schlafzimmer war bereits von dichtem Rauch erfüllt. Er trug die Kleinen ins Freie und kehrte dann neuerlich in die Wohnung zurück, um den Brand zu löschen. Als die Feuerwehr kam, hatte sie nichts mehr zu tun.

Die ersten Gehversuche meines Bruders **L7**

Ich sitze an meinem Schreibtisch und sehe zu, wie mein kleiner Bruder seine ersten Gehversuche macht. Der Kleine sitzt auf dem Boden, doch schon krabbelt er zu meinem Bett. Mit seinen Patschhändchen versucht er, seinen Körper an der Bettkante hochzuziehen. Nach einigen vergeblichen Versuchen gelingt es. Erleichtert schaut er nun drein und hält sich dabei mit aller Kraft, ein wenig unsicher stehend, an dem Bett fest. Man kann sein leises Schnaufen hören. Dann versucht er loszulassen. Zum ersten Mal steht der Kleine auf seinen eigenen Füßen, ganz ohne jede Hilfe. Seine großen, erstaunten Augen blicken lustig auf mich. „Na, was sagst du nun?“, könnte das heißen. Er quietscht vor Freude. Am liebsten würde ich ihn in die Arme nehmen und vor Freude küssen. Lange kann er sich nicht aufrecht halten. Plötzlich macht es „bums“ und er sitzt erstaunt auf dem Boden. Doch er gibt nicht auf, nochmals versucht er es an dem nächstliegenden Möbelstück. Doch auch dieser Versuch endet wie der vorige. Nun ist der Kleine erschöpft. – Wenn er weiter so fleißig übt, wird er bald laufen können. *(Karin, 10)*

Kindheit, Reifezeit, Teenager, Heranwachsende, Erwachsenenalter, Rentenalter, Greis, ... **L8**

lernen, heranwachsen, in die Lehre gehen, studieren, einen Beruf ergreifen, arbeiten, erwerbstätig sein, einen Partner suchen, heiraten, Kinder erziehen, sich erholen, Urlaub machen, in den Ruhestand treten, sich pensionieren lassen, ...

flegelhaft, ausgelassen, laut, frech, draufgängerisch, fleißig, lernwillig, unmündig, unreif, frühreif, höflich, fröhlich, sorglos, arbeitsam, besorgt, sparsam, bejahrt, alt, gebrechlich, ...

L9 Schulalter, Jugendzeit, Reifezeit, Erwachsenenalter, Greisenalter, ...

L10 Ehebund, Lebensgemeinschaft, Bund fürs Leben, Verbindung, Vermählung, Liebesheirat, Vernunftehe, ...

L11 entschlafen, heimgehen, dahingehen, aus dem Leben scheiden, von uns gehen, umkommen, tödlich verunglücken, abkratzen, ersticken, ertrinken, verhungern, verdursten, verrecken, ins Gras beißen, (im Krieg) fallen, in die ewigen Jagdgründe eingehen, ...

L12 dinieren, picknicken, die Speise verschlingen, mampfen, futtern, frühstücken, jausnen, zu Abend essen, nachtmahlen, naschen, kosten, hinunterwürgen, fressen, verzehren, ...

L14 Suppe; Kalbsbraten, Rostbraten, Gulasch, Wiener Schnitzel, . .
Apfelstrudel, Topfenstrudel, Marillenknödel, Zwetschkenknödel, Germknödel, Torten, ...
Erdbeeren, Ribiseln (Johannisbeeren), Kirschen, Marillen (Aprikosen), Äpfel, Birnen, Zwetschken, Weintrauben, Orangen (Apfelsinen), Bananen, ...
Kohl, Kraut, Erbsen, Bohnen, Fisolen (grüne Bohnen), Salat, Paradeiser (Tomaten), Paprika, ...

L15 saufen, den Durst löschen, bechern, schlürfen, nippen, ...

L16 lecker, sauer, bitter, salzig, süß, scharf, wohlschmeckend, gut, köstlich, würzig, mild, ...

L17 mit dem Essbesteck, mit der Gabel, mit dem Löffel, mit Holzstäbchen, ...

L18 Sieb, Reibe, Schöpflöffel, Kochlöffel, Sprudler, Schneebesen, Reindl (Kasserolle), Schüssel, Teller, Platte, Schneidbrett, ...

L19 in einem Restaurant, im Speisezimmer, im Speisesaal, in der Kantine, im Wirtshaus, in einem Beisl (Kneipe), am Würstelstand, ...

L21 Da es Markus sehr eilig hatte, schlang er das Essen hinunter.
„Iss langsamer!“, rief die Mutter.
Die vornehme Gesellschaft dinierte an einer großen Tafel.
Vogel, friss oder stirb!
Wir speisen pünktlich um 12 Uhr.

Die Schlange würgte die Maus hinunter.
Der kleine Vogel pickte die Körner auf.
Die Rehe ästen auf der Waldlichtung.
Der Hund nagte an dem großen Knochen.

Ein lustiges Erlebnis **L22**

Es war ein richtiges Maikäferjahr. Auf den Bäumen hingen überall Maikäfer und fraßen die Blätter. Da ich wusste, dass die Hühner meiner Tante, die am Stadtrand wohnte, Maikäfer leidenschaftlich gern fraßen, beschloss ich, gemeinsam mit meinem Freund auf den Bisamberg zu fahren. Dort standen alte Eichen, von denen ich hörte, dass sie zum Teil schon kahl gefressen waren.
In kürzester Zeit hatten wir ein Papiersäckchen mit Maikäfern gefüllt, denn wir brauchten sie nur von den Ästen zu klauben.
Auf der Rückfahrt benützten wir die Straßenbahn. Es war Sonntag, daher war sie mit Ausflüglern überfüllt. Es herrschte ein richtiges Gedränge. Wir waren erst einige Stationen gefahren, als ich eine Frau aufschreien hörte. Dann eine zweite, eine dritte. Mit heftigen Armbewegungen wehrten sie herumschwirrende Maikäfer ab. Was war geschehen? In dem Gedränge musste unser Papiersäckchen geplatzt sein. Es entstand ein richtiger Tumult. Schließlich musste der Fahrer anhalten und die Leute drängten ins Freie. Der Schrecken wurde bald durch Gelächter abgelöst und die Leute betrachteten den Vorfall als Spaß. Wir lachten laut mit, aber zuzugeben, dass wir die Maikäfer mitgebracht hatten, getrauten wir uns nicht. *(Karl, 13)*

Fenster, Flur, Wohnungstüren, Lift, Aufzug, Halbstock, Keller, Garçonnìere, Eigentumswohnungen, Garage, Mietwohnungen, Anbau, Trakt, Dachgeschoss, Erker, Balkon, Loggia, Dachterrasse, ... **L24**

Dachbalken zimmern, das Dach decken, die Räume abteilen, Türen und Fenster einsetzen, elektrische Leitungen legen, die Bäder installieren, die Fußböden legen, die Wände tapezieren oder streichen, das Haus verputzen, die Türschlösser einstemmen, die Heizung einbauen, Fliesen legen, ... **L25**

wohnlich, modern, zweckentsprechend, geräumig, lichtdurchflutet, gut beleuchtet, ... **L26**

Vorzimmer, Wohnzimmer, Schlafzimmer, Kinderzimmer, Küche, Badezimmer, Nebenräume, Abstellraum, Klosett, ... **L27**

L28 Sessel, Lehnstuhl, Fauteuil, Liege, Sofa, Sitzgarnitur, Ehebetten, Bücherverbau, Bücherregal, Schreibtisch, Kleiderablage, Kleiderkasten, Küchenzeile, Herd, Kühlschrank, Geschirrspüler, Mikrowellenherd, Badewanne, Duschkabine, Waschbecken, Fernsehapparat, Radioapparat, Durchlauferhitzer, PC (Personalcomputer), ...

L31 **Die Almhütte**

Die Almhütte ist aus rohen Balken gezimmert, die auf Steinblöcken ruhen. Die vier Bretterwände deckt das sehr flache Dach, dessen lange Schindeln nicht festgenagelt sind. Sie werden nur durch quer gelegte, mit großen Steinen beschwerte Latten vor dem Davonfliegen geschützt. Das Dach steht ringsum weit vor, sodass es eine Art von Schuppen bildet, unter dem die Almleute Heu, Holz und Gerätschaften vor Regen verwahren. Die Tür steht angelweit offen, nur ein niedriges Gatter mit einem Schnapper ist lose angelehnt, damit das Vieh nicht herauskann. Vor Räubern und Dieben fürchtet sich der Almer nicht, denn so hoch oben gibt es keine Schätze mehr zu stehlen. Nur wenn er sich weiter entfernt, versperrt er seine Wohnung mit einem einfachen Holzschloss.

L32

In der Mitte unseres Wohnzimmers steht ein großer Tisch mit sechs Sesseln.
Daneben befindet sich die Anrichte.
Links davon lädt eine gepolsterte Sitzgarnitur zum Ausruhen ein.
An der linken Wand des Wohnzimmers hängt über der Anrichte ein Ölbild.
Es stellt einen Blumenstrauß dar und ist schon sehr alt.
Den Boden bedeckt ein Knüpfteppich, ich glaube, er stammt aus der Türkei.
Auf dem Lehnstuhl neben dem Fenster sitzt meistens mein Großvater.

L33

Obstgarten, Gemüsegarten, Ziergarten, Kleingarten, Schrebergarten, Gartenhaus, Gartengeräte, Obstbäume, Blumen, Ziersträucher, Geräteschuppen; ...
bearbeiten, umgraben, pflanzen, säen, jäten, rechen, mähen, ernten, düngen, gießen, kompostieren, spritzen; ...

L34 Brokkoli, Karfiol (Blumenkohl), Auberginen (Eierfrüchte), Paradeiser (Tomaten), Paprika, Pfefferoni, Gurken, Erdäpfel (Kartoffeln),

Kürbisse, Zucchini, Bohnen, Fisolen (grüne Bohnen), Erbsen, Karotten (Möhren), Petersilie, Rote Rüben (rote Bete), Kohlrüben (Steckrüben), Radieschen, Rettich, Kren (Meerrettich), Sellerie, Spargel, Spinat, Chinakohl, Zwiebeln, Knoblauch, Schnittlauch.

L35 Zwetschken, Pflaumen, Marillen (Aprikosen), Pfirsiche, Weichseln (Sauerkirschen), Weintrauben, Erdbeeren, Himbeeren.

L36 Fuchsschwanz, Baumsäge, Kettensäge, Gartenschere, Heckenschere, Zange, Gießkanne, Sichel, Schlauch, Mistgabel, Stichschaufel, Rechen, Hacke.

L38

Ein Igel im Garten

Vor einigen Tagen entdeckte ich in unserem Garten hinter dem Haus einen Igel. Zuerst wusste ich nicht, um welches Tier es sich handelt, doch dann erinnerte ich mich an eine Abbildung in meinem Biologiebuch und erkannte die graubraune Kugel, die sich langsam vorwärts bewegte. Es war ein Igel.
Als ich näher trat und ihn hoch heben wollte, rollte er sich sofort zusammen. Daraufhin ließ ich die stachelige Kugel wieder fallen. Ich beschränkte mich daher auf die Beobachtung des Tieres.
Nach einigen Minuten kam wieder Bewegung in den Tierkörper. Eine kleine Schnauze wurde sichtbar und listige kleine Äuglein kamen zum Vorschein. Langsam kroch er weiter und schnupperte mit der Schnauze im Gras.
Da es schon dunkel und kühl wurde, lief ich ins Haus und holte sofort das Biologiebuch aus meiner Schultasche. Bald hatte ich die Seite gefunden, wo etwas über den Igel zu lesen stand. Auf diese Weise erfuhr ich, dass diese Tiere Schnecken und Würmer fressen und meistens im Altlaub oder in Reisighaufen Unterschlupf finden. Über den Winter schlafen sie. Der Igel ist ein nützliches Tier. *(Sabine, 13)*

L39

Liebe Katrin!

Seit einer Woche gehe ich in die neue Schule. Es sind vierunddreißig Kinder in der Klasse, auch Angelika aus meiner alten Klasse ist hier. Und noch vier andere. Wir sind zweiundzwanzig Mädchen und zwölf

Buben. Fünf Mädchen kenne ich schon, aber viele sind ganz neu. Unser Klassenvorstand ist prima, wir haben Englisch bei ihm. Und verschiedene Lehrer und Lehrerinnen haben wir jetzt. Bis man die alle kennt! Oben gibt es viele Säle; einen Zeichensaal kenne ich ja schon, aber den Physiksaal und das Computerzimmer nicht, die sind nur für die Großen. Die Schule hat auch einen großen Turnsaal. Im Schulhof können wir gar nicht richtig spielen, immer läuft einer dazwischen. Die Großen haben einen eigenen Hof, da dürfen wir nicht hin. Auf der Treppe ist immer eine Drängerei, denn die Schule ist zu klein. Jeden Nachmittag muss ich jetzt Hausaufgaben machen, auch in Englisch. Manchmal sitze ich länger als drei Stunden daran. Ich freue mich, dass ich jetzt hier bin.

Viele Grüße
deine Julia

L40 Gymnasium, Berufsschule, Fachschule, höhere technische Lehranstalt, Akademie, Fachhochschule, Universität, Schulklasse, Schulfreundin, Unterricht, Ausbildung, Unterrichtsfach, Übung, Wissbegierde, Lehrer, Fachlehrer, Professor, Schuldirektor, Begabung, Veranlagung, Belehrung, Benotung, Beurteilung, Ferien, ...

L41 sich informieren, üben, büffeln, begreifen, aufpassen, trainieren, exerzieren, sich etwas einprägen, Wissen erwerben, ...

L42 jemandem etwas beibringen, etwas erklären, einschärfen, jemanden ausbilden, unterweisen, ...

befähigt, gescheit, klug, faul, intelligent, tüchtig, verständig, wissbegierig, nachlässig, schlampig, uninteressiert, begriffsstützig, dumm, zurückgeblieben, geistig behindert, lebhaft, ruhig, überlegen, neugierig, ... **L43**

abfragen, abhören, befragen, nachrechnen, überprüfen, sich vergewissern, die Leistung feststellen, kontrollieren, ... **L44**

einen Aufsatz schreiben, eine Rechnung lösen, eine Zeichnung fertig stellen, aus Papier ein Haus basteln, den Bleistift spitzen, lernen, musizieren, das Licht anknipsen, ein Kleid nähen, einen Schneemann bauen, die Tür schließen, ... **L46**

L48

Es gab sehr viel zu sehen.
Die Aufführung hat mir ausgezeichnet gefallen.
Es war ein schönes (eindrucksvolles) Erlebnis.
Wir haben einen hervorragenden Lehrer.
Das war ein interessanter Film.
Das Essen schmeckt erstklassig.
Er ist ein netter (feiner) Kerl.
Das Buch ist sehr spannend.
Die Maschine ist unbrauchbar.
Das Trinkglas ist zerbrochen.
Mein Bein ist gelähmt.

L49

Mein Schulweg

Da ich das Realgymnasium besuche, habe ich einen weiten Schulweg und muss schon eine Stunde früher aufstehen als die meisten meiner Mitschülerinnen und Mitschüler. Ich wohne nämlich auf dem Land. Mein Vater ist Bauer in der Nähe der Landeshauptstadt. Pünktlich um sieben Uhr muss ich an der Autobushaltestelle sein, um mit dem Postbus in die Stadt zu fahren. Dort muss ich dann

in die Straßenbahn umsteigen und vier Stationen fahren. Die Straßenbahn bringt mich in einer Viertelstunde ans Ziel. Zwei Gassen weiter ist meine Schule. Es ist ein alter, ehrwürdiger Bau, aber die Lehrer sind hervorragend.
Während am Morgen die Verbindung meistens klappt, dauert die Rückfahrt am Nachmittag noch länger, denn ich muss eine halbe Stunde auf den Bus warten. Das ist besonders im Winter unangenehm, denn das Wartehäuschen ist nicht geheizt. Trotzdem bin ich froh, dass ich ins Gymnasium gehen darf, denn ich will einmal Tierarzt werden.

(Stefan, 12)

L51 Hauptstadt, Weltstadt, Vorort, Stadtgemeinde, Vorstadt, Stadtteil, Bezirk, Stadtviertel, Villenviertel, Straßen, Gassen, Verkehrswege, Autos, Straßenbahn, U-Bahn, Fußgänger, Fußgängerzone, Getöse, Verkehrslärm, Geschäfte, Einkaufsstraße, Läden, Büros, Magazine, Fabriken, Rathaus, Bürgermeister, Stadträte, Krankenhaus, Stadion, Sportplätze, Parkhäuser, Parkplätze.

L53 Plaudernd schlenderten die Fremden die Geschäftsstraße entlang. Nach Schulschluss liefen die Kinder nach Hause. In gleichem Schritt marschierten die Soldaten auf die Kaserne zu. Müde trottete der alte Mann den Weg entlang. Am Morgen eilen viele Beschäftigte zu ihrer Arbeitsstätte. Vergnügt spazierten die Freundinnen durch den Park. Der Fußleidende humpelte langsam vorwärts. Meine Freundin begleitete mich bis zur Gartentüre. Wegen der hohen Absätze konnte die junge Frau nur trippeln. Erhobenen Hauptes stolzierte der Schauspieler durch die Straßen. Laut singend hüpfte das Mädchen auf seine Mutter zu. Unbemerkt folgte der Detektiv dem Mann.

Vom Benehmen auf der Straße **L55**

Um sich auf der Straße richtig zu benehmen, muss man in erster Linie die Verkehrsvorschriften beachten. Ältere Personen oder Damen lässt man an der rechten Seite gehen und lässt ihnen den Vortritt, wenn man durch eine Türe geht. Auch schlägt man niemandem die Tür vor der Nase zu. Auf der Straße wirft man nichts weg, vor allem keine Bananenschalen, denn man könnte auf ihnen ausrutschen. In der Straßenbahn oder U-Bahn steht man auf, wenn behinderte oder ältere Personen einen Sitzplatz suchen. Auch ist es zu vermeiden, die Ausstiege zu blockieren. Aber auch das Vordrängen an einem Schalter, an dem sich viele Leute anstellen, ist eine grobe Unhöflichkeit.

Schnellstraße, Bundesstraße, Landstraße, Einbahnstraße, Verkehrsunfall, Verkehrsregel, Verkehrszeichen, Stau, Fahrer, Chauffeur, Fahrt, Fahrtunterbrechung, Verkehrsampel, Halteverbot, Kreuzung, Fahrgast, Passagier, Straßenbahn, Signal, Treibstoff, Schiffsverkehr, Dampfer, Motorschiff, Segelschiff, Ozeanriese, Flugzeug, Turbojet, Flugverkehr, Pilot, Stewardess, Flugplatz, Flughafen, Charterflug, ... **L58**

vorsichtig, ohne zu halten, schnell, rücksichtsvoll, sicher, waghalsig, unvorsichtig, rasant, ... **L59**

das Schreien der Kinder, das Rufen der Marktfahrer, das Hupen der Autos, das Bellen der Hunde, das Bimmeln der Straßenbahn, das Quietschen der Bremsen, das Lärmen der Presslufthammer, ... **L60**

Auf der Autobahn **L63**

Seit vier Stunden ist der schwere Lastzug auf der Autobahn unterwegs. Tief klopfen die starken Motoren, vor allem wenn es bergan geht. Warmer Dunst erfüllt das Führerhaus. Da ist es angenehm, denn draußen klatscht der Regen gegen die Windschutzscheibe, sodass der Scheibenwischer kaum die herabrinnenden Wassermassen beiseite fegen kann. „Ein verdammtes Wetter“, flucht der Fahrer. „Da werden wir länger brauchen als sonst“, bemerkt der Beifahrer dazu, der neben ihm sitzt und unverwandt geradeaus schaut. Die Dunkelheit bricht langsam herein. Der Fahrer schaltet die Scheinwerfer ein. Unaufhaltsam weiter geht die Fahrt.

L64 Ein furchtbarer Verkehrsunfall

Meine Eltern und ich befanden uns mit unserem Auto auf der Fahrt nach Kärnten. Bei Knittelfeld überholte uns trotz des starken Gegenverkehrs ein Wagen mit italienischem Kennzeichen. Dabei schnitt er unser Fahrzeug. Mein Vater musste stark bremsen. Er wollte ja keinen Unfall bauen. Bald darauf war der Italiener unseren Blicken entschwunden. Nach einigen Kilometern überholte uns an einer unübersichtlichen Stelle ein Porsche. Sein Tempo war unheimlich schnell. Nach der Kurve erblickten wir dann die Bescherung. Quer auf der Straße stand das italienische Auto. Es war dasselbe, das uns wenige Minuten vorher verkehrswidrig überholt hatte. Im Straßengraben daneben lag der Porsche auf dem Dach. Wir hielten an und meine Mutter leistete erste Hilfe. Vater sicherte inzwischen die Unfallstelle mit einem Warndreieck und verständigte mit seinem Handy die Polizei.

(Daniel, 11)

L66 dreschen, mähen, füttern, jäten, setzen, umgraben, Heu wenden, ernten, den Stall ausmisten, düngen, melken, Butter erzeugen, Käse herstellen, die Weintrauben pressen, die Weinfässer füllen, den Wein abfüllen, schlachten, wursten, selchen, das Vieh auf die Alm treiben, Schafe scheren, ...

L67 Kühe, Stiere, Ochsen, Kälber, Eber, Widder, Lämmer, Ziegen, Zicklein, Kaninchen, Pferde, Fohlen, Stuten, Hengste, Wallache, Reitpferde, Zugpferde, Katzen, Kater, Hunde, Enten, Gänse, Puten, Hühner, Hähne, . .

L68 Das alte Pferd

Den Kopf gesenkt stiert es auf den Hafersack. Die Augen scheinen hervorzuquellen und die feinen Adern der Hornhaut sind stark gerötet. Eine gelbe Flüssigkeit, die sich an den Backenknochen angesammelt hat, lockt Insekten an. Die Knochen sind deutlich sichtbar.

Vom Maul triefen große Schaumflocken und das im Maul verweste Heu leuchtet grün zwischen den gelben Zähnen hervor. Der Kopf ist schmutzig weiß mit dunklen Flecken. Eine aschfahle Mähne überdeckt die zurückgelegten Ohrmuscheln. Die Schulterknochen ragen ein wenig über das Rückgrat hinaus. An den Beinen bemerkt man Krampfadern. Die Knie sind stark aufgeschunden. Bräunliche Haare, die über dem Huf ansetzen, verdecken die Hälfte der Hufe.

Der schmale Körper biegt sich zur Kruppe durch und der Rippenbogen sieht wie ein aufgespannter Regenschirm aus. Der Bauch hängt tief herab. Die schmalen Oberschenkel ragen über den Schwanzansatz hinaus. Der lange Schweif pendelt unruhig über die Fesseln. *(Richard, 14)*

Wie Butter hergestellt wird **L73**

(Exkursionsbericht)

Die Bauern liefern die Milch in Kannen oder mit modernen Milchsammelwagen an die Molkerei. Bei der Übernahme wird die Milchmenge gemessen. Gleichzeitig wird zur Bestimmung des Fettgehaltes eine Probe entnommen. Nun wird die Milch in Sieben gereinigt. Danach leitet man sie zur Rahmgewinnung in Separatoren. Das sind Maschinen, in denen die Milch zentrifugiert wird. Die schwere Milch wird dabei nach außen an die Wände der Separatoren geschleudert und fließt ab, der leichte Rahm bleibt innen zurück.

Im Anschluss daran muss die Milch noch entkeimt werden. Zu diesem Zweck erhitzt man sie 40 Sekunden lang auf 74 Grad Celsius. Bei dieser Temperatur werden alle schädlichen Keime getötet. Die wertvollen Bestandteile bleiben erhalten. Diesen Vorgang nennt man „Pasteurisieren" (nach dem französischen Forscher Louis Pasteur).

Daraufhin wird die Milch in Behälter aus Wachspapier oder in Flaschen abgefüllt.

Der Rahm wird zur Abtötung schädlicher Stoffe auf 93 Grad erhitzt. Nach dem Zusatz von Milchsäurebakterien wird er zehn Stunden leicht gerührt. Durch die Säuerung entsteht der Geschmack der Butter.

Zur weiteren Aufbereitung wird der Rahm in den Butterfertiger geschüttet. Dieser Behälter fasst 10.000 Liter, er wird jedoch nicht ganz gefüllt. Mit 30 Umdrehungen in der Minute dreht sich der Zylinder des Butterfertigers um seine waagrechte Achse. Dadurch wird der Rahm schaumig und die Fettkügelchen ballen sich zu Klumpen zusammen. Nach 45 Minuten hat sich das Fett vollkommen abgeschieden. Danach wird die Rohbutter mehrmals in kaltem Wasser gewaschen und mit Walzen geknetet.

Maschinen formen anschließend die Masse und verpacken sie in Päckchen zu 1/4 oder 1/8 Kilogramm. Eine Maschine kann etwa 3.500 Packungen in der Stunde herstellen.

Nun braucht die Butter nur mehr in Schachteln verpackt und an die Lieferautos ausgeliefert zu werden.

L74 Die verschwundene Kuh

In den letzten Ferien war ich mit meinen Eltern in Navis in Tirol. Wir wohnten auf einem Bauernhof.

Eines Abends kam Resi, die Tochter des Bauern, zu mir und fragte: „Traudl, willst du mitgehen? Ich muss mit der Kuh zum Sperlbauern." „Warum?", fragte ich neugierig. – „Die Kuh muss zum Stier, verstehst?" Ich verstand.

Resi holte die Kuh aus dem Stall und wir zogen los. Die Kuh wollte zuerst nicht weiter, doch als Resi sie unsanft auf ihr Hinterteil schlug, sprang sie schnell davon. Resi und ich liefen hinterdrein. Es ging den Berg hinunter zu einem Bach, den wir überqueren mussten. Doch die Kuh wollte nicht hinüber. Sie bekam Schläge, aber vergebens. Was war da zu tun? Resi wusste Rat. Sie schrie: „Wart nur, du elendiges Viech, dir werd' ich's schon zeigen!" Dann packte sie das Tier an den Nüstern und zog. Das schmerzte die Kuh und willig folgte sie. Resi hinter ihr nach. Ich konnte kaum so schnell schauen, waren sie schon im Wald verschwunden.

Nun stand ich ganz allein da. Es war inzwischen dunkel geworden, man hörte nur den Bach plätschern. Vor Müdigkeit setzte ich mich ins Gras und schlief ein.

Als ich wieder aufwachte, lag ich in meinem Bett im Bauernhof, war jedoch ganz angezogen. Nach und nach fiel mir das Erlebte ein. Aber wie war ich hierher gekommen? Erst in der Küche erfuhr ich es.

Resi hatte nach einiger Zeit bemerkt, dass ich nicht mehr hinter ihr herkeuchte. Aus Angst, dass mir etwas zustoßen könnte, ließ sie die Kuh einfach stehen und ging mich suchen. Ich war leicht zu finden, doch da sie mich nicht tragen konnte, lief sie den Berg hinauf, holte den Bauern und beide beförderten mich dann ins Bett.

Ich lachte und fragte: „Und wo ist die Kuh?" Jetzt erschrak Resi. Die hatte sie vergessen. Sogleich wurden alle Hausbewohner ausgesandt, das verlaufene Tier zu suchen. Als sie nach etwa einer Stunde wieder nach Hause kamen, hatten sie die Kuh noch immer nicht gefunden.

Resi ging in den Stall, um die übrigen Tiere zu füttern. Da stand die Kuh an ihrem Platz. Sie war allein nach Hause gekommen.

(Traudl, 11)

L77 Das Wasser des Baches plätschert, murmelt, fließt.
Der Sturm, braust, heult, wütet.
Der Wind säuselt, bläst, weht.

Die Blätter der Bäume rauschen.
Der Donner rollt.
Die Vögel singen, zwitschern, tirilieren, piepsen.
Der Specht klopft, hämmert.
Die Gänse schnattern.
Die Krähen krächzen.
Die Frösche quaken, unken.
Das Wildschwein grunzt.
Der Wolf heult.
Der Hirsch röhrt.

L78 Eschen, Kastanien, Buchen, Weiden, Linden, Ahorne, Platanen, Fichten, Tannen, Föhren (Kiefern), Lärchen;
Kreuzdorn, Hartriegel, Schneebeeren, Feuerdorn, Forsythien, Weigelie, Flieder, Holunder, Hasel;
Veilchen, Schneeglöckchen, Narzissen, Glockenblumen, Butterblumen, Herbstzeitlosen, Enzian, Aurikel, Primeln, Edelweiß, Löwenzahn.

L80 Auf dem Pfingstspaziergang war's. Da ging ich nichts ahnend einen Weg entlang, der zwischen dem Waldrand und einem Rübenacker verlief, blickte nach hier und da und beobachtete ein paar Vögel durch das Fernglas. Als ich dann weiterging, erschrak ich plötzlich. Keine zwei Meter vor mir sprang ein Feldhase auf, einer von denen, welchen man nachsagt, dass sie mit offenen Augen schlafen. Aber die denken gar nicht daran! Nun – dieser Hase hat mich so nah an sich herangelassen, dass ich ihm beinahe auf den Pelz gerückt war. Dann erst ist er losgehetzt, ein paar Haken, ein paar Riesensätze, fort! Mir war wohl der Schrecken mehr in die Glieder gefahren als dem Hasen, denn er hat mich längst bemerkt. Und dann war er plötzlich über alle Berge. Wohin wird er wohl gelaufen sein?

L81 Umweltschutz dringend notwendig.
Gefahren wurden unterschätzt.
Abfälle enthalten giftige Stoffe, werden durch Regen ins Grundwasser und in Brunnen geschwemmt.
In Flüsse geraten Abwässer aus Werkstätten, Fabriken, Haushalten.
Fische sterben.
Krankheitserreger geraten ins Wasser.
In Abgasen giftiges Kohlenmonoxyd enthalten.

In Autoabgasen giftiges Blei als feiner Staub.
Rinder atmen Blei ein und fressen es mit Futter.
Blei gelangt in Milch.
Luft in Städten enthält Giftstoffe.
Bäume sind Luftverbesserer.
Lärm macht müde, nervös, krank.
Jeder kann Umweltverschmutzung verhindern.

L82 verschmutzt – rein
giftig – ungiftig
übel riechend – gut riechend
schädlich- unschädlich
genießbar – ungenießbar
gefährlich – ungefährlich

L83 **Ein Abend im Freien**

An einem schönen Sommertag fuhren meine Eltern mit mir ins Burgenland. Wir beabsichtigten an einem Tagesritt teilzunehmen. Zuerst überkam mich ein bisschen Angst, denn ich war schon lange Zeit nicht mehr auf dem Rücken eines Pferdes gesessen. Doch bald hatte ich die Angst überwunden und es wurde ein wunderschönes Erlebnis.

Die Landschaft ist in diesem Teil des Burgenlandes ganz eben: Äcker, Wiesen, Weiden.

Da ich nicht so geübt im Reiten war wie die anderen Teilnehmer, ermüdete ich rascher. Ich wollte daher früher umkehren. Meine Eltern stimmten zu und so ritt ich allein ins Dorf zurück, von dem nur ein kleiner Kirchturm zu sehen war. Das wurde mir bald aber doch ein bisschen unheimlich. Nun war ich mit Sevilla, meiner Stute, ganz allein in der glutüberströmten Weite. Die Sonne brannte heiß auf den kurzen Klee, der sich wie ein Teppich bis zum Himmelsrand ausbreitete, und nur die gelben Blüten des Löwenzahns milderten diese Eintönigkeit. Die Hufe meines Rosses pochten dumpf auf die heiße Erde und ich fürchtete, das Pferd würde jeden Augenblick losgaloppieren und mich abwerfen.

Schon sank die Sonne tiefer, alles übergoss sie mit glutrotem Schein. Die Kuppe und die Mähne meines Pferdes glänzten seidig. Unsere Schatten bewegten sich schwarz neben uns her. Nun war die Sonne am Horizont verschwunden, im Westen zogen sich dunkle Schleier über den Himmelsrand. Schließlich floss alles schwarz ineinander. Auch der Kirchturm war längst nicht mehr zu

sehen. Plötzlich leuchtete ein heller Schein über die Ebene: Eine Wolke hatte den Mond frei gegeben.
Ich klammerte mich an mein Pferd und begann leise mit ihm zu sprechen, denn ich kam mir sehr verlassen vor. Sevilla schnaubte als Antwort leise, als wollte sie mir Mut zusprechen.
Langsam wurden am Horizont helle Punkte sichtbar: das Dorf. Immer mehr davon schienen aufzuglühen. Die Hitze des Tages war vorüber, es war kühl geworden.
Endlich näherten wir uns den ersten Häusern. Müde trottete mein Pferd durch die Gassen zum Reitstall. *(Angelika, 15)*

L84

blutrot, kirschrot, krebsrot, kupferrot, rostrot, brandrot, himbeerrot;
himmelblau, kornblumenblau, veilchenblau, enzianblau, pflaumenblau, stahlblau;
aschgrau;
rabenschwarz, kohlschwarz, nachtschwarz;
grasgrün, spinatgrün, moosgrün, giftgrün, meergrün;
goldgelb, schwefelgelb, honiggelb, bernsteingelb, strohgelb;
schokoladebraun, kaffeebraun, nussbraun;
schneeweiß, porzellanweiß, kreideweiß, alabasterweiß.

L85

hellblau, dunkelrot, leuchtend gelb, grellrot, tiefschwarz, sattgrün, lichtgrau

L87

trüb, schlecht, heiß, eisig, frostig, kühl, eiskalt, kalt, warm, gut, regnerisch

L88

Nieselregen, Nebel, Tau

L90

So ein Wetter!
Die Wolkenschleusen haben sich geöffnet. Der Regen prasselt in Strömen auf die Stadt herab. Aus allen Traufen schießt das Wasser. Die Rinnsale füllen sich. Die Kanäle können das viele Wasser nicht mehr aufnehmen. Ein vorüber fahrendes Auto spritzt nach allen Seiten. Glücklicherweise ist niemand in der Nähe. Etwas weiter vorne laufen ein paar Fußgänger zu einem Wartehäuschen der Straßenbahn. Dort wollen sie sich unterstellen. Ein Radfahrer hat den Kragen seines Regenmantels hochgeschlagen. Das Wasser rinnt ihm aber in kleinen Bächen ins Genick.
Auf dem Marktplatz haben die Händler den Verkauf eingestellt. Sie haben sich in die nahe Gastwirtschaft geflüchtet. Auch der Würstelstand ist menschenleer.

L91 **Mitten im Frühling**

Mitten in den Frühling versetzt fühlte ich mich, als ich am Dienstag im Kurgarten war. Ich stand in einem Meer von leuchtenden Blüten. Meine Blicke schweiften über die saftig grüne Rasenfläche, aus der die schönsten Farben der Blumen herauslachten. Es war das strahlende Gelb der Gemswurz, das ruhige, dunkle Rot, das freundliche Gelb und Weiß der Schlüsselblumen. Von weitem leuchteten die Sternblumen. Wunderbar war das Dunkelblau der Stiefmütterchen, die den Untergrund zu einer leuchtenden Farbenzusammenstellung von gelben und roten Tulpen ausmachten. Der dunkelblaue Himmel bildete den Rahmen einer herrlichen Farbensymphonie. Man fühlte sich wie in einem Märchen, umgeben von leuchtenden Blumen, von fröhlich zwitschernden, sich des Erwachens der Natur freuenden Vögeln, von summenden Bienen und gaukelnden Schmetterlingen. Ich wurde nicht fertig mit Schauen und Lauschen. So schön war es. *(Sara, 15)*

L95 Hose, T-Shirt, Jacke, Rock, Mantel, Regenumhang, Anorak, Jogginganzug, Smoking, Frack, Hemd, Weste, Pullover, Laufschuhe, Sportschuhe, Schischuhe, Stiefel, Sandalen, Dirndl, Trachtenanzug, Trachtenkleid, Pelzmantel, Rollkragenpullover, Blazer, Krawatte, Hosenanzug, Kostüm, ...

L96 modisch, altmodisch, teuer, billig, geflickt, ausgebessert, nett, durchgewetzt, dreckig, ...

L98 Man konnte den Knall deutlich wahrnehmen.
Wo hast du denn das vernommen?
Aufmerksam folgten die Kinder den Worten des Lehrers.
Ihr Gespräch ist belauscht worden.
Ich will mir dieses Gespräch nicht länger anhören.
Während des Vortrages sollten alle aufmerksam zuhören.
Hast du schon erfahren, dass er gestorben ist?
Dieses Gerücht hat Grete in der Stadt aufgeschnappt.
Wie ich gehört habe, wirst du morgen abreisen.
Horch, wie das tönt!
Die Feinde haben das Ferngespräch abgehört.

L99 **Der Zeitungsverkäufer**

Auf meinem Schulweg gehe ich jeden Morgen an einem Zeitungsverkäufer vorbei. Ich kann ihn schon von weitem an seinem Umhang mit der Aufschrift der bekannten Tageszeitung erkennen. Er ist ein mittelgroßer, untersetzter Mann mit dunklen Haaren und lebhaft blickenden Augen. Anscheinend ist er aus dem Orient zugewandert.

Es macht mir immer Freude, ihn bei seiner Tätigkeit zu beobachten. Für jeden Vorübergehenden hat er ein freundliches Wort und muntert dadurch so manchen missmutigen Passanten auf. Unermüdlich spricht er jeden Vorübergehenden mit den jeweiligen Schlagzeilen seiner Tageszeitung an. Seine Worte sind dabei jeweils auf die betreffende Person abgestimmt. So macht er zum Beispiel die jungen Damen auf die Modebeilage, die jungen Herren auf die Sportereignisse und ältere Damen auf den Wetterbericht aufmerksam.

Ohne es zu beabsichtigen, verlangsamt so mancher Passant seinen Schritt und sieht unwillig auf. Doch sobald er in das gutmütige, immer lächelnde Antlitz dieses Zeitungsverkäufers blickt, nimmt er sich Zeit, um in die Tasche zu greifen und eine Zeitung zu kaufen. Sich herzlich bedankend überreicht der Zeitungsverkäufer mit einer schwungvollen Handbewegung die gefaltete Zeitung und blickt erwartungsvoll der nächsten Kundschaft entgegen.

(Erich, 14)

mutig, selbstbewusst, leicht erregbar, aufbrausend, mutlos, feige, fröhlich, draufgängerisch, lebhaft, schweigsam, wahrheitsliebend, verlogen, verantwortungsbewusst, anständig, höflich, frech, ungehobelt, mitfühlend, distanzlos, gewinnend, böse, boshaft, erbittert, grantig, verdrossen, hochmütig, eingebildet, fahrig, nervös, unruhig, reizbar, bescheiden, anspruchsvoll, anspruchslos, … **L100**

starrsinnig – nachgiebig **L101**
geschwätzig – wortkarg, still
geizig – freigiebig
griesgrämig – heiter, fröhlich
bösartig – gutmütig
pflichtbewusst – pflichtvergessen
eigensinnig – beeinflussbar
zerstreut – konzentriert
streitsüchtig – verträglich
genusssüchtig – asketisch
dumm – klug, gescheit
gehässig – freundlich
höflich – rüpelhaft

feinfühlend – hart gesotten
verschlossen – offenherzig
frech – wohlerzogen
begeisterungsfähig – uninteressiert

L104 Wie ich mich sehe

Ich habe, Gott sei Dank, gerade Glieder und einen, wie man es nimmt, gesunden Menschenverstand. Das soll heißen, dass ich normal bin.

Ich bin von vollschlanker Statur, was mich immer ärgert, denn das Leben ist doch so hart zu einem, wenn man andere futtern sieht und diese kein Gramm zunehmen, während ich hungern muss, um nicht noch fülliger zu werden. Dafür habe ich ein nettes Gesichtchen mit großen rehbraunen Augen, die lustig dreinblicken, wie man mir schon oft gesagt hat. Meine blonden Haare fallen mir über die Schulter und locken die Blicke vieler Burschen auf mich. (Wenn das meine Freundin liest, wird sie mich gleich wieder „eingebildete Gans“ schelten.)

Ich bin in einem Alter, in dem man schon zu den Erwachsenen gezählt werden will, aber doch noch die jugendlichen Dummheiten macht. Meine große Leidenschaft ist es, von Geschäft zu Geschäft zu schlendern und da eine Hose, dort eine Bluse zu kaufen. Aber welches Mädchen tut das schließlich nicht gerne? Ich trage mit Vorliebe Hosen, da meine Beine nicht ausstellungsreif sind, und außerdem kann man sich mit Jeans überall hinsetzen, was man mit einem Rock gewöhnlich nicht kann.

„Schule“ ist ein Wort, das mich teils traurig stimmt, teils fröhlich macht. Unangenehm finde ich es, viel lernen zu müssen. Ich würde lieber wandern oder spazieren gehen und Sport treiben. Fröhlich stimmt mich das Zusammensein mit meinen Freundinnen.

Meine liebste Beschäftigung ist der Sport. Ich kann gut Schi fahren und schwimmen, doch das Geräteturnen macht mir weniger Freude. Ich bin nämlich etwas ängstlich und außerdem wegen des leichten Übergewichts nicht gerade eine Akrobatin. Ursi, meine Freundin, hält mir das immer vor: „Geh nicht so ängstlich zum Barren, mit mehr Energie würdest du es bestimmt schaffen.“ Aber was habe ich vom guten Zureden, wenn ich dann am Reck hocke und jammere, dass ich hinunter will. Ja, so ist das mit mir. Nicht so einfach.

Das Wichtigste, meinen Charakter, hätte ich nun fast vergessen. Ich bin im Sternbild des Skorpions geboren, vielleicht sagt das alles, aber ein giftiges Biest bin ich trotzdem nicht. Sicher bin ich oft launenhaft, mitunter lustig, manchmal auch sekkant und nicht selten frech. Wie es mir eben in dem Augenblick in den Kram passt. Auch muss ich zugeben, dass ich manchmal meinen Freundinnen gegenüber egoistisch bin. Außerdem bin ich zu gesprächig. Oder etwa nicht? *(Judith, 15)*

Keuchhusten, Scharlach, Diphtherie, Angina, Kinderlähmung, Mittelohrentzündung, Lungenentzündung, Durchfall, Bronchitis, Rheumatismus, Rachenkatarr, Kopfschmerzen, Bauchweh, ... **L106**

gefährlich, ansteckend, tückisch, langwierig, lebensbedrohend, unangenehm, ... **L107**

Medizin verschreiben, Gelenke einrenken, Injektionen geben, Rezepte ausstellen, die Kranken trösten, Mut zusprechen, massieren, bestrahlen, operieren, den Kranken beraten, helfen, ins Krankenhaus einweisen, erste Hilfe leisten, ... **L109**

Pillen, Pulver, Bäder, Inhalationen, Massagen, Pflaster, Salben, Heiltees, ... **L111**

Baldrian, Tausendguldenkraut, Ehrenpreis, Beinwurz, Bärlapp, Huflattich, Johanniskraut, Eibisch, Weißdorn, Mistel, ... **L112**

bettlägerig, erkältet, arbeitsunfähig, unheilbar krank, sterbenskrank, todkrank, siech, übel, verschnupft, ... **L113**

Nasenbluten **L114**

Ich will euch etwas vom Nasenbluten erzählen. Möglicherweise habt ihr es an euch selbst oder euren Freunden schon einmal erlebt, denn es kommt häufig vor. Und wenn dann aus einem Nasenloch plötzlich das Blut fließt, so ist das ziemlich beängstigend. Aber im Allgemeinen sieht es gefährlicher aus, als es ist. Ich will euch gleich ein wirksames Mittel dagegen sagen: Wenn einer von euch plötzlich Nasenbluten bekommt, so legt er sich am besten flach hin, den Kopf tief gelagert, und drückt die Nasenhälfte, aus der es blutet, etwa zehn Minuten gegen die Nasenscheidewand. Meistens wird das Bluten dann aufhören. Die Blutung „steht", sagt der Arzt.

Als ich einmal krank war **L115**

Kurz nach den Ferien bekam ich eine schwere Angina. Ich musste daher längere Zeit zu Hause bleiben. Als meine Mutter mich eines

Tages weckte und dabei meine Hände anfasste, merkte sie, dass ich krank war. „Du hast gewiss Fieber“, sagte sie, „deine Hände sind ganz heiß. Bleib im Bett liegen!“ Bevor meine Eltern zur Arbeit gingen, brachten sie mir noch einige Bücher. „Da hast du etwas zum Lesen, damit du es leichter im Bett aushältst“, sagte mein Vater. Die Mutter ermahnte mich: „Mache niemandem auf! Auch wenn das Telefon läutet, bleib ruhig im Bett liegen!“
Den ganzen Vormittag fühlte ich mich recht elend. Es war mir einmal kalt, dann wieder heiß, und oft klapperte ich mit den Zähnen. Als mittags meine Mutter von der Arbeit kam, maß sie mir gleich das Fieber. Ich hatte über 39 Grad. Da sagte meine Mutter: „Jetzt werde ich doch den Arzt rufen. Er soll dich untersuchen und dir eine Medizin verschreiben.“
Als sie mir zu essen gab, hatte ich keinen Hunger und das Schlucken schmerzte mich sehr. Bald wurde ich sehr müde und schlief ein. Ich erwachte erst wieder, als es an der Haustür klingelte. Der Arzt kam. Er schaute mir in den Hals, hörte meine Brust ab und fühlte meinen Puls. „Du hast ganz dicke, eitrige Mandeln. Zwei Wochen darfst du nicht in die Schule gehen.“ Danach schrieb er ein Rezept für die Medikamente auf. „Holen Sie die Sachen bitte gleich in der Apotheke“, bat er meine Mutter, „das Kind braucht sie dringend.“
Nachdem ich die Tabletten und Säfte eingenommen hatte, ging das Fieber langsam zurück. Aufstehen durfte ich aber noch lange nicht. Nach fast zwei Wochen sagte endlich der Arzt: „Jetzt hast du es überstanden. Von morgen an darfst du mehrere Stunden täglich aufstehen.“ Wie war ich froh!
Eine Woche später war ich dann wieder so weit gesund, dass ich in die Schule gehen durfte. *(Sophie, 12)*

L116 Ein Spiel mit bösem Ende

Seit langem machte es uns Buben Freude, die breiten Geländer in unserem Treppenhaus hinunterzurutschen. Das Geländer vom ersten Stock zum Erdgeschoss war besonders beliebt, da es einen weiten Auslauf bot. Wenn wir dort hinuntersausten, wurden wir wie bei einer Sprungschanze ein Stückchen hinausgetragen und landeten gerade noch vor dem Windfang, einer Glastür.	Einleitung

Vor kurzem hatte Hans den Einfall, ein „Wettspringen“ zu veranstalten. „Wer kommt so weit wie ich?“, fragte er uns herausfordernd. Das spornte uns an, es ebenfalls zu versuchen.	Hauptteil offene Situation
Fritz, Arnim und ich rutschten in raschem Tempo das Geländer hinab. Die Fliesen des Fußbodens waren unsere Markierungen. Fritz flog dreizehn Fliesen weit, ich vierzehn, und Arnim kam noch ein paar Zentimeter weiter.	Spannung durch „Zeitdehnung“
Dann rutschte Hans. Wie ein Blitz schoss er das Geländer hinab, sauste durch die Luft, prallte gegen die Glastür und blieb liegen. Er lag bewusstlos auf dem Boden und blutete im Gesicht.	(Einzelheiten) Höhepunkt
„Ich rufe sofort die Rettung an!“, rief Arnim. Wir wussten nicht, wie wir helfen sollten. Die Eltern von Hans waren beide berufstätig. Wir konnten sie daher nicht benachrichtigen. Da kam auch schon das Rettungsauto mit dem Notarzt. Hans wurde auf eine Bahre gelegt und weggefahren.	
Drei Wochen musste er wegen einer Gehirnerschütterung im Krankenhaus iegen. Seither rutschte niemand mehr das Treppengeländer hinab.	Schluss

Vom Grüßen **L117**

„Mit dem Hute in der Hand kommt man durch das ganze Land.“ Vergiss das Sprichwort auf dem Lande nicht, wo es noch Sitte ist, alle zu grüßen! Überhaupt ist es besser, zu viel als zu wenig zu grüßen, denn der Gruß ist ein Zeichen der Hochachtung, und die Menschen sollten einander immer Hochachtung entgegenbringen. Der Jüngere grüßt den Älteren, der Herr die Dame, der Junge das Mädchen zuerst. Wenn du einen Bekannten siehst, schau nicht schüchtern weg, um dem Gruß auszuweichen! Höher gestellte Persönlichkeiten grüßt man auf der Straße meist stumm; man nimmt die Kopfbedeckung ab und neigt den Kopf. Nur der Höherstehende (die Dame) hat das Recht, die Hand zum Gruß zu reichen. Man darf die Hand des andern nicht zu stark pressen, aber die Hand auch nicht zu schlaff geben, denn es soll doch ein Hände-„Druck“ sein. Der Herr muss beim Betreten einer Wohnung oder eines Lokales seine Kopfbedeckung abnehmen.

L118 schüchtern, unterwürfig, zurückhaltend, zuvorkommend, unbefangen, herablassend, kühl, unfreundlich, mürrisch, fröhlich, ...

L120

Höflichkeit	**Unhöflichkeit**
Manierlichkeit	Rücksichtslosigkeit
vollendetes Benehmen	schlechtes Benehmen
Haltung	Ungehörigkeit
gute Umgangsformen	Rüpelhaftigkeit
Liebenswürdigkeit	Unverschämtheit
guter Umgangston	Ungezogenheit
Ehrfurcht	Rohheit
die Ehre erweisen	den Rücken kehren
	keines Blickes würdigen

L121 ungesittet, unmoralisch, ruchlos, verdorben, verworfen, zweifelhaft, unmöglich, unpassend, nicht salonfähig, ...

L122 reizend, attraktiv, artig, entgegenkommend, leutselig, betörend, freundlich, ...

L124 **Ein Lausbubenstreich**

Ich hatte in unserem Hof mein Fahrrad sauber geputzt und wollte nur noch das Klebebild holen, das den Sattel schmücken sollte. Aber als ich wieder aus dem Haus kam, war mein Rad weg. Ich hatte vergessen es abzusperren. Verzweifelt sah ich in alle Hauseingänge – nichts! Mein schönes Rad, das ich zum Geburtstag bekommen hatte, war gestohlen. Ich wusste mir keinen Rat mehr.

Doch plötzlich radelte mein Freund Peter grinsend auf mich zu und das auf meinem Rad! „Was fällt dir denn ein! Du hast mein Rad wieder ganz schmutzig gemacht!“ „Nun sei doch nicht gleich beleidigt. Ich wollte dir doch nur einen Schrecken einjagen, weil du dein Rad nicht abgesperrt hast!“, sagte Peter. Dafür hatte ich aber kein Verständnis. Ich lief ihm durch den ganzen Hof nach, konnte ihn aber leider nicht erwischen. Noch lange ärgerte ich mich über den Lausbubenstreich.

Am nächsten Tag begegnete ich wieder Peter. „Bist du mir noch böse?“, sprach er mich an. „Ja, aber wenn du mein Rad wieder reinigst, verzeihe ich dir.“ *(Christian, 13)*

L127 Kaplan, Seelsorger, Katechet, Pfarrer, Vikar, Mönch, Probst, Bischof, Erzbischof, Kardinal, Papst, Äbtissin, Nonne, Ordensschwester; Pastor, Superintendent, Prediger; Imam (islamischer Vorbeter), Mullah (islamischer Geistlicher); Lama (buddhistischer Mönch).

L128 Auferstehungsfeier, Osterfest, Fronleichnamsprozession, Palmweihe, Maiandacht, Weihnachten, Kirchweihfest, Beichte, Kommunion, Wallfahrt, Segen.

L130 nächstenliebend, demütig, hilfsbereit, friedfertig, gerecht, gesetzestreu, ...

L131 beten, beichten, empfangen die Kommunion, wallfahrten, pilgern, ...

L134 etwas herstellen, etwas erzeugen, etwas bewerkstelligen, jemanden bedienen, etwas verkaufen, tätig sein, zugreifen, verrichten, etwas vollbringen, sägen, schleifen, ackern, anstreichen, mauern, helfen, ...

L135 das Zimmer säubern, reinigen; etwas bestellen; kochen; einen Teig kneten; Holz spalten, hacken; Feuer anzünden, entfachen; wandern; das Fenster schließen; ein Loch bohren; etwas vervollständigen; etwas erhöhen; etwas ermöglichen; zähmen; musizieren; ...

L136 Mechaniker, Dreher, Techniker, Installateur, Maurer, Koch, Kellner, Bankangestellter, Fahrer, Bergarbeiter, Forstarbeiter, Förster, Arzt, Lehrer, Grafiker, Tapezierer, Fliesenleger, Maler, Anstreicher, Schriftsteller, Verwaltungsbeamter, Frisör, Politiker, ...

L138 Kraftakt, Strapaze, Stress, Mühsal, ...

L139

Wie Schokolade erzeugt wird

Zuerst werden Kakaobohnen auf ein Fließband geschüttet. Arbeiterinnen suchen sorgfältig Schalenreste und kleine Steinchen heraus. Dann werden die Bohnen zu feinem Mehl gemahlen. Nun wird das Kakaomehl in erhitzten Trommeln mit Zucker und Milchpulver vermischt. Diese Mischung knetet eine Maschine zu einem Brei, der anschließend in Formen gegossen wird. Ein Fließband transportiert die gefüllten Formen durch eine Kühlbahn. Nach dem Erstarren werden die Tafeln von einer Maschine in Stanniolpapier verpackt. Schließlich legen Arbeiterinnen die fertigen Tafeln in Kartons.

L140 Christian Krainer
6020 Innsbruck
Andreas-Hofer-Straße 19
Tel. 0664/123 45 67

An die Firma WAK-Optik
6020 Innsbruck
Maria-Theresien-Straße 168
Innsbruck, 17. 5. 2. . .

Bewerbung um Lehrstelle

Auf Grund Ihrer Anzeige in der „Tiroler Tageszeitung" bewerbe ich mich um die Lehrstelle als Optiker.
Ich habe alle vier Klassen der Hauptschule absolviert und besuche derzeit den Polytechnischen Lehrgang. Meine Schulleistungen können Sie aus den beigelegten Zeugniskopien ersehen. Da meine Mutter aus Italien stammt, spreche ich auch etwas Italienisch.
Ich wurde am 17. Dezember 19 . . in Innsbruck geboren und bin österreichischer Staatsbürger.

Mein Vater ist Eisenbahnschaffner, meine Mutter Kassiererin in einem Lebensmittelgeschäft. Meine Eltern sind mit meinem Berufswunsch einverstanden. Bitte geben Sie mir Gelegenheit, mich bei Ihnen vorzustellen.

Christian Krainer

Beilagen:
2 Zeugniskopien
Foto

Ein Blick in die Welt der Arbeit **L141**

Mein Vater besitzt eine Tischlerei. Während der Sommerferien war ich bei ihm als „Lehrling" tätig. Ich lernte dabei nicht bloß das Tischlergewerbe kennen, sondern musste auch andere Tätigkeiten verrichten. Ich trug eine ganz kurze Frisur und steckte während der Arbeit in einem blauen Arbeitsanzug, der mir allerdings viel zu groß war.
Zuerst musste ich große Transportkisten zusammennageln. Bei dieser Arbeit schlug ich mir am Anfang einige Male mit dem Hammer auf die Finger, denn auch der Umgang mit Nagel und Hammer will gelernt sein.
Als Nächstes musste ich ein Regal unter Anleitung eines Gehilfen zu einem schönen Kasten verarbeiten. Ich musste die Furniere mit einem Spezialkleber an die Regalwände kleben, was nicht so einfach ist, denn die Furnier springt sehr leicht ab. Aber ich lernte dabei auch, wie man solche kleinen Schäden wieder überdeckt. Fast an jedem Stück, mag es für einen Laien noch so makellos aussehen, sind ein paar „Pfuscher".
Im Anschluss daran musste ich das Bodenlegen lernen. Mit einem schwarzen Bitumenkleber und einer gezahnten Spachtel schmierte ich den Boden mit dem Kleber an. Dann kam die heikelste Aufgabe, das Auflegen der quadratischen Plastikplatten. Ich musste ganz genau Platte an Platte legen, damit nicht hässliche Fugen entstehen. Das Auflegen der Platten begann ich vom Türstock aus, sonst wäre ich ja selber kleben geblieben.

Die vierte und schwerste Aufgabe meiner „Lehrzeit“ war das Lackieren unseres Autos. Mein Vater war der Ansicht, in einer Spezialwerkstätte käme das Lackieren zu teuer und so machte eben ich diese Arbeit. Eine ganze Woche schmirgelte ich unseren Wagen, bis die Grundfarbe wieder sichtbar wurde. Dann musste das Fahrzeug noch einmal mit grobem und ein zweites Mal mit feinem Wasserschmirgelpapier abgeschliffen werden. Diese drei Arbeitsgänge waren besonders anstrengend. Vom Wasser und dem rauen Papier bekam ich große wunde Stellen an den Händen. Doch einen Trost hatte ich: Diese Arbeit wurde mir von meinem Vater auch besser bezahlt.

Als Krönung meiner mühevollen Schufterei durfte ich schließlich den Wagen selber mit dunkelblauer Farbe spritzen. Noch nie hat mir unser Auto so gut gefallen wie jetzt, da ich es selbst gespritzt habe. Die eigene Arbeit schätzt man eben höher.

Trotz aller Anstrengungen war unser Team immer fröhlich und zu Späßen aufgelegt.

Ich habe es nicht bereut, in den Ferien gearbeitet zu haben, denn die körperliche Arbeit ist ein guter Ausgleich zur geistigen. Außerdem habe ich viel für das Leben gelernt. *(Christina, 14)*

L142 **Starten und Stoppen des Rasenmähers**

Rasenmäher auf ebenen Untergrund stellen;
Schnitthöhe einstellen;
mit Ölmessstab Ölstand prüfen;
Normalbenzin in Kraftstofftank einfüllen;
niemals bei laufendem Motor Benzin einfüllen;
drei- bis viermal auf Gummiknopf der Vorpumpe drücken;
Motorbremsbügel mit der linken Hand gegen den oberen Handgriff drücken und mit der rechten Hand den Startschlüssel nach rechts drehen;
nach Anspringen des Motors Kupplungshebel nach unten drücken, mähen;
beim Stoppen den an den Haltegriff angedrückten Motorbremsbügel auslassen.

L143 **Werkzeuge des Tischlers:** Kreissäge, Tischlersäge, Fuchsschwanz, Maßband, Winkellineal, Stemmeisen, Raspel, Schraubenzwinge, Schraubenzieher, Hammer, Zange, ...

Werkzeuge des Schlossers: Schraubstock, Werkbank, Schleifmaschine, Schutzbrille, Schlosserhammer, Meißel, ...

Werkzeuge des Schneiders: Kleiderpuppe, Maßband, Zuschneidetisch, Bügeltisch, Nadelkissen, Nadeln, Schneiderkreide, ...

Werkzeuge des Schuhmachers: Polierbürste, Nähmaschine, Beißzange, Locheisen, Ahle, Schustermesser, ...

L144

Tischler: leimen, hämmern, raspeln, klopfen, zusammenfügen, anpassen, messen, politieren, furnieren, falzen, liefern, schleifen, ...

Schlosser: aufsperren, montieren, löten, Schlösser in Türen einstemmen, Eisengitter anfertigen, schmieden, reparieren, ...

Schneider: abstecken, säumen, anprobieren, ändern, kürzen, annähen, ...

Schuhmacher: Maß nehmen, Absätze reparieren, nähen, klopfen, anleimen, Löcher bohren, Nieten einschlagen, ...

L145

ausführen, bewerkstelligen, ausarbeiten, erzeugen, fabrizieren, hervorbringen, schaffen, zustandebringen, ...

L146

Hochofenbetrieb

Damit die Eisenerze im Hochofen schneller schmelzen, bedürfen sie vorher einer besonderen Aufbereitung. Durch Sortieren wird von vornherein viel taubes Gestein ausgeschieden. Durch Pochen in den Pochwerken, Quietschen und Brechen werden die Erzstücke zerkleinert. Durch Waschen werden sie von Sand, Ton und Kalk gereinigt. Durch Rösten im Röstofen werden sie aufgelockert, porös gemacht und von Wasser, Schwefel, Phosphor sowie anderen fremden Bestandteilen befreit. Auch durch Verwittern, Auslaugen und Ausfrieren der Erze wird das Schmelzverfahren beschleunigt, vor allem aber durch Beimengen von Zuschlägen wie Kalkstein und anderem. Erst dann beginnt das Beschicken (Einfüllen) der Öfen und das eigentliche Schmelzen des Eisenerzes.

L147

der wackelige Sessel, ein gesprungenes Glas, eine zerrissene Tapete, ein zerlesenes Buch, eine zerschlissene Hose, ein baufälliges Haus, ein abgetretener Teppich, ein geplatzter Luftballon, eine eingeschlagene Scheibe, verbogene Speichen, ein unbrauchbares Fahrrad, eine eingedrückte Stoßstange, ein abgefahrener Reifen

148 Wie eine Fahrradkette aufgelegt wird

Solltest du unverletzt zum Stehen gekommen sein, suche zunächst einen Gegenstand, an den du das Rad anlehnen kannst! Parkende Autos und Schaufenster sind dafür nicht geeignet. Entferne das Gepäck vom Gepäcksträger und stelle das Rad auf Lenker und Sattel! Schüttle anschließend die Kette kräftig durch und lege sie auf das hintere kleine Zahnrad! Spanne nun die Kette so weit wie möglich auf das vordere große Zahnrad! Hernach drehe das große Zahnrad mit Hilfe der Pedale kräftig durch! Um die Kette zu spannen, löse die Flügelmuttern vom Hinterrad und richte es so ein, dass es nicht an der Hinterradgabel schleift! Abschließend drehe das Rad wieder um und stelle es auf die Räder! Bei der Probefahrt kannst du feststellen, ob du die Kette richtig montiert hast.

L149 Von der Werbung

„Werben" bedeutet sich um jemanden bemühen, seit dem 19. Jahrhundert auch sich um einen Kunden bemühen, einen Kunden für einen Kauf gewinnen.

Drei Formen der Werbung: die schreiende Reklame, die überredende Werbung, die aufklärende Werbung.

Schreiende Werbung arbeitet mit Plakaten oder Slogans;
überredende Werbung verspricht Glück, Zufriedenheit und anderes nicht Zutreffendes;
aufklärende Werbung will informieren.

L150 Neue Wortbildungen
Fremdwörter: bio(logisch), super, Konkurrenz
Berufung auf wissenschaftliche Erprobung (unbewiesen)
Übertreibungen
Wiederholung des Produktnamens
Vergleiche mit Erzeugnissen der Konkurrenz

L151

JENA 2005

Der erste Kochtopf,
der feuer-frost-fest und glasklar ist

JENA 2005 hält den schärfsten Temperaturwechsel aus.
Unbeschränkte Garantie
Kostet trotzdem nicht mehr als ein anderer guter Kochtopf.

MIT POLO-SCHUHEN LERNEN KINDER FRÜHER LAUFEN L152

BIANCA, die verjüngende Gesichtscreme

Einkaufsbummel, Ausverkauf, Schlussverkauf, Kaufhaus, Supermarkt, Laden, Großhändler, Einzelhändler, Bestellung, Umsatz, Gewinn, Gewinnspanne, Kauf, Anschaffung, Kunde, Käufer, Abnehmer, Markt, Schleuderpreis, Niedrigstpreise, Höchstpreise, Warenlager, Magazin, Prospekt, Werbung, Reklame, ... L153

Waren anpreisen, herzeigen, Kunden beraten, auf die Qualität hinweisen, die Ware verpacken, die Rechnung schreiben, kassieren, ... L154

nach dem Preis fragen, sich von der Qualität überzeugen, handeln, feilschen, anprobieren, überlegen, zahlen, die Ware übernehmen, ... L155

Vor kurzem wurde ich zum Leiter der großen Ein- und Ausfuhrfirma Berger und Teilhaber berufen. In meinem Arbeitsraum hatte ein Frächter neue Einrichtungsgegenstände geliefert, sodass alles nach meinen Wünschen eingerichtet war. Neben meinem Schreibtisch standen ein Computer mit Internetanschluss und ein Faxgerät. An Hand meiner Informationen fiel es mir nicht schwer, mich in dem großen Unternehmen zurechtzufinden. In dem Büro nebenan erwartete mich ein erfahrener Prokurist. Er stellte mir das Personal vor: die beiden Buchhalter, zwei Sekretärinnen, den Auslandskorrespondenten und eine für die Absatzmöglichkeiten zuständige Assistentin. Den Lagerverwalter lernte ich im Lagerraum kennen. Eine Telefonistin bediente die Telefonzentrale, wo auf einem Apparat ständig Lichter aufleuchteten. Nach einer kurzen Beratung, in der ich mich über die einzelnen Abteilungen informierte, besichtigte ich die verschiedenen Stockwerke des ausgedehnten Gebäudes. Ich war sehr glücklich, hier arbeiten zu dürfen, denn nicht jeder kann auf eine solche Laufbahn zurückblicken. L156

L157 Walter Oberhofer
Höhenweg 13
6143 Navis

Navis, 30. März 2 ...

Buchhandlung Lechner
Maria-Theresien-Straße 104
6020 Innsbruck

Reklamation

Sehr geehrte Damen und Herren,

bei Durchsicht des mir von Ihnen gelieferten Jugendbuches „Suzumè - Sohn der Samurai“ von Kurt Lütgen habe ich festgestellt, dass mehrere Seiten doppelt vorhanden sind, andere jedoch fehlen.
Ich sende Ihnen das Buch daher in der Beilage zum Umtausch zurück.
Die Rechnung werde ich nach Erhalt eines fehlerlosen Exemplares begleichen.

Mit höflichem Gruß

Walter Oberhofer

Beilage
1 Buch

L159 **Wer spart, hat mehr vom Leben**

Sparen erfordert Willenskraft. Einmal muss man damit beginnen, kleinweis, aber ständig. Wenn man einmal einen größeren Betrag beisammen hat, kommt einem die Lust am Weitersparen von allein, weil man schon mit einem festen Betrag rechnen kann, die Dinge in den Geschäften mit anderen Augen ansehen kann. Man spürt, wie man mit jedem gesparten Euro unabhängiger wird. Eine große Hilfe dabei ist das Sparkonto, eine Art moralischer Rückhalt, denn in der Geldbörse stecken die Geldscheine gar so locker. Der Weg zur Sparkasse hingegen verlangt schon eine gewisse Überlegung. Abheben kann man nicht jeden Tag. Außerdem erhalten die Sparer alljährlich eine kleine Draufgabe, die Zinsen.

Wenn manche Waren zu teuer sind, verlieren die Händler Kunden. Da die Käufer preiswert kaufen wollen, vergleichen sie die Preise. Damit sie die Güte der Waren überprüfen können, lassen sie sich von manchen Waren Proben geben. **L161**

Der Käufer will nicht übervorteilt werden, er prüft daher die Qualität der Ware. **L162**
Er fragt nach dem Preis, denn er will vergleichen.
Der Verkäufer will die Qualität nachweisen, er legt daher die Ware vor.
Der Anzug muss geändert werden, der Käufer will ihn sonst nicht kaufen.
Der Käufer probiert auch andere Anzüge, endlich findet er den passenden.
Die Hosenbeine müssen gekürzt werden, daher kann er den Anzug erst in der folgenden Woche abholen.

wertvoll, kostbar, überhöht, luxuriös, gesalzene Preise, zu hoch bemessen, . **L163**

Lohn Gehalt, Bezahlung, Entgelt, Bank, Sparkasse, Konto, Kredit, Zinsen, Ersparnisse, Wertpapiere, Bargeld, Devisen, Valuten, Aktien, Falschgeld, Geldmittel, Kapital, Kleingeld, Vermögen, Zahlungsmittel, ... **L164**

leichtsinnig Geld ausgeben: verschleudern, verschwenden, verprassen, verjubeln, verpulvern, durchbringen, verwirtschaften, vertun, verjuxen, verplempern, vergeuden, das Geld zum Fenster hinauswerfen, mit vollen Händen ausgeben. **L165**
ungern Geld ausgeben: knausern, geizen, auf seinem Geld sitzen, am Geld hängen, gut wirtschaften, sein Geld zusammenhalten, erübrigen, haushalten.
sinnlos Geld ansammeln: horten, hamstern, aufhäufen, dem Geld nachjagen.
sinnvoll Geld ansammeln: sparen, zurücklegen, auf die Seite legen, beiseite legen, auf die hohe Kante legen, Rücklagen machen, haushalten, einteilen, ansparen.

Sparen ist besser als Schulden machen **L168**
Erst sparen, dann kaufen ist ein besseres Geschäft als anzahlen und in Raten abzahlen, so verlockend Ratenkäufe auch aussehen mögen. Abgesehen davon, dass einem selbst kleine Raten

schwer im Sack hängen können – beim Ratenkauf muss der Käufer Zinsen zahlen; er zahlt also mehr als beim Barkauf und läuft außerdem Gefahr, das gute Stück wieder zu verlieren, wenn er die Raten einmal schuldig bleiben muss. Vergiss das nicht, wenn du einen Kaufvertrag unterschreibst!
Eine alte Erfahrung: Wer spart, erreicht viel im Leben.

L170 angestammt, beheimatet, eingesessen, verwurzelt, ortsansässig, wohnhaft, zu Hause, ...

L171 Fremdarbeiter, Asylanten, Hinzugezogene, Flüchtlinge, Heimatvertriebene, Ausgewiesene, Umsiedler, ...

L172 Zollschranken, Absperrungen, Passkontrollen, Zollstationen, Grenzpolizisten, Zöllner, Grenzwachen, ...

L173 die Heimatgemeinde, das Herkunftsland, das Ursprungsland, das Inland, ...

L174 zugewandert, ohne Staatsbürgerschaft, ein Vertriebener, ein Flüchtling, ein Entwurzelter, vogelfrei, ...

L175 abgewiesen werden, umgesiedelt werden, verbannt werden, des Landes verwiesen werden, ausgesiedelt werden, in ein Asyl eingewiesen werden, . .

L176 Papiere, eine Kennkarte, eine Identitätskarte, ...

L177 einen Obmann, einen Chef, einen Vorgesetzten, einen Präsidenten, einen Direktor, einen Leiter, einen Anführer, einen Häuptling, einen Fürsten, einen Herrscher, einen König, einen Landesherrn, einen Machthaber, einen Regenten, einen Statthalter, einen Staatschef, ...

L178 Kanzler, Staatssekretär, Bundespräsident, Parteichef, Parteivorsitzender, Gemeinderat, Landtagsabgeordneter, Nationalrat, Stadtrat, Bundesrat, ...

L179 halten Reden, fassen Beschlüsse, gebieten, herrschen, leiten, lenken, stehen einem Bezirk oder einer Gemeinde vor, ...

Wohnbeihilfe,, Wohlfahrt, Altersfürsorge, Krankenversicherungen, Arbeitslosenentgelt, Notstandsbeihilfe, ... **L180**

Einkommensteuer, Stempelgebühren, Zölle, Tabaksteuer, Solidaritätsbeitrag, ... **L181**

Verwaltungsangestellte, Hilfskräfte, Staatsbeamte, Landesbeamte, Gemeindebeamte, Gemeindebedienstete, ... **L182**

Aus einer Gemeinderatssitzung **L183**

Ein Gemeinderat kritisiert die Zustände in der Gemeinde:
In der Schlosshoferstraße versinke man bei nassem Wetter im Schlamm. Die Klagen der Anrainer seien daher berechtigt. Die Gemeindeverwaltung habe aber derzeit dringendere Probleme zu lösen. Erst solle der neue Sportplatz angelegt werden. Auch sei es notwendig, die veraltete Straßenbeleuchtung zu erneuern. Wegen der hohen Lohnkosten der Arbeitskräfte müsse auch dringend eine Kehrmaschine angeschafft werden. Außerdem seien vier Schulen mit neuen Möbeln auszustatten. Auch der Bau eines Hallenbades sei seit einem Jahr beschlossen, aber noch nicht in Angriff genommen worden. Die Siedler der Schlosshoferstraße müssten daher noch ein Jahr warten, bis der Antrag bewilligt werden könne.

Wie die Gemeinde für ihre Bürger sorgt **L185**

Die Gemeindeverwaltung muss ihr Geld genauso einteilen wie jeder private Haushalt. Sie soll nicht mehr ausgeben, als sie einnimmt. Deshalb muss zu Beginn jedes Jahres ein Wirtschaftsplan erstellt werden, der so genannte Gemeindevoranschlag (Budgetplan), aus dem ersichtlich ist, was man einnehmen wird und was man ausgeben darf.
Die wichtigste Einnahmequelle für die Gemeinde sind die Gemeindesteuern, z. B. die Grundsteuer, die Vergnügungssteuer, die Hundesteuer, die Kanalgebühren, die Getränkesteuer usw.
Andere Einnahmequellen für die Gemeinde sind Erträgnisse aus gemeindeeigenen wirtschaftlichen Unternehmungen, so das Wasserwerk, das Gaswerk, die Fernheizung u. a. m. Bei Jahr- und Wochenmärkten erhebt die Gemeinde Gebühren von den Verkäufern, Gäste müssen eine Fremdenverkehrsabgabe leisten.
Zu den Ausgaben zählen die Personalkosten der Angestellten. Darüber hinaus müssen die gemeindeeigenen Gebäude und Schulen in gutem Zustand gehalten werden. Auch für die Erhal-

tung der Gemeindestraßen muss gesorgt werden. Schließlich ist die Gemeinde auch für die Müllabfuhr und die Friedhöfe zuständig.
Die Ausgaben können sehr leicht die Einnahmen übersteigen, daher ist es die Aufgabe des Gemeinderates, die Einnahmen und Ausgaben ins Gleichgewicht zu bringen.

L186 Fritz ging zum Postamt, weil er ein Paket versenden wollte.
Als er am Postamt ankam, ging er sogleich zum Paketschalter.
Während er vor dem Schalter wartete, zählte er sein Geld.

L187 Zum Postschalter vorgerückt, musste er eine Gebühr von zwei Euro bezahlen.
Er sandte das Paket an seinen Großvater, um ihm zum Geburtstag ein Geschenk zu machen.
Über den Geburtstag seines Großvaters nachdenkend, verließ er das Postamt.

L188 Postamt, Postbeamter, Postangestellter, Postamtsleiter, Poststempel, Portogebühr, Briefmarke, Erlagschein, Telefonzelle, Telefonbuch, Versand, Zustellung, Briefkasten, Hausbriefkasten, Einschreibsendung, Eilbrief, Postbote, Nachricht, Geschäftsbrief, Werbebrief, Postwurfsendung, ... ;
austragen, zustellen, ausliefern, kassieren, weiterleiten, ... ;
gratis, unentgeltlich, portofrei, frankiert, ...

L189 Telefonapparat, Autotelefon, Telefonanschluss, Nebenanschluss, Schnurlostelefon, Anrufbeantworter, Telefonbuch, Telefongespräch, Fernruf, Störungsdienst, Telefonzentrale, Telefonvermittlung, Telefonistin, Fernsprecherin, Ortsgespräch, Ferngespräch, Telefonat, Auskunft, Geheimnummer, Fernsprechzelle, Telefonhäuschen, ... ;
sprechen, sich kurz fassen, klingeln, mitteilen, vermitteln, Auskunft erteilen, .
fernmündlich, verständlich, erreichbar, gesprächig, leise, unverständlich, ...

L190 Feueralarm, Brandleiter, Feuerleiter, Feuerwehrwagen, Löschzug, Wasserschlauch, Spritze, Wasserpumpe, Feueralarm, Feuerbekämpfung, Rauch, Rauchentwicklung, Qualm, Rauchvergiftung, Brandbekämpfung, Feuerschutz, Löschapparat, Feuerlöscher, Schaumlöscher, Feuermelder, Feuerschein, Flammen, Glut, Glut-

reste, Berufsfeuerwehr, freiwillige Feuerwehr, Feuerwehrmann, Einsatz, Einsatzbereitschaft, Feuerschutzkleidung, Großbrand, Giftwolke, ...
anzünden, anfachen, anstecken, Feuer legen, zündeln, abbrennen, lodern, einäschern, glimmen, glühen, aufflammen, schwelen, verkohlen, ersticken, zum Erlöschen bringen, einäschern, ...
lichterloh, leuchtend, sichtbar, feuersicher, feuergefährlich, entzündlich, ...

Notversorgung, Notarzt, erste Hilfe, Krankentransport, Bahre, Trage, Krankenhaus, Spital, Sanatorium, Unfallkrankenhaus, Krankenanstalt, künstliche Beatmung, Bluttransfusion, Verband, Notverband, Verbandzeug, Mullbinde. **L192**

Eine mutige Tat **L193**

Ohne einen Augenblick zu zögern, sprang der Hilfsarbeiter Wildberger in die eisige Salzach, als ein kleines Mädchen vier Meter tief ins Wasser rutschte, weil es mit seiner Rodel so rasch den Abhang hinuntergesaust war. Der mutige Mann stieß bei dem Sprung in das reißende Wasser auf einen Felsblock und verletzte sich; aber er erreichte das Kind doch und brachte es ans Ufer. Dort erholte sich die Verunglückte rasch, aber der Retter war so erschöpft, dass er vom „Roten Kreuz“ versorgt und nach Hause gefahren werden musste.

Bauarbeiter als lebende Fackel **L194**

Frau R. öffnete die Wohnungstür. Vor ihr stand ihr Gatte: „Heute kommst du aber spät. Ich warte schon eine Stunde auf dich und habe mir Sorgen gemacht.“
„Ich musste erst ins Spital, um die Brandwunden versorgen zu lassen“, erwiderte Michael.
Jetzt erst bemerkte Frau R. die verbundenen Hände ihres Gatten und die mit Brandflecken bedeckte Jacke. Besorgt rief sie: „Was ist geschehen?“
„Lass mich zuerst hinsetzen“, entgegnete ihr Gatte. „Also, das war so: Mein Kollege Hannes war heute nicht zur Arbeit erschienen, daher hat der Vorarbeiter mich eingeteilt, ich sollte die Petroleumlampen neu füllen, anzünden und sie an die Absperrung hängen. Das ist wichtig, damit die Autofahrer gewarnt werden und nicht in die Baugrube fallen. Da ich schlecht sehe, habe ich mir einige Male das Petroleum über die Hände gegossen und diese dann an meiner Arbeitsjacke abgewischt. Ich zündete eine Lampe

nach der anderen an. Es waren insgesamt dreißig. Als ich fertig war, steckte ich mir eine Zigarette in den Mund und betätigte das Feuerzeug. In diesem Augenblick gab es eine Stichflamme. Meine Hände und meine Jacke fingen Feuer und begannen lichterloh zu brennen. Aus Angst verlor ich die Nerven und schrie um Hilfe, statt mich gleich auf die Erde zu werfen. Die Passanten hörten meine Hilferufe, sahen aber nur entsetzt zu mir her. Da lief plötzlich ein junger Mann auf mich zu, packte von hinten meine Jacke und riss sie mir vom Leib. Dann trat er mit seinen Schuhen darauf herum, um die Flammen zu löschen. Er hat mich vor schwereren Verletzungen gerettet. Danach ging er, ohne sich erkennen zu geben, einfach weg. Und dann kam auch schon der Rettungswagen mit dem Notarzt. Man brachte mich ins Unfallkrankenhaus, wo man meine schmerzenden Hände mit einer Brandsalbe bestrich und einen Verband anlegte. Schließlich fuhr man mich nach Hause."

(Stefan, 15)

L196 Ohne die gesetzlichen Vorschriften zu beachten, überquerte der Verkehrsteilnehmer die Straße.
Da der Angeklagte unbescholten war, berücksichtigte das Gericht mildernde Umstände und verurteilte ihn zu einer Geldstrafe von 30 Tagsätzen.
Der Angeklagte wurde nicht bestraft.
Wer anderen eine Grube gräbt, fällt selbst hinein.

L197 beginnen, behaupten, bitten zu bezahlen, in einem Lexikon nachlesen, die Regierung sollte etwas unternehmen.

L198 Verbrecher, Anstifter, Mörder, Rädelsführer, Attentäter, Gesinnungstäter, Hehler, Heiratsschwindler, ...

L199 einbrechen, anstiften, morden, überfallen, Gewalt anwenden, verletzen, töten, erschlagen, erwürgen, vergiften, ertränken, veruntreuen, hintergehen, verleumden, beschuldigen, beleidigen, ...

L200 Beschädigung – Verunstaltung
bestechlich – korrupt
Betrug – Gaunerei
betrügen – begaunern
Betrüger – Gauner, Schwindler
Beute – Diebsgut, Fang
Dieb – Langfinger

Diebstahl – widerrechtliche Aneignung, Eigentumsdelikt
fliehen – davonlaufen, entwischen, entrinnen, ausbrechen, ausreißen, entkommen
Flucht – unerlaubte Entfernung, das Entrinnen
übervorteilen – hintergehen
Unterschlagung – Veruntreuung
Verbrechen – Gesetzesübertretung, strafbare Handlung, Untat, Rechtsbruch
Verbrecher – Delinquent, Täter, Missetäter, Mörder, Meuchelmörder
Verdacht – Misstrauen, Vermutung, Argwohn, Skrupel, Zweifel.

L201 Grenzpolizei, Fremdenpolizei, motorisierte Polizei, Polizeistreife, Gesetzeshüter, Wachmann, ...

L203 Ein Leihvertrag muss folgende Angaben enthalten:
Name und Anschrift des Entlehners,
Name und Anschrift des Verleihers,
genaue Bezeichnung und Beschreibung des Gegenstandes, der verliehen wird,
Angaben über die Entlehnfrist,
Angaben über eine eventuelle Leihgebühr,
Angaben über Ort und Datum der Vereinbarung,
Unterschriften der Vertragspartner.

L205 Soldat, Grundwehrdiener, Landesverteidigung, Kaserne, Unteroffizier, Offizier, Leutnant, Hauptmann, Major, Oberstleutnant, Oberst, General, Waffenübung, Gewehr, Maschinenpistole, Maschinengewehr, Granatwerfer, Geschütz, Kanone, Panzer, Schützenpanzer, Bomber, Aufklärungsflugzeug, Jagdflugzeug, Krieg, Stellungskrieg, Kriegsopfer, Kriegsinvalide, Gefallene, ...

L206

Krieg – Frieden	Tod – Leben
Angriff – Verteidigung	Feind – Freund
Sieg – Niederlage	Soldat – Zivilist
Not – Wohlstand	Zerstörung – Wiederaufbau

L207

Zu Unrecht beschuldigt

Christoph hat von seinem Vater zum Geburtstag einen neuen Füllfederhalter geschenkt bekommen. Er ist blau und hat eine Aluminiumkappe. Als er nach zwei Tagen in der 10-Uhr-Pause nach seiner Füllfeder sucht, findet er sie nicht. Er blickt um sich und entdeckt, dass Stanko, der Sohn eines Gastarbeiters – er sitzt vor ihm – den gleichen Halter auf seinem Tisch liegen hat. Er greift danach, betrachtet ihn genau und kommt zu der Überzeugung, dass es sein Füllfederhalter sei. Da kommt Stanko dazu. Von Christoph befragt, behauptet Stanko, die Füllfeder habe er erst gestern mit seinem Taschengeld gekauft. Sie gehöre ihm. Die beiden streiten einige Zeit lautstark miteinander, doch dann steckt Christoph einfach die Füllfeder ein. Da geht Stanko mit den Fäusten auf Christoph los.

Die anderen Schüler verhalten sich verschieden. Alfons, der Freund von Christoph, mischt sich in den Streit ein und geht ebenfalls auf Stanko los, obwohl er die Ursache des Streites gar nicht kennt. David sieht unbeteiligt zu. Markus ärgert sich, dass zwei über einen herfallen.

Der Lehrer, der in der Pause die Schüler zu beaufsichtigen hat, trennt schließlich die Raufenden, ohne vorerst die Sache klären zu können. Er fordert Christoph auf, auch zu Hause nachzusehen, ob er die Füllfeder nicht mitzunehmen vergessen habe. Doch Christoph behauptet fest, er erinnere sich genau, die Füllfeder am Morgen eingesteckt zu haben. Er beschuldigt Stanko des Diebstahls. Stanko beklagt sich beim Lehrer, zu Unrecht beschuldigt zu werden und von Christoph und Alfons geschlagen worden zu sein. Er blutet aus der Nase. Alfons begründet sein Einschreiten vor allem damit, dass alle Bosnier Diebe seien. David berichtet unparteiisch über den Vorfall.

Am folgenden Tag kommt Christoph mit seinem Füllfederhalter in die Schule. Er hat in seinen anderen Jeans gesteckt. Christoph und Alfons werden von ihren Mitschülern aufgefordert, sich bei Stanko zu entschuldigen. Markus rät den beiden, sich in ihre Halter den Namen einzugravieren.

In einem abschließenden Gespräch mit dem Lehrer stellt sich heraus, dass ein Großvater von Alfons zur Zeit der österreichisch-ungarischen Monarchie ebenfalls aus Bosnien als Gastarbeiter nach Wien gekommen war. *(Heinz, 14)*

L210 Till Eulenspiegel in Bayreuth

Von Bamberg aus wanderte Till Eulenspiegel nach Bayreuth. Dort kam er in eine Herberge, deren Wirt die Klugheit nicht gerade mit dem Löffel gegessen hatte, wie Till bald feststellte. Geld besaß Eulenspiegel wie gewöhnlich nicht, dafür hatte er großen Hunger. Der Wirt fragte ihn, ob er ihm einen Krug Wein bringen solle. Dabei entdeckte Eulenspiegel, dass in der Küche Rostwürstchen gebraten wurden. Die dufteten gar köstlich. Als nun der Wirt den Wein brachte und ihm mit einem „Gesegn' es Gott!“ vorsetzte, sagte er schalkhaft: „Lieber Herr Wirt, bringt mir dafür ein Rostwürstlein!“ Da nahm der Herbergsvater seinen Wein zurück und holte ihm ein Rostwürstchen. Das verschlang Till mit Stumpf und Stiel und ging dann seines Weges. An der Tür aber hielt ihn der Wirt zurück und sagte: „Mein lieber Herr, das ist hier nicht Brauch, ohne Bezahlung zu verschwinden. Zahlt mir das Rostwürstchen!“ – „Das Rostwürstchen zahle ich nicht“, antwortete Till schlagfertig, denn dafür habe ich Euch den Wein gegeben.“ – „Den habt Ihr ja auch nicht bezahlt“, entgegnete der Wirt. – „Ich habe ihn ja auch nicht getrunken“, versetzte Till und ging davon, sodass der Wirt, dem so etwas nicht recht in den Kopf gehen wollte, das Nachsehen hatte.

Der großmäulige Hamster **L218**

Ein Hamster, der gemütlich in der Sonne saß, sah einen anderen Hamster emsig in einem Weizenfeld hin und her laufen.

„Was machst du da?“, fragte er.

„Ich sammle Wintervorrat. Und warum tust du das nicht?“, antwortete dieser.

„Ich brauche nicht mühselig Körnchen um Körnchen zu sammeln. Beim Müller kann ich mir so viel holen, wie ich will. Sein Hund tut mir nichts, ich bin sogar mit ihm befreundet“, prahlte er.

„Toll, das mach ich auch!“, rief da der Fleißige. „Ja, aber ...“

„Nichts aber“, unterbrach ihn der andere, „ich hole mir auch Weizen. Oder hast du gelogen? Komm, wir gehen gleich hin!“

Was blieb dem Hamster anderes übrig als mitzugehen? Doch der große Wachhund rannte zähnefletschend auf sie los. Den großmäuligen Hamster schnappte er und biss ihm eine tiefe Wunde. Der andere konnte entwischen. Humpelnd und blutend kam der Angeber zu seinem Bau zurück.

„Hör mal“, sagte er zu dem anderen, „wahrscheinlich hat mich der blöde Hund nicht erkannt und deshalb gebissen!“

„Wahrscheinlich“, spottete der Fleißige, „hatte er nur seine Brille nicht auf“, und er ließ den Angeber allein. *(Bianca, 14)*

L224

Gestade – Ufer, Strand
Ross – Pferd
Schrein – Kasten
Gottesacker – Friedhof
Antlitz – Gesicht
Leu – Löwe

Labsal – Wohltat
Lenz – Frühling
Haupt – Kopf
hehr – erhaben, feierlich
wundersam – seltsam
harren – warten

Gefilde – Landschaft, Flur
Born – Quelle, Brunnen
Aar – Adler
Mannen – Männer

entschlafen – sterben
zürnen – böse sein
ziemen – sich gehören
lauter – rein, klar

L225 Ein Hund wird gesprächig

Als ich vor zwei Jahren von der reinrassigen Jagdhündin Senta zur Welt gebracht wurde, ahnte ich noch nicht, was für ein elendes Leben mir bevorstand. Kaum hatte ich die Augen geöffnet, suchte ich schon die nährenden Zitzen meiner Mutter und verdrängte meine vier Geschwister von der Nahrungsquelle.

Meine Mutter leckte uns Welpen immer wieder liebkosend ab und wir fühlten uns an ihrer Seite geborgen. Wenn wir uns balgten, griff sie nur ein, wenn sie glaubte, dass uns Gefahr drohen könnte, wir uns verletzen könnten und dergleichen. So wuchsen wir sorglos heran, tollten miteinander, liefen vom Wind getriebenen Herbstblättern nach und glaubten, dieses schöne Leben werde immer so weitergehen.

Doch dann kam der verhängnisvolle Tag. Unser Herrchen brachte einen Fremden mit, der wies auf mich, packte mich im Genick und steckte mich, obwohl ich mich sträubte, in einen Korb mit einem Deckel. Damit begann mein Leidensweg.

Als ich wieder aus dem Korb durfte, fand ich mich in einem Hundezwinger, zwei Meter breit und drei Meter lang, völlig verlassen und einsam. Soviel ich auch winselte, bellte, jaulte, niemand kümmerte sich um mich und befreite mich aus dieser entsetzlichen Lage. Jeden Abend bekam ich durch ein Türchen von meinem neuen Herrn in einer Schüssel das Futter vorgesetzt, dann blieb ich wieder allein. Ich musste in dem Käfig meine Notdurft verrichten, lief von einer Ecke in die andere, meldete mich, wenn ich einen Laut hörte oder jemand vorbeiging, denn ich hoffte, dass man mich aus dem Käfig befreien werde. Aber vergeblich.

So geht das nun schon ein Jahr. Manchmal kommt ein fremder Hund vorbei, steckt seine Schnauze durch die Maschen des Drahtzaunes und wir beschnüffeln uns schwanzwedelnd. Dann erzählt er mir, wie schön es in der Freiheit ist, wie er jeder Witterung aufgeregt folgen könne, Kaninchen verfolgen oder mit den Kindern seines Herrn spielen dürfe. Ich jedoch bleibe eingesperrt, denn mein Besitzer ist berufstätig und hat nie Zeit für mich.

Warum hat er mich dann erworben? In letzter Zeit sitze ich nur mehr still in einer Ecke und denke über mein trauriges Schicksal nach. *(Patrick, 13)*

Klang, Laut, Ton, Orchester, Kapelle, Dirigent, Kapellmeister, **L226**
Volksmusik, Volkslieder, Jodler, symphonische Musik, klassische Musik, Popmusik, Orgelmusik, Choral, Chor, Kirchenlied, Hymne, Arie, Sologesang, Oper, Operette, Musical, Chanson, Schlager, Song, Hit, Jazz, Spiritual, Musikstück, Komposition, Komponist, Weise, Sänger, Musiker, Musikant, Musiknoten, Liederbuch, Klavier, Harmonium, Gitarre, Akkordeon, Ziehharmonika, Saxophon, Fanfare, Zither, ...

misstönend, atonal, schrill, laut, leise, ausdrucksstark, ernst, hei- **L227**
ter, modern, störend, ...

Klaviermusik, Orgelmusik, Orchestermusik, Barockmusik, Schla- **L228**
germusik, elektronische Musik, Volksmusik, volkstümliche Musik, geistliche Musik, Unterhaltungsmusik, Blasmusik, Kammermusik, symphonische Musik, ...

L229

1 Geige (Violine)
2 Geigenhals
3 Resonanzkörper
4 Zargen
5 Steg
6 Schallloch
7 Saitenhalter
8 Kinnstütze
9 Saiten
10 Dämpfer
11 Kolophonium
12 Geigenbogen
13 Frosch
14 Stange
15 Geigenbogenbezug
16 Cello
17 Schnecke
18 Wirbel
19 Sattel
20 Wirbelkasten
21 Wirbelhalter
22 Griffbrett
23 Bassgeige
24 Decke
25 Hohlkehle
26 Flödel
27 Bratsche (Viola)
28 Fagott
29 Mundrohr
30 Pikkoloflöte
31 Querflöte
32 Flötenklappe
33 Tonloch
34 Klarinette
35 Klappe
36 Mundstück
37 Schallstück
38 Oboe
39 Flügelhorn
40 Ventil
41 Waldhorn
42 Schalltrichter
43 Trompete
44 Tuba
45 Daumenring
46 Posaune
47 Posaunenzug
48 Schallstück
49 Triangel
50 Tschinellen
51 kleine Trommel
52 Trommelfell
53 Stellschraube
54 Trommelschlägel
55 große Trommel
56 Schlägel
57 Pauke
58 Paukenfell
59 Stimmschraube
60 Harfe
61 Saiten
62 Harfenpedal

die Geige spielen, im Chor singen, Musik machen, vorspielen, an- **L230**
stimmen, begleiten, aufspielen, pfeifen, klimpern, summen, trällern, trompeten, ...

L233 Wir suchen ein gebrauchtes Klavier für ein Kind.
Der Mann sucht für seine Enkelin eine Violine mit gutem Klang.
Die wohlhabende Frau kauft eine Gitarre.

L234 Ölbild, Kohlezeichnung, Aquarell, Abbildung, Ansicht, Bildnis, Darstellung, Entwurf, Skizze, Stillleben, Landschaftsbild, abstrakte Malerei, Illustration, Portrait, Studie, Wandbild, Deckengemälde, Wiedergabe, Selbstbildnis, ...

L235 genau gezeichnet, kräftig gemalt, alt, vergilbt, abstrakt, beeindruckend, kitschig, ausdrucksvoll, schön, ...

L236 blutrot, kirschrot, fuchsrot, krebsrot, kupferrot, himbeerrot, rostrot, brandrot, purpurrot, scharlachrot, weinrot, ziegelrot;
himmelblau, veilchenblau, kornblumenblau, enzianblau, vergissmeinnichtblau, pflaumenblau, stahlblau;
moosgrün, meergrün, giftgrün, grasgrün, spinatgrün, ´olivgrün, smaragdgrün, tannengrün;
goldgelb, schwefelgelb, zitronengelb, honiggelb, dottergelb, strohgelb, bernsteingelb, safrangelb, ockergelb;
schokoladenbraun, kaffeebraun, rostbraun, nussbraun;
schneeweiß, blütenweiß, kreideweiß, lilienweiß, porzellanweiß, alabasterweiß;
aschengrau, schiefergrau, silbergrau, mausgrau;
kohlschwarz, rabenschwarz, pechschwarz.

L239 **Beschreibung des Bildes „Jäger im Schnee“**
Mit dem Ölgemälde „Jäger im Schnee“ wollte Pieter Brueghel d. Ä. den Winter darstellen, denn der erste Eindruck ist eine verschneite Landschaft, eine düstere Frostigkeit und Starre.
Auch die Bildhandlung entspricht diesem Eindruck: Einige Jäger, die man von hinten oder von der Seite sieht, stapfen mit ihren Hunden über einen tief verschneiten Hang, der bis zum rechten Bildrand reicht. Sie kommen von der Jagd und streben den Häusern des Dorfes im Hintergrund zu. Sie sind mit spitzen Stangen, Jagdtaschen und anderen Geräten für die Jagd ausgestattet. Der eine Jäger trägt auf seinem Rücken einen erlegten Fuchs. Ein anderer bringt Tierfallen zurück. Durch die braune Farbe ihrer Kleidung heben sie sich von der weißen Fläche deutlich ab.
Auf den beschneiten Hängen im Vordergrund stehen links einige kahle Bäume. Dahinter erblickt man die Teile einiger Häuser. Das Dorf im Hintergrund liegt im Tal. Neben den Häusern des Dorfes

erkennt man zugefrorene Teiche. Auf dem Geäst der Bäume hocken schwarze Raben. Dadurch wird der Eindruck von Kälte und Einsamkeit noch verstärkt. Der grau verhängte Himmel über dem Tal wird im rechten Teil des Hintergrundes von einem Gebirge abgelöst. Am Fuß des steil aufragenden Gebirges erblickt man eine Burg. In der Ebene darunter schlängelt sich ein Fluss durch das Land.
Die zuerst einsam scheinende Gegend wird beim genaueren Hinsehen von Menschen belebt. Auf dem Teich tummeln sich Schlittschuhläufer, Männer, Frauen und Kinder.
Senkrechte, waagrechte und diagonale Linien bestimmen den Bildaufbau. Am stärksten geschieht dies durch die schwarzen Stämme im Vordergrund links. Sie lassen den Blick über den Abhang zum Tal frei. Die Ufer der Teiche und die Brücke über den Fluss bilden waagrechte Linien. Die Diagonale im Vordergrund, die man von links oben nach rechts unten legen kann, entspricht im Hintergrund einer Diagonale von links unten nach rechts oben, eine Gegenbewegung zum nach rechts abfallenden Hang.
Das alles wirkt sich in der farbigen Gestaltung aus. Die Farben sind weiß, grün, schwarz und rotbraun. Vor allem sind Weiß und Grün in großen Flächen erkennbar. Dem weißen Keil im Vordergrund entspricht der graugrüne Keil des Himmels im Hintergrund. Die schwarzen Stämme wirken wie Klammern.
Das Gemälde ist ein bedeutendes Kunstwerk, das jeden Betrachter aufs Tiefste beeindruckt. Es ist ein Meisterwerk europäischer Landschaftsmalerei und ein Sittenbild seiner Zeit.

Liebe Daniela! **L241**

Heute konnte ich ein großes Unglück verhindern. Du weißt ja, dass ich jeden Morgen in der Nähe der Klosterschule den Bahnübergang sichern muss, damit sich die Schulkinder beim Herannahen eines Zuges nicht zwischen den Bahnschranken aufhalten.
Auch heute war es so. Als ein PKW, der von einer Frau gelenkt wurde, den Bahnüber-

gang queren wollte, wurde die Fahrerin von einer entgegenkommenden Kinderschar aufgehalten weiterzufahren und musste auf den Schienen anhalten. Da schlossen sich plötzlich die beiden Schranken. Die Lenkerin des Autos konnte weder vor noch zurück. Sogleich sprang ich über den Schranken und riss die Frau aus dem Wagen.
Da bemerkte ich, dass auf dem Rücksitz noch ein Baby in einer Tragtasche lag. Ich konnte eben noch die Tasche aus dem Auto holen, da hörte ich schon das Signal des herannahenden Zuges. Da es um diese Jahreszeit am Morgen noch relativ dunkel ist, holte ich meine Taschenlampe hervor und lief dem Zug entgegen. Dabei gab ich Haltesignale. Im letzten Augenblick konnte ich noch zur Seite springen, als der Güterzug an mir vorbeirollte. Schon glaubte ich, das Krachen des Zusammenstoßes mit dem PKW zu hören, da wurde der Zug langsamer und hielt an. Du kannst dir vorstellen, dass mir die Knie zitterten, als alles vorbei war. Es dauerte allerdings noch eine halbe Stunde, bis die Strecke wieder frei befahrbar war. Natürlich musste ich danach noch ein Protokoll schreiben, ehe ich endlich abgelöst wurde.
Ich hoffe, dass es dir im Genesungsheim gut geht und grüße dich herzlich,

dein Hans

Tierpfleger von Krokodil angegriffen L242

Zu einem bemerkenswerten Zwischenfall, der zum Glück gut ausging, kam es gestern im Tiergarten Schönbrunn in Wien. Als der 56-jährige Tierpfleger Stefan B., der seit zwölf Jahren im Tiergarten Schönbrunn beschäftigt ist, am Nachmittag um vier Uhr wie gewöhnlich die Fliesen des Krokodilhauses mit dem Besen kehrte und dabei an den Rand des Wasserbeckens kam, in dem die Krokodile träge dösten, schlug plötzlich das größte der Tiere mit dem Schwanz den Besen glatt in zwei Teile.

Der Wärter kam mit dem Schrecken davon. Was die ungewöhnliche Reaktion des Tieres hervorgerufen hat, kann niemand erklären. ■

Rotationspresse, Hochglanzpapier, Faxgerät, Kugelschreiber, Füllfederhalter, Filzstift, Laptop, Telefon, Handy, Notizblock, Drucker, Scanner, Offsetmaschine, ... **L244**

Meldung, Nachricht, Leitartikel, Kommentar, Werbetext, Inserat, Annonce, Kleinanzeige, Theaterkritik, Filmkritik, Börsenbericht, Aufsatz, Zeitungsartikel, Stellungnahme, Leserbriefe, Widerruf, Feuilleton, Kurzgeschichte, Erlebnisbericht, Manuskript, Notiz, ... **L245**

Printmedien – Druckerzeugnisse, Presse **L246**
Inserat – Zeitungsanzeige, Kleinanzeige
Journal – Zeitung, Zeitschrift
Journalismus – Zeitungswissenschaft
Redaktion – Schriftleitung
Redakteur – Schriftleiter
Reportage – Bericht, Zeugenbericht
Reporter – Berichterstatter
Korrespondent – Auslandsberichterstatter
Interpretation – Deutung
Interview – Befragung
Kolumne – Druckspalte
News – Neuigkeiten
Feuilleton – unterhaltender Text einer Zeitung

Radioapparat, Hörspiel, Kommentarsendung, Mittagsjournal, Konzertübertragung, Interview, Musiksendung, Fernsehapparat, Bildschirm, Satellitenfernsehen, Fernsehantenne, Fernseh- **L250** übertragung, Liveübertragung, Nachrichtensprecher, Moderator, Fernsehprogramm, Fernsehfilm, Teletext, Fernsehserie, Empfang, Satellitenschüssel, Sendereinstellung, Einschaltknopf, Kopfhörer, Presseagentur, ...

L251 Television – Fernsehen
Talkshow – Plaudersendung
Highlight – Höhepunkt
Primetime – Hauptsendezeit
Moderator – Fernseh- oder Rundfunksprecher
Entertainer – Unterhalter
Event – Veranstaltung
Regisseur – Spielleiter
Evergreen – populär gebliebener Schlager
spektakulär – Aufsehen erregend
publizieren – veröffentlichen

L253 **Vor dem Bildschirm**

Das Fernsehen ist eine Erfindung des 20. Jahrhunderts. Es hat unsere Lebensgewohnheiten gründlich verändert. Rufen Sie einmal Ihr Elektrizitätswerk an! Sie werden erfahren, dass der Stromverbrauch jeden Abend zur Hauptsendezeit rasch ansteigt, wenn der Nachrichtensprecher mit den Nachrichten einsetzt. Sie, ich und noch etliche Millionen tun dann nämlich das Gleiche. Das Fernsehen hat uns gleichgeschaltet, Sie, mich und viele andere, obwohl wir uns gar nicht kennen. Auch sonntags bleiben wir zu Hause vor dem Bildschirm sitzen und ernähren uns von Erdnüssen, Pralinen, Keksen und Kartoffelchips. Unsere vierköpfige Familie hat in letzter Zeit vier Kilo zugenommen. Und Ihre? Wenn drei Millionen Zuseher vor den Fernsehgeräten gleichgeschaltet sind und je ein Kilo zugenommen haben, dann sind das 3000 Tonnen „Fernsehfett“. So schwer wiegen unsere Gewohnheiten.

L257 Mime, Hauptdarsteller, Nebendarsteller, Hauptrolle, Nebenrolle, Vorhang, Bühnenbild, Kulissen, Beleuchtung, Szene, Akt, Vorstellung, Premiere, Erstaufführung, Drehbühne, Schiebebühne, Garderobe, Bühnenbearbeitung, Zuschauerraum, Pause, Pausenraum, Büfett, Programm, Billeteur, Kassa, Eintrittskarte, Regisseur, Regieassistent, Beleuchter, Souffleuse, Parkett, Parterre, Rang, Loge, ...

Filmidee, Kriminalfilm, Filmmusik, Gangsterfilm, Filmkomödie, Farbfilm, Schwarz-Weiß-Film, Stummfilm, Heimatfilm, Kinderfilm, Kriegsfilm, Märchenfilm, Spielfilm, Kulturfilm, Hauptdarsteller, Filmstar, Filmregie, Filmkamera, Kameraführung, Filmpalast, Lichtspiele, Kino, Sitzplatz, ... **L258**

Namu, der Raubwal **L259**

Ist der große Raubwal, den der Meeresforscher Hank in seiner Bucht gefangen hält, eine mörderische Bestie oder nicht? Diese Frage bewegt die Fischer der Umgebung und ihre Familien, da sie um ihren Lachsfang fürchten, falls der Raubwal das Sperrnetz in der Bucht zerreißt.
In einer dramatischen Aktion, bei welcher ein kleines Mädchen und dessen mutige Mutter dem Forscher helfen, kann Hank seinen Namu – so wurde das Tier inzwischen genannt – vor dem Erschossenwerden bewahren und die Fischer von der Gutmütigkeit des Wales überzeugen. Denn Namu greift niemals sinnlos Menschen oder Tiere an, er jagt – wie viele andere Raubtiere – nur, um sich zu ernähren.
Dieser spannende und auch wissenschaftlich hoch interessante Film verwendet keine faulen Tricks, um die Illusion einer unmöglichen Kameradschaft zwischen Mensch und Tier zu schaffen. Es handelt sich hier um einen wirklich gezähmten Raubwal, dem die Darsteller des Films Fischstücke in den Rachen warfen, ohne die scharfen Zähne des haifischähnlichen Tieres zu fürchten. Auf dem sie reiten konnten, ohne mit einem Angriff rechnen zu müssen; der Wal betrachtete die Menschen offensichtlich als Spielgefährten.
Dass ein Raubwal große Intelligenz besitzen muss, lässt sich aus dem Umfang und der Anlage seines Gehirns ableiten; darüber hinaus werden in diesem Streifen keine halb- oder unwissenschaftlichen Behauptungen aufgestellt. Die vielfältigen Laute, die Namu von sich gab, lassen verschiedene Deutungen zu. Der Meeresforscher glaubte fest daran, dass der Wal Schmerz, Freude und vielleicht noch andere Dinge ausdrücken wollte. Doch bleibt es letztlich dem Zuschauer überlassen, was er von all dem halten will.
Dieser Tierfilm besticht durch seine schöne, herb wirkende Farbfotografie, eine geschickte Handlungsführung, welche die Anteilnahme des Zuschauers herausfordert, und gute schauspielerische Leistungen. Die eindrucksvolle Filmmusik – die Ballade von Namu, dem Raubwal – bleibt noch lange im Gedächtnis.

(Christl, 15)

L262

1 die Sprossenwand
2 die Sprosse
3 die Spannbeuge
4 die Wandleiter
5 das Kletterseil
6 das fußfreie Seilhangeln
7 das Stangenklettern
8 die Kletterstange
9 das Reck
10 die Reckstange
11 die Kniewelle
12 die Riesenwelle
13 die Matte
14 der Sprungtisch
15 der Überschlag
16 die Hilfestellung
17 das Federsprungbrett
18 das Bockspringen
19 der Bock
20 die Grätsche
21 das Sprungbrett
22 der Sprungständer
23 die Sprungschnur
24 der Sandbeutel
25 das Laufbrett
26 der Laufbock
27 der Barren
28 der Holm
29 der Schulterstand
30 die Waage
31 der Geräteturner
32 der Vorturner
33 die Schere
34 der Hals
35 der Sattel
36 der Rücken
37 die Halspausche
38 die Rückenpausche
39 der Turnlehrer
40 die Schwebekante
41 die Gleichgewichtsübung
42 der Schwebebalken
43 der Sprungkasten
44 die Weitsprunghocke
45 das Trapez
46 der Felgaufschwung
47 die Ringe
48 das Kreuz
49 die Kehre
50 die Wende
51 die Flanke
52 die Hocke

L263

Rekord – Höchstleistung
Derby – Pferderennen
Jockey – Wettreiter
Hockey – Stockball
Tennis – Netzball
Match – Wettkampf
Goal – Tor
Distanz – Entfernung
Snowboard – Schneebrett
Skateboard – Rollerbrett
Baseball – Schlagball
Team – Mannschaft
Rivale – Gegner
Favorit – voraussichtlicher Sieger

Reportage über ein Fußballspiel **L264**

Da laufen sie ein, die Platzherren im weißen Dress und die Rothosen. Rapid führte zur Halbzeit 2 : 1 in diesem harten, aber fairen Spiel. Beiden Teams merkt man das strenge Training an. Kurz nach dem Angriff waren die Platzherren mit einem überraschenden Angriff vorgestürmt. Müller hatte eine wunderbare Flanke in den 16-Meter-Raum gegeben und Berger verwandelte sie eiskalt zum 1 : 0, doch die Freude dauerte nicht lange. Bei einem bösen Foul verhängte der Unparteiische einen Elfmeter, den Schmitt in die linke untere Ecke anschoss. Von nun an war es nur noch ein Spiel auf ein Tor. Admira griff pausenlos an, die Spieler stürmten wie ein Mann und schossen aus allen Stellungen. Doch erst fünf Minuten vor Ende der ersten Halbzeit gelang der Führungstreffer. Aus dem Gewühl dribbelte sich Konrad frei und schob die Kugel ein zum 2 : 1. Aber auch die Gäste hatten Torgelegenheit: Einmal wuchtete Seibert aus drei Meter Entfernung ins Aus, zwei Minuten später gelang ihnen ein herrlicher Doppelpass, aber da stand der Linksaußen im Abseits.
Doch nun geht es weiter, meine Damen und Herren, der Anstoß ist erfolgt ... *(Christoph, 15)*

Reisen heute **L265**

Die Reisebüros und **Reise**unternehmen bieten den **Urlaubern** Pauschalreisen an, in denen alles **inbegriffen** ist: die **Beförderung** an das Reiseziel, **hin** und **zurück**, die Verpflegung durch **besondere Speisefolgen** während des gesamten Aufenthaltes ((Voll- oder Halbpension), die Nächtigung in **erstklassigen** Hotels, **Wohnungen** oder **Ferienhäusern**, der Aufenthalt in gemütlicher **Umwelt**. Die Preise richten sich nach dem **Reisezeitpunkt** und den Ansprüchen. Während der **Hauptreisezeit** sind sie höher als in der übrigen Zeit, **gleichgültig** ob jemand eine Fotosafari in Afrika gebucht hat oder einen Aufenthalt am Meer, um dort zu surfen. Auch für die Unterhaltung der Gäste wird gesorgt. Es gibt fast immer eine Bar mit Popmusik, **volkstümliche** Veranstaltungen, Minigolf, Tennisplätze und andere Vergnügungsmöglichkeiten. Auch für die Gesundheit und Schönheit kann man etwas tun: **Gesundheitshotels** bieten zu **Gesamtpreisen** eigene Veranstaltungen zur körperlichen Ertüchtigung. Man kann sich aber auch massieren lassen, **Turnübungen** durchführen oder sich in **Schönheitsläden** verwöhnen lassen. Wer es aber vorzieht, auf der Terrasse zu liegen und den **Rundblick** zu bewundern, dem steht auch diese Möglichkeit offen.

L268 Kneipe – Gasthaus
Metzger – Fleischhauer, Fleischer
Krämer – Greißler
Kartoffeln – Erdäpfel
Aprikosen – Marillen
Tomaten – Paradeiser
Apfelsinen – Orangen
Sahne – Rahm, Obers
Quark – Topfen
Hefe – Germ
Blumenkohl – Karfiol
Sonnabend – Samstag
Abendbrot – Nachtmahl
Kissen – Polster
Bindfaden – Schnur
Vesper – Jause
Klöße – Knödel
Eisbein – Stelze
Borke – Rinde
Flagge – Fahne
Schornsteinfeger – Rauchfangkehrer
Schrank – Kasten
Diele – Vorzimmer
plätten – bügeln
Brotkrume – Brotbrösel
dreist – frech
Brötchen – Semmel
Axt – Hacke, Beil

L269 Bassin – Schwimmbecken
Portmonee – Geldbörse
Portal – Eingang, Pforte
Pension – Ruhegenuss
Trottoir – Gehsteig
Menü – Speisenfolge
Etage – Stockwerk
Passage – Durchgang
Bandage – Verband
Blamage – Bloßstellung
Billett – Eintrittskarte
Boulevard – breite Straße
Pardon – Entschuldigung
Kompagnon – Teilhaber
Saison – Hauptreisezeit
Palais – Palast

L271 Match – Wettspiel
Goal – Tor
Handicap – Behinderung
Export – Ausfuhr

Import – Einfuhr
Waggon – Wagen
Girl – Mädchen
Beefsteak – Rindslendenstück
Kids – Kinder
Shorts – kurze Hose
Hobby – Lieblingsbeschäftigung
Handy – Mobiltelefon
Lift – Aufzug
Boy – Junge
Flirt – Liebelei
Job – Beschäftigung, Arbeit
Spleen – Verrücktheit
Tipp – Ratschlag
Cape – Umhang
Safe - Panzerschrank

Die richtigen Antworten lauten: **L272**
Lektüre: Lesestoff
Monument: Denkmal
qualifiziert: befähigt
resolut: forsch
Serpentine: gewundener Weg
Toleranz: Duldsamkeit
Stress: Überbeanspruchung
applaudieren: Beifall spenden
Biografie: Lebensbeschreibung
Konzept: Entwurf
Safe: Panzerschrank
Make-up: kosmetische Verschönerung
Jogging: Laufen in mäßigem Tempo
Fastfood: schnelles Essen
Superstar: berühmter Schauspieler

Im brasilianischen Urwald **L273**
Wie mächtige Pfeiler streben ringsum Riesenstämme auf, verschwinden droben in dem kaum merklich wogenden Meer der Wipfel. Das Tageslicht dringt nur gedämpft hindurch. Das Weiß, Rosa, Schwarz und Purpur der Blüten ist nur zu sehen, wenn eine Lichtung das Laubmeer unterbricht. Wucherndes Pflanzenchaos, Schlinggewächse, fadendünn bis schenkelstark, emporklimmend an den hoch zum Licht wachsenden Stämmen, durchziehen

schlangengleich den Luftraum. Mit Luftwurzeln, die wie unzähliges Tauwerk herabhängen, saugen sie Feuchtigkeit aus der schweren dumpfen Urwaldluft. Auf den Ästen, in Winkeln zwischen hoch rankendem Kriechgewächs und Stamm, in Höhlungen und Gabeln, sprießen grüne und braune Büsche: Schmarotzerpflanzen. Sie haben mit ihren Ranken und Blättern manchen Baum zum verschwommenen Pflanzenturm umsponnen.

L274 Hier möchte ich gern wieder einen Urlaub verbringen

Ich erwachte. Schnell zog ich meinen Badeanzug an, nahm Badejacke, Flossen und Taucherbrille und schlich aus dem Zelt. Zwischen den hohen Pinien des Camps führte mich mein Weg zum Strand. Dort angekommen setzte ich mich auf eine Klippe und sah auf das Meer. Eine leichte Brise wehte und trieb die kleinen Wellen wie muntere Pferdchen vor sich her.

Es war ein klarer, kühler Morgen und die Sonne sandte ihre ersten Strahlen auf die Wasseroberfläche, wo sie wie goldene Ringe tanzten. Ich starrte wie gebannt auf das Meer. Ein riesiger Schwarm Fische, fast eine schwarze Wolke, zog vorbei. Hie und da sprang ein Fischlein aus dem Wasser und tauchte sofort wieder in sein Element. Mein Blick schweifte nach rechts. Die Insel Nikola schien wie in Gold getaucht zu sein. Die kleinen weiß getünchten Häuser hoben sich von dem dunklen Pinienwald dahinter deutlich ab. Plötzlich erregte ein kreischender Laut meine Aufmerksamkeit. Eine Möwe schoss im Sturzflug herab, stieß für einige Sekunden ihren Schnabel ins Wasser und erhob sich mit ihrer Beute, einem kleinen Fisch, in die Lüfte. Ich blickte ihr nach, bis das strahlende Weiß ihres Gefieders nicht mehr zu erkennen war. Das immerwährende Rauschen der Brandung und das heisere Geschrei der Möwen ließen mich in Gedanken versinken. Ich würde es kaum ertragen können, das geliebte Meer in den Ferien nicht zu sehen. Wer einmal das Meer erblickt hat oder in ihm geschwommen ist, den lässt es nicht mehr los. Man sehnt sich immer wieder danach.

„Christine!“ Ich schrak aus meinen Gedanken auf.

„Ich komme gleich, Vati!“ Während ich ins Zelt ging, dachte ich: „In Porec möchte ich gerne wieder meine Ferien verbringen.“

(Christine, 14)

Synonymenverzeichnis

Synonyme sind bedeutungsgleiche (sinngleiche) oder bedeutungsähnliche (sinnverwandte) Wörter. Mit ihrer Hilfe kann das jeweils treffendste Wort gefunden werden. Sie dienen aber auch als Ersatzwörter bei stilistisch unschönen Wortwiederholungen.

A

aalglatt: schlüpfrig, glitschig / schwer zu fassen
Aas: Tierleiche, Kadaver, Luder
ab: fort, weg, von da an / von diesem Zeitpunkt an
ab und zu: gelegentlich, hin und wieder, hie und da, manchmal, jeweils, mitunter, bisweilen, von Zeit zu Zeit
abarbeiten: tilgen, bereinigen, begleichen
abartig: abnormal, abweichend, regelwidrig
abbauen: entlassen, kündigen, wegschicken, absetzen, vom Dienst entheben, den Laufpass geben, hinauswerfen / verringern, demontieren, abbrechen
abberufen: entheben, absetzen, entthronen, zur Abdankung veranlassen
abbestellen: widerrufen, zurückziehen, stornieren
Abbild: Ebenbild, Konterfei
Abbildung: Bild, Portrait, Darstellung, Kopie, Fotografie
abbitten: sich entschuldigen, widerrufen, zurücknehmen
abblitzen: abgewiesen werden, scheitern, missglücken, misslingen, fehlschlagen
Abdruck: Nachdruck / Nachahmung, Reproduktion, Kopie
Abend: Dämmerstunde, Tagesneige
Abendessen: Nachtmahl, Abendbrot, Abendmahlzeit, Dinner
Abenteuer: Erlebnis, Begebenheit, Vorfall, Ereignis
abenteuerlich: wundersam, merkwürdig, sonderbar, außergewöhnlich
abermals: wieder, nochmals, von neuem, aufs Neue, neuerlich
abfahren: abreisen, abdampfen / fliehen
Abfall: Rest, Überbleibsel, Mist, Müll
abfällig: missbilligend, tadelnd, geringschätzig
abfassen: verfassen, schreiben, ausarbeiten, aufsetzen
Abgaben: Steuern, Maut, Zins, Zoll
abgeben: übergeben, abliefern / überlassen, schenken
abgelegen: entlegen, weit entfernt / nicht mehr frisch, alt
Abgeordneter: Volksvertreter, Nationalrat, Mandatar, Beauftragter
abgeschmackt: geschmacklos, unpassend

abgestumpft: unempfindlich, gefühllos
abgießen: wegschütten, ausschütten
Abgrund: Schlucht, Krater, Schlund
abhalten: hindern, etwas nicht geschehen lassen, vereiteln, hemmen
Abhandlung: Aufsatz, Text, Veröffentlichung, Artikel, Publikation
Abhang: Böschung, Steilhang, Absturz
Abkommen: Vereinbarung, Vertrag, Übereinkunft, Abmachung, Kontrakt
ablehnen: abweisen, abschlagen, versagen, ausschlagen
ableugnen: bestreiten, verneinen, Ausflüchte machen, abstreiten, nicht zugeben
abnützen: verbrauchen, aufbrauchen, strapazieren
Abort: Klosett, WC, Toilette, Bedürfnisanstalt, Örtchen
abrechnen: subtrahieren, wegzählen/vergelten, rächen
Abreise: Abfahrt, Abflug, Abmarsch, Start
abrichten: dressieren, etwas beibringen
Abriss: Skizze, Auszug/Abbruch
Abscheu: Widerwillen, Ekel
abscheulich: hässlich, grässlich, grauenhaft, schändlich, widerwärtig, abstoßend
Abschluss: Ende, Schluss, Fertigstellung
Abschnitt: Absatz/Sektor, Teil
absenden: wegsenden, fortsenden, abschicken, befördern
absetzen: verkaufen, veräußern, losschlagen/einer Stellung entheben
Absicht: Zweck, Entschluss, Vorhaben, Plan
absolut: entschieden, bestimmt, unzweifelhaft, zweifellos, fraglos/vollkommen, völlig/diktatorisch, unumschränkt
absperren: verschließen, verriegeln
Abstammung: Herkunft
Abstand: Entfernung, Zwischenraum, Distanz
absurd: sinnlos, widersinnig
abteilen: trennen, gliedern
abwesend: nicht zugegen, weg
Achsel: Schulter
achten, auf etwas: sich in Acht nehmen, aufpassen
achten, jemanden: schätzen
achtlos: unbesonnen, unachtsam, unaufmerksam, unvorsichtig
Achtung: ansehen, Wertschätzung, Ehrfurcht/Vorsicht
ächzen: stöhnen, seufzen
Acker: Feld, Boden

ackern: pflügen, das Feld bestellen
adelig: aristokratisch, von adeliger Abkunft
Adler: Aar
Adresse: Anschrift/Bestimmungsort
affektiert: unnatürlich
Ahnen: Vorfahren, Ureltern
ahnen: vermuten, glauben, schwanen
ahnungslos: unvorbereitet, unvermutet
alle: sämtliche, jeder
allein: einsam, verlassen, vereinzelt
allenfalls: jedenfalls, möglicherweise, gewissermaßen
allerdings: freilich, natürlich, gewiss, ja
allmählich: nach und nach, Schritt für Schritt
alltäglich: üblich, gebräuchlich, usuell
allzeit: immer, stets, jederzeit
alt: betagt, greisenhaft, bejahrt/nicht neu, gebraucht
altertümlich: altmodisch, antik
Amt: Behörde, Dienststelle/Posten, Anstellung
an: bei/entlang, längs
anblicken: erblicken, ansehen, betrachten, anschauen, angucken, anglotzen, angaffen
Andenken: Erinnerung/Souvenir
ändern: umformen, umarbeiten, umgestalten
Andeutung: Vermutung, Anspielung, Erwähnung
aneignen: stehlen, entwenden, unerlaubt wegnehmen, stibitzen
Anerkennung: Beifall, Zustimmung, Lob
anfangen: beginnen, einleiten, in Angriff nehmen, sich anschicken
Anfänger: Neuling/Stümper, Grünschnabel, Dilettant
anfassen: anpacken, zugreifen, berühren, betasten
anfertigen: erzeugen, herstellen, produzieren
Anführer: Rädelsführer, Oberhaupt/Hauptmann, Befehlshaber/Aufseher
Anschwellung: Geschwulst, Beule
ansehen: anblicken, anschauen, fixieren/besichtigen, betrachten, prüfen
Ansicht: Meinung, Auffassung, Überzeugung, Gutdünken, Ermessen/Panorama, Aussicht
Anspielung: Andeutung
anspornen: anfeuern, aneifern, zureden
ansprechen: anreden, begrüßen
ansprechend: gefällig, hübsch

Anspruch: Anrecht, Berechtigung
anspruchslos: bescheiden, schlicht, einfach, genügsam
anständig: sittsam, ehrbar, brav, ehrlich
anstatt: statt, für, an der Stelle von
anstößig: Ärgernis erregend, widerwärtig
Antrieb, aus eigenem: aus eigener Kraft, von sich aus
Antwort: Beantwortung, Gegenrede, Rückäußerung, Einwendung, Entgegnung, Erwiderung / Bescheid
antworten: erwidern, versetzen, entgegnen, sagen, entgegenhalten, widersprechen, in das Wort fallen
Anwalt: Wortführer, Treuhänder, Bevollmächtigter, Vertreter, Rechtsanwalt
Anweisung: Befehl, Auftrag, Anordnung / Anleitung, Richtschnur
anwenden: benützen, verwerten, gebrauchen
anwesend: gegenwärtig, zugegen, da sein
Anzahl: Menge, Fülle, Haufen
anzeigen: verlautbaren, eröffnen, enthüllen, bekannt geben / melden
Anzeige: Ankündigung, Verlautbarung, Kundmachung / Beschwerde / Annonce, Inserat
Anzug: Gewand, Tracht, Uniform, Straßenanzug, Sportbekleidung, Badeanzug, Trainingsanzug, Arbeitskleidung
anzüglich: anspielend, zweideutig, anstößig
anzünden: Feuer machen, entflammen, Feuer legen, einheizen, Licht anknipsen, einschalten
Appell: Aufruf, Ermahnung
Appetit: Hunger, Verlangen nach Speisen, Esslust
Arbeit: Tätigkeit, Beschäftigung / Pflicht / Aufgabe / Mühe, Plage / Arbeitsergebnis, Werk, Produkt / Leistung
arbeiten: tätig sein, werken, schaffen, etwas leisten, etwas tun / sich beschäftigen, wirken / etwas verrichten, ausführen, ausüben, zugreifen, Hand anlegen, sich rühren und regen / etwas verdienen, seine Pflicht erfüllen, einem Erwerb nachgehen
Arbeiter: Werktätiger / Arbeitskraft, Hilfsarbeiter, Taglöhner, Handlanger / Arbeitssklave / Arbeitnehmer
Arbeitgeber: Dienstgeber, Firmenchef, Brotherr
arbeitsam: fleißig, rührig, emsig, geschäftig, nicht müßig
arbeitslos: unbeschäftigt, brotlos, ohne Arbeit, beschäftigungslos
arg: stark, schlimm / böse, nichtswürdig
Ärger: Verdruss, Missmut, Wut, Zorn
ärgerlich: verdrießlich, ungehalten, missgestimmt

ärgern, sich: erzürnen, sich aufregen, entrüsten, jemandem etwas verargen, verübeln, etwas krumm nehmen
arglos: leichtgläubig, vertrauensselig, vertrauensvoll, naiv
argwöhnen: misstrauen, zweifeln, den Braten riechen, bedenken
arm: armselig, mittellos, elend, unbemittelt, besitzlos/hilfsbedürftig
Armee: Heer, Militär, Truppe/große Menge, Masse
Armut: Mittellosigkeit/Not, Elend
Art: Beschaffenheit, Form/Kategorie, Gattung
artig: höflich, zuvorkommend, wohl erzogen
Arzt: Mediziner, Doktor der Medizin, Heilpraktiker, Zahnarzt, Homöopath, Chirurg
Ast: Zweig, Gerte, Rute
atmen: Luft holen, schnappen, Atem schöpfen/zu sich kommen
auf: offen, unversperrt, geöffnet/hinauf, herauf, darauf
aufbrausen: aufwallen, sieden/in Wut geraten, sich aufregen, erregen, die Fassung verlieren, außer sich geraten
aufbrechen: mit Gewalt öffnen/sich auf den Weg machen, gehen, losziehen
Aufenthalt: Anwesenheit, Besuch/Rast, Pause, Stillstand/Wohnsitz, Aufenthaltsort
aufhalten, sich: leben, wohnen, befinden, verweilen/zum Stehen bringen
auffassen: begreifen, verstehen, erkennen, klar werden
Auffassung: Ansicht, Standpunkt, Gesichtspunkt, Meinung, Ermessen/Fassungskraft, Gelehrigkeit, Denkvermögen, Denkfähigkeit
auffordern: verlangen, befehlen, ersuchen
Aufführung: Darbietung, Vorstellung/Betragen, Anstand, Manieren, Umgangsformen
Aufgabe: Auftrag, Obliegenheit/Hausübung
aufgeben: verzichten, davon ablassen, preisgeben/absenden
aufgeregt: erregt, gereizt, aufgebracht
Aufgeregtheit: Erregbarkeit, Heftigkeit, Affektivität
aufheben: aufbewahren, verwahren, verstauen/Rückgängig machen, für ungültig erklären, widerrufen/aufklauben, auflesen
Aufhebung: Widerrufung, Ungültigerklärung
aufhetzen: aufwiegeln, aufstacheln, Zwietracht säen
Aufklärung: Belehrung, Enthüllung, Eröffnung
Auflage: Nachdruck
Auflauf: Zusammenrottung, Ansammlung

aufmerksam: achtsam, konzentriert, wachsam, ganz Aug und Ohr
aufpassen: aufmerken, beachten, nicht aus dem Auge lassen/ beaufsichtigen, hüten
Aufpasser: Aufseher/Spitzel, Horcher, Lauscher
aufrichtig: wahrhaft, ehrlich, unumwunden, rückhaltlos, ohne Falsch
aufsässig: gehässig, hinterlistig, böse, heimtückisch
aufschneiden: prahlen, flunkern, protzen, übertreiben
Aufschrift: Überschrift/Anschrift
aufspüren: ausforschen, nachforschen, ausfindig machen, auskundschaften
Aufstellung: Verzeichnis, Zusammenstellung
Auftrag: Anordnung, Verfügung, Befehl, Anweisung
Aufwand: Prachtentfaltung
Aufwiegler: Rebell, Meuterer, Unruhestifter
augenblicklich: plötzlich, sofort, sogleich, mit einem Male, auf einmal, flugs, unverzüglich, rasch/derzeit
augenscheinlich: anscheinend, vermutlich, zweifellos, offenbar
ausbessern: korrigieren, verbessern, berichtigen, richtig stellen/ reparieren, überholen, in Stand setzen
Ausbeute: Ertrag, Nutzen, Gewinn
Ausbildung: Schulung, Studium
ausbrechen: entspringen, entweichen, entschlüpfen, entrinnen, entkommen, flüchten, ausreißen
Ausbreitung: Ausdehnung, Verbreitung, Expansion
Ausdauer: Kraft, Unermüdlichkeit, Zähigkeit, Beharrlichkeit
Ausdruck: Gepräge, Art und Weise/Miene, Physiognomie, Aussehen/sprachliche Ausdrucksweise, Sprachstil
ausdrücklich: klar und deutlich, eigens, unmissverständlich
ausdruckslos: nichtssagend, bedeutungslos, dürftig, farblos, leer
auseinander setzen: streiten, debattieren, klarstellen
auserwählen: aussuchen, küren, auslesen
Ausflug: Wanderung, Spaziergang, Tour, Landpartie
ausführlich: genau, deutlich, anschaulich, umfangreich
Ausführung: Erklärung, Vortrag, Rede/Vollendung, Durchführung/Ausarbeitung
ausfüllen: beschriften
Ausgabe: Auslage, Zahlung, Unkosten, Spesen/Zeitungsausgabe
Ausgang: Ende, Abschluss, Ergebnis/Durchschlupf, Tür, Pforte, Tor/dienstfreier Tag

ausgesucht: auserwählt, erlesen
ausgezeichnet: sehr gut, hervorragend, erstklassig, prima, vorzüglich
Aushilfe: Vertretung, Ersatz/Lückenbüßer/Spende, Sonderzulage
Auskunft: Bescheid, Rat, Information
Auslage: Schaufenster/Zahlung, Geldausgabe
auslegen: deuten, erklären, erläutern/(Geld) vorschießen
ausleihen: ausborgen, entlehnen, anpumpen
ausmachen: vereinbaren/viel oder wenig bedeuten
Ausnahme: Sonderfall, Seltenheit, Einmaligkeit
Ausrede: Ausflucht, Notlüge, Vorwand, Scheingrund
ausrüsten: ausstatten, ausstaffieren, mit dem Nötigen versorgen
aussagen: mitteilen, berichten
ausschlagen: etwas ablehnen, zurückweisen, verweigern, verwerfen/grünen
ausschlaggebend: entscheidend, maßgebend, bestimmend
ausschließlich: nur, niemand anderer als
ausschweifend: zügellos, lasterhaft, sündhaft
außen: äußerlich, außerhalb, draußen
Außenstelle: Zweigstelle, Filiale, Nebenstelle
Äußeres: Außenseite, Außenansicht, Schale/Aufmachung
außerordentlich: ungewöhnlich, außergewöhnlich, besonders
äußerst: sehr, hochgradig, höchst
Aussicht: Ausblick, Panorama, Ansicht/Wahrscheinlichkeit, Erwartung
aussichtslos: hoffnungslos, chancenlos
Aussprache: Artikulation, Tonfall, Sprechweise/Unterredung, Meinungsaustausch, Gespräch
aussprechen: artikulieren, betonen/etwas besprechen, Meinungsverschiedenheiten ausräumen
Ausstellung: Schau, Messe, Sammlung, Galerie
Aussteuer: Mitgift, Heiratsgut, Ausstattung
Auswahl: Auslese, Muster
Auswanderer: Heimatvertriebener, Exilant, Emigrant, Flüchtling
Ausweis: Pass, Kennkarte, Legitimation, Personalausweis, Identitätskarte
ausziehen: wegziehen, den Wohnort wechseln/sich entkleiden
Auto: Kraftwagen, Personenkraftwagen (PKW), Limousine, Kabriolett, Lastkraftwagen (LKW), Autobus, Motorfahrzeug
Autor: Verfasser, Schriftsteller, Poet, Publizist, Urheber
Axt: Beil, Hacke

B

Baby: Säugling, Kleinkind, Wickelkind
Backe: Wange
Bäcker: Zuckerbäcker, Konditor
Backfisch: Teenager
Bad: Badeanstalt, Dampfbad, Schwimmbad, Strandbad, Heilbad, Moorbad / Waschung
baden: sich waschen, duschen, brausen, schwimmen
baggern: mit einem Bagger graben, Erde ausheben
Bahn: Autobahn, Fahrbahn, Eisenbahn, U-Bahn, S-Bahn, Schnellzug, Personenzug
Bahnsteig: Perron, Verladerampe
bald: in Kürze, gleich, umgehend, postwendend, demnächst, rasch, flugs, im Handumdrehen, sofort
balgen, sich: raufen, ringen, kämpfen
Balken: Bohle, Pfosten, Träger, Strebe
Ball: Fußball, Tennisball, Wasserball, Gummiball / Tanzveranstaltung, Hausball, Redoute, Maskenball
banal: nichtssagend, geistlos, gewöhnlich
Band: Streifen, Binde / Buch, Teil eines Sammelwerkes / Musikgruppe
Bande: Lumpenpack, Diebsgesindel, Verbrecherbande / Freundschaftsbande / Bindung, Verbundenheit
bändigen: zähmen, meistern, zügeln, dressieren, überwältigen
Bank: Sitzgelegenheit / Werkbank / Kreditanstalt, Sparkasse, Geldinstitut / Sandbank / Wolkenbank
Banknote: Geldschein, Papiergeld
Bar: Imbissstube / Nachtlokal / Theke, Schanktisch
barbarisch: roh, wild, ungesittet, ungehobelt, ungeschliffen
barfuß: bloßfüßig, unbeschuht
barmherzig: mitleidig, mitleidsvoll, hilfsbereit, hochherzig, mildtätig
barsch: schroff, kurz angebunden, grob, verdrießlich, borstig
bärtig: unrasiert, stoppelig, behaart
Basis: Stützpunkt, Ausgangspunkt / Grundlage
Bassin: Wasserbecken, Schwimmbecken, Swimmingpool
basteln: werken
Bau: Gebäude, Baulichkeit, Bauwerk, Haus, Landhaus, Villa, Einfamilienhaus, Miethaus, Palast / Bauarbeit / Wuchs, körperliche Beschaffenheit
Bauch: Unterleib, Wanst, Wampe
bauen: errichten, zusammenfügen, anpflanzen / hoffen

Bauer: Landwirt, Grundbesitzer, Gutsherr, Farmer, Ökonom, Agrarier, Kleinbauer, Häusler, Siedler, Kolonist, Pflanzer, Obstbauer, Weinbauer

bedeutend: hochwertig, beträchtlich, ansehnlich, groß, erheblich, wesentlich, bemerkenswert

bedeutungslos: unbedeutend, belanglos, unwichtig, nebensächlich, unwesentlich, geringfügig, nichtssagend

bedienen: betreuen, umhegen, Dienste leisten, bemuttern

Bedienstete: Dienstpersonal, Dienerschaft, Gesinde, Diener, Dienstboten / Stubenmädchen, Köchin, Kinderfrau, Magd, Knecht, Verwalter, Hausbesorger, Türhüter, Portier, Hausgehilfin, Reinigungsfrau, Bedienerin, Putzfrau, Zugehfrau

Bedingung: Voraussetzung, Vorbehalt / Umstand, Einschränkung

bedrängen: belästigen, peinigen

Bedürfnis: Erfordernis, Notwendigkeit

bedürfnislos: anspruchslos, bescheiden, schlicht

beeilen: sich tummeln, rennen, laufen, Beine machen, hasten, die Beine unter den Arm nehmen, sich sputen

beeinflussen: manipulieren, beeinträchtigen, bewirken, veranlassen, nötigen, andere überzeugen

Beerdigung: Begräbnis, Bestattung, Leichenbegängnis, letzter Gang

befähigen: ertüchtigen, anleiten, ausbilden, für etwas vorbereiten, schulen / berechtigen, das Recht zuerkennen

befähigt: können, im Stande sein, in der Lage sein / nicht dumm, talentiert, nicht auf den Kopf gefallen / tauglich, geschickt, brauchbar, verwendbar

Befehl: Gebot, Geheiß, Auftrag, Weisung, Verfügung, Anordnung, Verlangen, Direktive, Begehren, Aufforderung

befehlen: anschaffen, gebieten, anordnen, heißen, beauftragen, verlangen

befinden, sich: anwesend, zugegen sein, sich aufhalten

Befriedigung: Genugtuung, Zufriedenheit, Beruhigung

befürchten: sorgen, meinen, glauben

Begebenheit: Vorfall, Ereignis, Episode

begegnen: treffen, zusammenkommen

Begeisterung: Überschwang, Entzücken, Enthusiasmus

Beginn: Anfang, Einleitung, Spitze

begleiten: folgen, sich anschließen, dazu gesellen, geleiten

beglückwünschen: gratulieren

begreifen: verstehen, einsehen, auffassen, erkennen, bewusst werden / angreifen, betasten

begreiflicherweise: in Anbetracht dessen, da, weil
begründen: beweisen, nachweisen, belegen
behalten: aufheben, nicht hergeben/merken
Behälter: Büchse, Dose, Schachtel, Koffer, Kassette, Schatulle, Tasche, Etui, Rucksack
Behandlung: Vorgangsweise, Verhaltensweise/Heilverfahren
beharrlich: unnachgiebig, hartnäckig/fortwährend, immerfort, stetig, unermüdlich
beherbergen: unterbringen, Unterschlupf gewähren, Quartier geben
beherzt: mutig, waghalsig, kühn, unerschrocken, tapfer, furchtlos
behüten: beschützen, beschirmen, bewahren, bewachen/umhegen, betreuen
behutsam: vorsichtig, aufmerksam, bedachtsam
beichten: etwas gestehen, bekennen, das Herz ausschütten, das Gewissen erleichtern
beiderseits: gegenseitig, wechselseitig
Beifall: Applaus, Händeklatschen, Jubel
beiläufig: nebenbei/etwa, annähernd, ungefähr
beinahe: fast, nahezu, annähernd
beisammen: vereint, zusammen, Seite an Seite
Beispiel: Exempel, Probe, Muster/Vorbild
beispiellos: noch nicht da gewesen, einmalig
beißen: kauen, mahlen, knabbern, nagen, zermalmen
Beitrag: Anteil/Zuschuss
beitragen: hinzufügen, dazutun, mitwirken, mithelfen
beizeiten: bald, ehestens, rechtzeitig/in Kürze
Bekanntschaft: Freundschaft, Kameradschaft
bekennen: gestehen, zugeben, eröffnen, enthüllen
beklagen: nachtrauern, beweinen, bedauern
bekommen: erhalten, kriegen, empfangen, in Empfang nehmen
bekräftigen: beipflichten, zustimmen, bestätigen
belanglos: unwichtig, nebensächlich, unwesentlich, bedeutungslos, nichtssagend
Belastung: Gewicht/Mühe, Mühsal
belebt: verkehrsreich, stark bevölkert
Beleg: Nachweis, Beweisstück, Bescheinigung, Bestätigung
belehren: anleiten, unterweisen, unterrichten, jemandem etwas beibringen
beleibt: dick, drall, untersetzt, vollschlank, dickbauchig, feist
beleidigen: kränken, verletzen, herabsetzen, verunglimpfen, erniedrigen

beliebt: gern gesehen, stets willkommen
bellen: kläffen, anschlagen, belfern
belohnen: entgelten, vergüten, entschädigen, abgelten
Belohnung: Anerkennung / Bezahlung, Lohn
bemächtigen: sich etwas aneignen, an sich nehmen, jemandem etwas wegnehmen, stehlen, klauen
bemerken: sehen, wahrnehmen, gewahren, entdecken, erblicken, ins Auge fallen
Bemühung: Eifer, Streben, Anstrengung, Fleiß
benachteiligen: übervorteilen, übers Ohr hauen
Benehmen: Anstand, Umgangsformen, Manieren, Betragen, guter Ton
benötigen: brauchen, bedürfen, erfordern
Beobachtung: Wahrnehmung, Betrachtung / Erfahrung
bequem: angemessen, komfortabel, kommod / träge, faul
Beratung: Konferenz, Besprechung / Beratungsstelle
berauschen: trunken machen, sich besaufen, betrinken / sich begeistern
berauscht: trunken, besoffen, beduselt
berechnend: seinen Vorteil wahrend, selbstsüchtig, egoistisch, eigennützig
Bereich: Wirkungskreis, Einflusssphäre / Bezirk, Gebiet
bereit: gerüstet, vorbereitet / entschlossen
bereits: schon
Berg: Anhöhe, Bühel, Hügel, Gebirge, Gebirgsstock, Kogel, Kuppe
Bericht: Meldung, Mitteilung, Botschaft
berüchtigt: verrufen, verschrien, übel beleumdet
berücksichtigen: Rücksicht nehmen, bedenken, erwägen
Beruf: Tätigkeit, Arbeit, Beschäftigung / Aufgabe
berufstätig: werktätig, in Arbeit stehend, beschäftigt
beschädigen: unbrauchbar machen, Schaden zufügen
Beschaffenheit: Eigenart, Wesen, Art und Weise, Gepräge / Form, Gestalt
beschämen: blamieren, bloßstellen, verlegen machen
beschaulich: bedächtig / behaglich, still, ruhig, ungetrübt
bescheiden: genügsam, bedürfnislos, enthaltsam / kümmerlich, knapp, arm
beschimpfen: verhöhnen, schmähen, verspotten
beschönigen: etwas in besserem Licht erscheinen lassen, Tatsachen entstellen, übertreiben
beschuldigen: bezichtigen, anklagen, in die Schuhe schieben

Beschwerde: Klage, Anzeige, Anklage
Beschwerden: Leiden, Schmerzen
besiegen: bezwingen, überwinden, überwältigen, schlagen
besinnungslos: ohnmächtig, bewusstlos, nicht bei sich sein
Besitz: Habe, Eigentum, Hab und Gut, Vermögen
Beständigkeit: Beharrlichkeit, Stetigkeit
bestechen: sich durch Geschenke Vorteile verschaffen
bestehen: vorhanden sein, geben, existieren/sich befinden
bestenfalls: höchstens, im äußersten Fall, eventuell
bestimmt: sicher, gewiss, auf jeden Fall
Bestimmung: Vorsehung, Schicksal, Fügung, Verhängnis/Anordnung, Vorschrift
bestürzt: betroffen, verdutzt, betreten, verblüfft, fassungslos
Besuch: Visite
Besucher: Gast
betäuben: bewusstlos machen, lähmen, narkotisieren
Beteiligung: Mitwirkung, Teilnahme
betörend: verwirrend, bestrickend
Betrag: Summe, Geldmenge
betreuen: warten, pflegen, umhegen
Betrieb: Firma, Unternehmen, Werk, Geschäft/lebhaftes Treiben
betrübt: traurig, kummervoll, sorgenvoll, unglücklich, untröstlich
betrügen: täuschen, hintergehen, beschwindeln, überlisten
Betrüger: Schwindler, Gauner, Hochstapler
betrunken: angeheitert, berauscht, besoffen, beschwipst, blau, benebelt
Bett: Lager, Liege, Pritsche, Couch, Diwan, Sofa
bettlägerig: krank, leidend, siech, erkrankt
beugen, sich: sich bücken, ducken, verbeugen/sich fügen, gehorchen
beunruhigen: verwirren, erschrecken, ängstigen
beurteilen: begutachten, einschätzen, bewerten, klassifizieren, messen
Beute: Fang
bevölkern: beleben, besiedeln, bewohnen
bevor: ehe, zuvor, vorher, davor
bewähren: eignen, sich brauchbar erweisen
Bewährungsfrist: Probezeit
bewegen: sich rühren, regen, in Bewegung setzen/zu Tränen rühren, erschüttern
beweglich: gelenkig/regsam, lebhaft, quecksilbrig
bewegungslos: still, unbeweglich, verharrend, ruhig

Beweis: Nachweis, Erhärtung, Rechtfertigung
bewerben: etwas erstreben, um etwas ansuchen, kandidieren
Bewerber: Anwärter, Kandidat, Antragsteller/Freier
bewerkstelligen: zusammenbringen, vollbringen, können, schaffen
bewilligen: genehmigen, einwilligen, erlauben, gestatten, zulassen, etwas gewähren
bewohnen: hausen, leben, logieren, sich aufhalten
Bewohner: Einwohner/Inhaber, Eigentümer, Pächter, Mieter/Bevölkerung, Einheimische, Bürger
bewölkt: wolkig, bedeckt
Bewusstsein: Verstand, Vernunft, Denkvermögen
bezahlen: vergüten, eine Schuld begleichen, entgelten, honorieren, die Schulden tilgen, das Geld überweisen, seinen Zahlungsverpflichtungen nachkommen
Bezahlung: Lohn, Entgelt, Gehalt, Bezug, Honorar, Gage, Besoldung, Verdienst/Zahlungsweise/Einzahlung
bezaubern: begeistern, entzücken, berauschen
bezaubernd: reizend, entzückend, reizvoll, lieblich, anziehend, allerliebst, anmutig, herzig, wunderschön
bezeichnen: kennzeichnen, markieren/heißen, benennen, betiteln
bezeichnend: kennzeichnend, charakteristisch, typisch
Bezeichnung: Name, Ausdruck, Wort/Kennzeichen
Bezirk: Stadtteil, Landkreis, Gebiet, Bereich, Gegend, Umkreis, Distrikt
Bibliothek: Büchersammlung, Bücherei
biegen: krümmen, winden, falten, falzen
biegsam: geschmeidig, elastisch
Bild: Lichtbild, Foto, Aufnahme/Zeichnung, Gemälde, Malerei/Anblick
bilden: formen, ausführen, gestalten, entwickeln/belehren, schulen, unterrichten
billig: preiswert, wohlfeil, halb geschenkt/gerecht, angemessen
binden: verknüpfen, festmachen, verknoten, schnüren, fesseln, verstricken, befestigen
Bindfaden: Schnur, Kordel, Leine, Spagat, Garn
binnen: innerhalb, während, bisher, bislang, bis jetzt
bisschen, ein: etwas, ein wenig, nicht viel, ein Stückchen
Bitte: Wunsch, Ersuchen, Anliegen
bitter: schmerzlich, schmerzhaft/herb, nicht süß
blähen, sich: weiten, aufblasen,

blasen: trompeten, wehen, stürmen/die Luft aushauchen
blass: bleich, fahl, farblos/ausdruckslos
Blatt: Laub, Papierstück, Zettel, Wisch/Zeitung, Journal
bleiben: ausharren, verweilen
blendend: grell, strahlend/großartig, ausgezeichnet, hervorragend
blind: ohne Sicht, sehgestört/gedankenlos, unbedacht
blitzartig: schnell, plötzlich, pfeilgeschwind, schleunigst
bloß: nur/entblößt, nackt, unbekleidet
bloßstellen: blamieren, beschämen, erniedrigen, anprangern
bocken: trotzen, sich widersetzen, spreizen, sträuben, den Gehorsam verweigern
Bogen: Wölbung, Krümmung/Geigenbogen/Papierbogen
Boot: Kahn, Jolle, Zille, Kanu, Paddelboot, Kajak, Segelboot, Schinakel
böse: schlimm, schlecht, feindselig, feindlich gesinnt sein
Bosheit: Heimtücke, Niedertracht, Gehässigkeit, Grimm
Brand: Feuer, Feuerstelle
Brauch: Sitte, Herkommen, Gepflogenheit, Überlieferung, Tradition
brauchbar: tauglich, geeignet, passend
brausen: duschen/tosen, rauschen
brav: gehorsam, tapfer, willig, folgsam/pflichttreu, tüchtig, fleißig/ehrenhaft, ehrsam
brechen: teilen, in Stücke gehen, zersplittern, zerbrechen, zerkleinern, zertrümmern/kaputtmachen/sich übergeben, speien, kotzen
brennen: lodern, glühen, glimmen, glosen, schwelen, versengen, flammen, flackern/schmerzen
Brett: Bohle, Laden, Latte, Planke, Bord
Brief: Schreiben, Nachricht, Zeilen, Zuschrift, E-Mail
Briefwechsel: Schriftverkehr, Korrespondenz
Brötchen: kleines Brot, Semmel
brüchig: spröde, zerbrechlich
brüderlich: einträchtig, friedlich
brüllen: schreien, grölen, krakeelen, lärmen
brüsten, sich: großtun, prahlen
Bub: Knabe, Junge
Buch: Band, Werk, Schmöker, Broschüre
Bucht: Bai, Golf, Meeresbusen, Förde, Fjord
Buckel: krummer Rücken, Höcker
Büffel: Bulle, Ochse, Stier

bügeln: glätten, plätten
bummeln: schlendern, spazieren
Bündnis: Zusammenschluss, Bund, Union
bunt: farbenprächtig, farbenfroh, vielfarbig
bürgen: haften, einstehen
Bürgermeister: Gemeindevorsteher, Stadtoberhaupt
Büro: Kanzlei, Amt, Kontor, Geschäftszimmer
Busch: Strauch, Gesträuch, Hecke, Gestrüpp/Urwald, Dschungel
Buße: Strafe, Sühne, Wiedergutmachung

C

Champagner: Schaumwein, Sekt
Chaos: Unordnung, Durcheinander, Wirrwarr
Charakter: seelische Eigenart, Wesensart, Temperament
charakteristisch: kennzeichnend, typisch

D

da: weil/dort, hier
Dachkammer: Dachstube, Mansarde
dafür: stattdessen, an Stelle von
daheim: zu Hause, beheimatet, ansässig
daher: folglich, deswegen, deshalb, infolgedessen, darum, demnach, mithin, somit
dahin: dorthin/weg, fort
damals: ehemals, einst, früher, dazumal, seinerzeit
damit: dass, sodass
Damm: Deich, Erdwall
dämmern: nachten/tagen/erkennen, ahnen, begreifen
Dämmerung: Abenddämmerung/Morgengrauen, Tagesanbruch
dämonisch: gespenstisch, unheimlich, teuflisch
dämpfen: abschwächen/schmoren, dünsten
danach: dann, später, anschließend, hernach, daraufhin, hinterher, im Anschluss daran
daneben: ferner, außerdem/angrenzend, nebenan
dankbar: dankerfüllt, erkenntlich
darauf: obenauf, darüber
darben: missen, hungern, sich einschränken, sich kümmerlich fortbringen/fasten
Darbietung: Vorstellung, Aufführung, Wiedergabe
darin: innerhalb, innen, drinnen/in diesem Punkt
darlegen: erklären, dartun, erörtern, explizieren

Darlehen: Kredit, Anleihe, Hypothek
Darsteller: Schauspieler, Mime, Komödiant
darunter: drunter, unterhalb
dasselbe: das Nämliche, nichts anderes
Datum: Zeitangabe/Zeitpunkt
Dauer: Bestand
dauerhaft: fest, haltbar, unverwüstlich
dauern: währen/bemitleiden
dauernd: immer, fortwährend, unaufhörlich, unausgesetzt, immerwährend, unablässig, beständig, stets, stetig
davonlaufen: fortlaufen, fliehen, abhauen, enteilen, durchbrennen, ausreißen, abfahren, entwischen, entschlüpfen, entweichen, entrinnen, entspringen, flüchten, sich aus dem Staub machen, sich packen, stiften gehen
dazu: hinzu/dafür
dazwischen: inzwischen, während dieser Zeit
Debatte: Streitgespräch, Meinungsaustausch, Disput
Deckmantel: Vorwand, Vorspiegelung
Defekt: Fehler, Schaden, Gebrechen, Panne
Defizit: Fehlbetrag/Verlust
dehnbar: streckbar, elastisch/mehrdeutig, doppelsinnig
dehnen: spannen, ausweiten, strecken, ausziehen
Demut: Ergebenheit, Unterwürfigkeit, Selbsterniedrigung, Bescheidenheit
demütig: unterwürfig, devot, untertänig
denkbar: möglich, anzunehmen
denken: überlegen, nachsinnen, grübeln, überlegen, erwägen, schließen/glauben, erachten, meinen
Denkmal: Mahnmal, Monument, Erinnerungsstätte
dennoch: dessen ungeachtet, gleichwohl, trotzdem
derart: so, dermaßen, dergestalt
dergleichen: desgleichen, ebenso
derzeit: gegenwärtig, jetzt, im Augenblick, zur Zeit
deutlich: verständlich, eindeutig, klar
Deutung: Auslegung, Erläuterung, Interpretation
Dialekt: Mundart, Idiom
dicht: eng, zusammengedrängt, geschlossen/undurchlässig
Dichtkunst: Dichtung, Poesie, Schrifttum, Literatur
dickhäutig: unempfindlich, empfindungslos, abgestumpft
Diebstahl: Entwendung, widerrechtliche Aneignung
diensteifrig: dienstbeflissen, dienstwillig, zuvorkommend, gefällig

diesseits: auf dieser Seite, herüben
Differenz: Unterschied, Verschiedenheit / Rest / Meinungsverschiedenheit
Ding: Gegenstand, Objekt, Sache
direkt: ohne Umschweife, unmittelbar, geradewegs
dirigieren: leiten, lenken, steuern
diskret: verschwiegen, taktvoll
Division: Teilung, Messung / Truppenteil
Dom: Bischofskirche, Gotteshaus, Kathedrale
donnern: grollen, tosen
doppelt: zweifach, zu zweit, zweiseitig
dörren: trocknen, dürr machen
dort: an jenem Ort, da
drängen: drücken, pressen, stoßen, schieben / jemanden antreiben, auffordern
draußen: außerhalb
Dreck: Kot, Schlamm, Schmutz, Unrat / Müll, Mist, Kehricht
dreckig: schmutzig, beschmutzt, schmierig, kotig, ungewaschen, unrein
drehen: wenden, kreisen
dreist: frech, anmaßend, keck, vorwitzig, unverschämt, ungezogen
dringend: eilig / besonders wichtig
drohen: Furcht einjagen, ängstigen, einschüchtern
drollig: lustig, possierlich, spaßig
Druck: Zwang, Gewalt / Schwere, Gewicht, Kraft / Druckverfahren, Wiedergabe, Abdruck / Gedrucktes
drucken: wiedergeben, herausgeben
Duft: Aroma, Wohlgeruch
duftig: hauchzart, dünn, fein
dulden: erleiden, ausstehen, ertragen / erlauben, gestatten, zulassen
duldsam: nachgiebig, geduldig, sanftmütig, tolerant
Dummkopf: Narr, Trottel, Hohlkopf
dunkel: finster, lichtlos / unbeleuchtet / unklar, verworren, unbestimmt
Dunkelheit: Finsternis / Nacht
Dünkel: Überheblichkeit, Hochmut, Größenwahn, Einbildung
dünn: fein, mager, schmal
durchaus: ganz und gar, vollkommen, sehr
durchbringen: vergeuden, vertun, verschwenden, verjuxen, verschleudern

durchdringen: durchbrechen, durchsickern / durchsetzen
Durchfall: Abführen, Bauchweh
durchfallen: herabfallen / eine Prüfung nicht bestehen, durchfliegen
Durchgang: Passage, Durchfahrt, Durchlass
durchhauen: züchtigen, schlagen, prügeln
Durchschnitt: Mittelmaß, Querschnitt
durchsetzen, sich: sein Ziel erreichen, verwirklichen, Erfolg haben
dürfen: erlauben, gestattet sein, freistehen
dürr: trocken, verdorrt / dünn, hager, unterernährt
Dürre: Trockenheit, Wassermangel
dürsten: Durst haben, durstig sein, schmachten, lechzen nach

E

eben: flach, platt / jetzt, in diesem Augenblick
Ebene: Tiefebene, Hochebene
ebenerdig: parterre
ebenmäßig: gleichmäßig, gleichförmig
ebenso: desgleichen, auch
ebnen: flach machen, planieren, glätten, nivellieren
Echo: Widerhall, Nachhall, Resonanz
echt: unverfälscht, original / wahr
Ecke: Kante, Rand / Landschaft, Gegend
eckig: spitzig, kantig, nicht rund
edel: selbstlos, edelmütig, großmütig, hochherzig / kostbar
Edelmann: Adeliger, Aristokrat / Freiherr, Graf, Fürst, Herzog, Prinz, Lord
Egoismus: Eigenliebe, Selbstsucht
Ehe: Bund fürs Leben, Ehestand
Ehefrau: Gemahlin, Gattin, Ehehälfte, Eheweib, Frau
Eheleute: Ehepaar, Gatten, Mann und Frau, Vermählte
ehelichen: heiraten, sich vermählen, sich trauen lassen, zum Altar führen, unter die Haube kommen, den Bund fürs Leben schließen
ehemals: einst, früher, damals, ehedem, vor Zeiten
Ehre: Stolz, Ansehen, Würde, Achtung
ehrfurchtsvoll: ehrfürchtig, ehrerbietig
ehrgeizig: ruhmsüchtig, strebsam, beflissen
Eid: Schwur, Beteuerung, Versprechen, Versicherung, Ehrenwort, Gelöbnis
Eifer: Streben, Fleiß, Tatendrang, Arbeitslust

eigenmächtig: von sich aus, ohne zu fragen, unbefugt, unberechtigt

Eigenschaft: Merkmal, Kennzeichen, Wesenszug, Charaktermerkmal

eigensinnig: eigenwillig, starrsinnig, halsstarrig, hartnäckig, unnachgiebig, störrisch, trotzig

eigentümlich: sonderbar, eigenartig / originell

Eile: Schnelligkeit, Tempo, Geschwindigkeit / Hast, Unrast

eilig: eilfertig, schnell, rasch, geschwind, hurtig, eilends, schleunig

einander: gegenseitig, wechselseitig

Einband: Umschlag, Hülle / Buchdeckel

einbilden, sich: glauben, vermuten, annehmen, wähnen, sich einreden, sich etwas vorspiegeln

Einbildungskraft: Phantasie, Vorstellungskraft

Einbuße: Verlust, Schaden, Defizit

Eindruck: Wahrnehmung, Gefühl, Empfindung / Wirkungsweise

eindrucksvoll: wirkungsvoll, gewaltig

einerlei: gleichgültig, egal

einfach: schlicht, ungeziert, schmucklos / leicht

Einfall: Idee, Gedanke, Eingebung, Geistesblitz / Überfall, Angriff

Einfalt: Arglosigkeit, Naivität, Treuherzigkeit

Einfluss: Macht, Einwirkung, Gewicht

einförmig: gleichförmig / eintönig, monoton, fad

Einfuhr: Import

Einführung: Anleitung, Erklärung, Kommentar / Neuerung, Neuheit

Eingabe: Gesuch, Ansuchen, Bittschrift, Petition

eingebildet: hochmütig, hochnäsig, arrogant, stolz, dünkelhaft, überspannt

eingehen: schrumpfen, verkleinern / welken, verdorren, absterben / sich auf etwas einlassen, zustimmen

Eingeweide: Gedärme, Gekröse

eingewurzelt: eingefleischt, bodenständig, verwurzelt

Eingriff: Vorgehen, Handlungsweise / Operation

einhellig: einmütig, einträchtig, einig

einige: mehrere, manche, diverse, verschiedene

einigen, sich: sich versöhnen, vergleichen, handelseins werden / zusammenschließen

Einkommen: Einkünfte, Verdienst, Lohn, Gehalt, Bezug, Gage / Ertrag

Einlage: Füllung, Einfügung, Zwischenstück / Sparguthaben

Einmaligkeit: Besonderheit, Seltenheit, Rarität
Einöde: Wildnis, menschenleere Gegend/Einsamkeit, Abgeschiedenheit
einprägen: einschärfen, merken/einpressen, gravieren, aufdrücken
einsam: allein stehend, verlassen, menschenleer
einschlafen: einschlummern, einnicken
einschließlich: inbegriffen, enthaltend, alles in allem, alles inklusive
Einschränkung: Bedingung, Vorbehalt, Voraussetzung/Schmälerung, Beschränkung
Einsicht: Erkenntnis/Verständnis
einsilbig: kurz angebunden, schweigsam, wortkarg, mundtot, verschlossen, zugeknöpft
Einspruch: Einwand, Entgegnung, Protest, Berufung
einst: früher einmal, ehemals
einstweilen: vorläufig, inzwischen, in der Zwischenzeit
einstimmig: einmütig, widerspruchslos, übereinstimmend/ohne Gegenstimme
Einteilung: Gliederung, Ordnung
einträglich: lohnend, gewinnbringend, ergiebig, ertragreich
eintreffen: ankommen
Einverständnis: Zustimmung, Zusage
Einzelheit: Detail
eigenartig: unvergleichlich, beispiellos, unnachahmlich, besonders
eisig: frostig, eiskalt, gefroren
eitel: selbstgefällig, gefallsüchtig, putzsüchtig/dünkelhaft, eingebildet/leer, nichtig
empfangen: erhalten, bekommen, kriegen, entgegennehmen/willkommen heißen
empfänglich: zugänglich, verständnisvoll, aufgeschlossen
Empfangsbestätigung: Quittung
empfehlen: anraten, befürworten
empfinden: verspüren, gewahren
empfindlich: feinfühlend, zart besaitet, sensibel, empfindsam
empor: hinauf, aufwärts
empört: entrüstet, aufgebracht
Ende: Schluss/Tod/Ergebnis
enden: beenden, Schluss machen, schließen, aufhören
endgültig: unabänderlich, unumstößlich, unwiderruflich, ein für allemal

endlich: schließlich, zuletzt/vergänglich
endlos: ohne Ende, unendlich, unbegrenzt
Energie: Kraft, Tatkraft, Schwung, Entschiedenheit, Entschlossenheit
energisch: tatkräftig, entschlossen, entschieden
eng: schmal, knapp
engherzig: kleinlich, engstirnig
enorm: riesig, beträchtlich, gewaltig, ungeheuer
entbehren: vermissen, ermangeln
entdecken: finden, aufspüren
entfalten: vergrößern, ausdehnen, erweitern, sich entwickeln/aufblühen
entfernen, sich: flüchten, fliehen, ausreißen, weggehen, sich fortstehlen, sich zurückziehen
entgegen: wider
entgegengesetzt: gegensätzlich, konträr, widersprüchlich, divergierend
Entgegenkommen: Liebenswürdigkeit, Bereitwilligkeit, Gunst
entgegenwirken: ankämpfen, entgegenhandeln, etwas hintertreiben, die Pläne durchkreuzen, verhindern, zuwiderhandeln, gegen den Strom schwimmen
entgeistert: verwundert, betroffen, fassungslos, sprachlos
Enthüllung: Aufdeckung, Entlarvung
entkräften: schwächen/widerlegen, umstoßen
entlang: längs, der Länge nach
entlassen: vom Dienst entheben, absetzen, kündigen, abbauen, hinauswerfen/freilassen
enträtseln: ergründen, entziffern, deuten, etwas herausfinden
entsagen: verzichten, aufgeben
entschieden: gewiss, unzweifelhaft, fraglos, zweifellos, sicher/kategorisch
Entschluss: Vorsatz, Vorhaben/Entscheidung, Beschluss
Entschuldigung: Vergebung, Verzeihung, Nachsicht, Pardon/Rechtfertigung
entsetzlich: grässlich, fürchterlich, grauenvoll, schauderhaft
Enttäuschung: Fehlschlag, traurige Erkenntnis/Verzweiflung
ergänzen: vervollständigen, ausbauen
ergiebig: ertragreich, fruchtbar, reichhaltig, lohnend
ergriffen: bewegt, berührt, erschüttert, tief beeindruckt
erheben, sich: aufstehen, aufrichten/sich empören, rebellieren
erheblich: beträchtlich, bedeutend, viel
Erinnerung: Gedächtniskraft/Gedenken, Rückblick

erkennen: wahrnehmen, unterscheiden, bemerken/begreifen, erfassen, verstehen
Erkenntnis: Einsicht
erklären: erläutern, verständlich machen
Erlaubnis: Genehmigung, Einwilligung, Bewilligung, Berechtigung/Lizenz, Konzession
erlegen: schießen/Geld ausfolgen
erlösen: befreien, retten
ermahnen: tadeln, rügen/erinnern
ermäßigen: herabsetzen, vermindern, verringern
ermutigen: Mut zusprechen, bestärken, anspornen, ermuntern
erörtern: besprechen, beraten
erproben: versuchen, ausprobieren
Erregung: Erregungszustand, Wut, Zorn
Ersatz: Notbehelf/Vergütung, Entschädigung
Erscheinung: Phänomen
Erschöpfung: Übermüdung, Ermattung
erschöpfend: vollkommen, ausführlich, gründlich
ersetzen: austauschen/entschädigen, vergüten
ersparen: erübrigen, beiseite legen
erst: vorerst, zuerst, anfangs, zu Beginn
erstaunlich: staunenswert, bemerkenswert, außerordentlich
erstaunt: verwundert, überrascht, verblüfft
erstehen: erwerben, kaufen, einhandeln
ertönen: erschallen, erklingen
Ertrag: Gewinn, Profit, Nutzen
ertragreich: lohnend, fruchtbar, nutzbringend, gewinnbringend
ertüchtigen: kräftigen, stärken, trainieren, üben
erwägen: überlegen, prüfen, schätzen, bedenken/beabsichtigen
erwähnen: andeuten, bemerken, nebenbei anführen
erwarten: gewärtigen, hoffen, entgegensehen
erwartungsvoll: zuversichtlich, hoffnungsvoll, optimistisch, gespannt sein
erzählen: schildern, darstellen, berichten
Erzählung: Geschichte, Novelle, Kurzgeschichte, Schilderung
erzeugen: herstellen, anfertigen, fabrizieren, erschaffen, produzieren
Erzeugnis: Produkt, Fabrikat, Machwerk
Erzieher: Pädagoge
essen: speisen, tafeln, schmausen, dinieren, frühstücken, soupieren, den Hunger stillen, etwas zu sich nehmen, verzehren,

naschen, einhauen, vertilgen, fressen, sich ernähren, sich sättigen, hinunterschlingen
Essen: Nahrung, Speise, Kost, Verpflegung, Imbiss, Proviant, Gericht/Gastmahl, Gelage, Bankett
etwa: ungefähr, nahezu, zirka, annähernd, schätzungsweise
eventuell: allenfalls, möglicherweise, vielleicht, gegebenenfalls
ewig: unvergänglich, zeitlos, andauernd, fortdauernd, immer, stets
extra: eigens, speziell, ausdrücklich, besonders

F

fabelhaft: wunderbar, unvergleichlich
Fabrik: Fabrikanlage, Werk, Produktionsstätte, Industriebetrieb
Fabrikant: Unternehmer, Hersteller, Produzent, Erzeuger
fabrizieren: erzeugen, herstellen, anfertigen, produzieren
fächeln: wedeln, fächern, kühlen
Fachkenntnis: Fachwissen, Spezialwissen, Erfahrung, Praxis
fad: langweilig, monoton, eindruckslos, eintönig/geschmacklos, schal
Faden: Garn, Zwirn
fadenscheinig: vordergründig, durchschaubar
fähig: befähigt, geeignet, tauglich, geschickt
Fähigkeit: Eignung, Voraussetzung, Gabe, Talent
fahl: blass, kalkweiß, bleich, aschgrau
Fahndung: Suche, Nachforschung, Erkundung
Fahne: Wimpel, Flagge, Banner/übler Mundgeruch
fahren: sich fortbewegen, rollen/reisen
Fahrer: Chauffeur, Lenker, Kraftfahrer
Fahrgast: Insasse, Mitfahrer, Reisender
fahrig: unruhig, nervös, schusselig, unkonzentriert, zerstreut, zappelig
Fahrkarte: Fahrschein, Fahrausweis, Ticket, Billett
fahrlässig: unüberlegt, gedankenlos, leichtsinnig, unvorsichtig, unbesonnen, leichtfertig
Fahrstuhl: Aufzug, Lift, Paternoster
Fahrt: Reise, Tour, Ausflug, Trip
Fahrzeug: Verkehrsmittel, Fahrzeug, Fuhrwerk, Kutsche, Fahrrad/Auto, PKW, Kraftfahrzeug, Motorrad/Eisenbahn, Zug/Schiff, Wasserfahrzeug/Flugzeug, Luftschiff, Jet, Fesselballon
fallen: stürzen, straucheln, niedersinken, ausrutschen, ausgleiten, stolpern/im Krieg sterben
falls: im Falle dass, vorausgesetzt dass, wenn, sofern

falsch: unrichtig, fehlerhaft, regelwidrig / unaufrichtig, heimtückisch, hinterlistig, unehrlich, heuchlerisch
Falschheit: Unehrlichkeit, Unaufrichtigkeit, Verlogenheit / Verrat
fangen: haschen, ködern, angeln, erwischen
farbig: bunt, gefärbt, bemalt
farblos: blass / ausdruckslos
Fasching: Fastnacht, Karneval
fasslich: leicht fassbar, verständlich, klar
fatal: verhängnisvoll, unangenehm
faul: verwest, moderig / träge, bequem, arbeitsscheu
fegen: kehren, mit einem Besen reinigen
fehlen: vermissen, mangeln / abwesend sein / irren, sich täuschen
fehlerlos: vollkommen, richtig, untadelig, einwandfrei
Fehlgriff: Missgriff, Versehen, Schnitzer, Irrtum, Verwechslung, Verstoß
feierlich: festlich, weihevoll, erhebend
feige: mutlos, furchtsam, ängstlich
fein: dünn, zart / erfreulich, sehr gut / vornehm
Feindschaft: Gegnerschaft, Zwietracht, Zwist, Unfriede, Streit
Fell: Pelz, Balg
felsenfest: unerschütterlich, unbeirrbar, unverrückbar
fern: entfernt, weit weg, entlegen
ferner: außerdem, überdies, obendrein
fertig: abgeschlossen, vollendet / erschöpft / bereit, gerüstet
fesseln: binden, in Fesseln oder Ketten legen / interessieren / hemmen
fest: hart, unzerbrechlich, stabil / unerschütterlich, unabänderlich
festlegen: vereinbaren, festsetzen, abmachen
feststellen: eruieren, ausforschen, erkunden
Fetzen: Lappen, Lumpen
Feuer: Brand, Feuersbrunst / Flamme, Glut, Lohe
feurig: glühend / heftig, leidenschaftlich, ungestüm, heißblütig
findig: scharfsinnig, erfinderisch, klug
finster: dunkel / mürrisch, unfreundlich
flatterhaft: unstet, unbeständig, wankelmütig / leichtsinnig
flau: schlecht / schleppend, langsam
flechten: winden, verschlingen, knoten
fleckenlos: rein, sauber, gereinigt / untadelig, makellos
flegelhaft: ungezogen, rüpelhaft, ungehobelt, lümmelhaft, unverschämt, frech
Fleischer: Fleischhauer, Metzger, Schlächter, Selcher

fleißig: arbeitsam, rührig, betriebsam, eifrig, emsig, unermüdlich
Flieger: Pilot, Flugzeugführer
fließen: strömen, fluten, wogen, rinnen, sprudeln, rieseln, sickern, tropfen, hervorquellen, sich ergießen, quellen
flimmern: glitzern, glänzen, funkeln, blinken, schillern
flink: schnell, flott, rasch, geschwind, hurtig, schleunig
flüchtig: vorübergehend, kurz/auf der Flucht
Flügel: Schwingen, Fittiche/Seitentrakt/Klavier
Flur: Diele, Gang/Natur, Wald und Feld, Gefilde
flüstern: leise sprechen, wispern, raunen, tuscheln, zischen
folgen: gehorchen/resultieren, sich ergeben/nachkommen
folgendermaßen: so, auf diese Weise
folglich: demnach, daher, darum, deswegen, deshalb, infolgedessen
folgsam: gehorsam, fügsam, gefügig, ergeben, willig
fordern: verlangen, heischen, begehren
Form: Beschaffenheit, Gestalt, Aussehen/Art
fort: dahin, weg, abwesend, verschwunden/abgereist
fortfahren: fortsetzen, anknüpfen/abreisen, wegziehen
fortschrittlich: zeitgemäß, neu, modern, neuzeitlich
Fracht: Last, Ladung
fragen: erfragen, sich erkundigen, nachforschen, ausholen, Informationen einholen
fraglich: fragwürdig, unsicher, problematisch, unbestimmt
fraglos: unzweifelhaft, gewiss, sicher, bestimmt, zweifellos, unbestreitbar
Frau: Weib, Weibsbild, Dame/Gemahlin, Ehegattin
frei: unabhängig, ledig, ungebunden, ungehemmt, ungezwungen, ohne Bindung
freilich: gewiss, allerdings, natürlich, selbstverständlich
freiwillig: von sich aus, aus freien Stücken, ungeheißen, unaufgefordert
Fremder: Fremdling, Ausländer, Zuwanderer, Asylant/Feriengast, Besucher
Freude: Entzücken, Begeisterung, Glückseligkeit
freudlos: traurig, niedergeschlagen, lustlos, betrübt, schwermütig/missvergnügt
freuen, sich: fröhlich sein, lustig sein, frohlocken, heiter sein
freundlich: höflich, zuvorkommend, hilfsbereit, gefällig, nett, liebenswürdig
frevelhaft: verbrecherisch, sündhaft
Friedhof: Gottesacker, Gräberfeld

friedlich: verträglich, friedfertig / unblutig / still, ruhig
frieren: frösteln, erstarren / vereisen
frisch: neu, jung / kalt, kühl / erholt
Frist: Wartezeit, Termin / Ablaufdatum
froh: fröhlich, glücklich, gut aufgelegt, zufrieden
Frost: Kälte, Frische, Kühle
Frucht: Ertrag, Ernte / Ergebnis, Gewinn / Erfolg / Samen / Obst
fruchtlos: ergebnislos, erfolglos, nutzlos, vergeblich
früh: zeitig, frühmorgens / beizeiten
fühlen: empfinden, spüren
führen: leiten, lenken, steuern, regieren, gebieten, vorstehen
Fülle: Überfluss / Reichhaltigkeit, Dichte, Menge / Füllung
funkeln: glänzen, leuchten, gleißen, strahlen, glitzern, blinken
fürsorglich: besorgt, hilfsbereit
Futter: Nahrung, Fraß, Fressen / Rockfutter
füttern: zu fressen geben, mästen, atzen (Greifvögel)

G

gaffen: gucken, glotzen, stieren, starren
Gang: Schritt, Bewegungsweise / Weg / Speisenfolge
ganz: gänzlich, vollkommen, vollständig / heil, unzerbrochen, ungeteilt
garantieren: versichern, gewährleisten, gutstehen
Garderobe: Kleiderablage / Bekleidung
garstig: hässlich, unschön / ungehörig
Gasthaus: Wirtshaus, Schenke, Kneipe, Speisehaus, Restaurant, Gasthof
geachtet: geehrt, gewürdigt
Gebäck: Backwerk, Bäckereien / Semmeln, Brötchen, Laibchen
Gebärde: Geste, Gehaben
Gebein: Knochengerüst, Gerippe, Skelett
geben: aushändigen, austeilen, darbieten, darbringen, überbringen, ausfolgen / schenken, zueignen, bescheren, widmen, verehren, spendieren, vermachen, abtreten, stiften
gebieterisch: befehlend, herrisch, befehlshaberisch
Gebrauch: Verwendung, Benützung
gebräuchlich: üblich, Sitte, gang und gäbe, hergebracht
gebrechlich: altersschwach, greisenhaft, hinfällig
Gebrüll: Geschrei, Gekreische, Gejohle, Gezeter
gebühren: einem zustehen, zukommen, angemessen sein
Gedächtnis: Denkfähigkeit, Erinnerungsvermögen
gedankenlos: achtlos, zerstreut, unüberlegt, unbedacht

gehen: schreiten, schlendern, bummeln, spazieren, promenieren, flanieren, dahinziehen, wandern, marschieren, ausschreiten, laufen / stapfen / waten / wanken, torkeln / steigen, tänzeln, hopsen, trippeln, watscheln, stelzen, hinken, humpeln, stampfen
Geige: Violine, Fiedel
Geist: Scharfsinn, Verstand, Esprit, Intellekt / Gespenst, Phantom
Geistlicher: Kleriker, Seelsorger, Priester, Kaplan, Pfarrer, Bischof, Kardinal / Mönch, Abt, Pfaffe / Pastor, Pope
geistlos: unsinnig, sinnlos, blöde, stupid
geistreich: gescheit, klug, intelligent / sinnvoll
geizig: habsüchtig, knickerisch, knauserig, raffgierig
gekränkt: beleidigt, gedemütigt, beschämt
Geld: Zahlungsmittel / Währung / Barschaft, Vermögen, Kapital, Guthaben / Münzen, Geldscheine, Kleingeld
gelehrig: anstellig, leicht auffassend, bildungsfähig, lernbegierig, geschickt
gelenkig: beweglich, geschmeidig, gewandt
Geltung: Gültigkeit / Bedeutung, Ansehen, Einfluss
gemächlich: langsam, geruhsam, bedächtig, schwerfällig
gemeinsam: zusammen, miteinander, gemeinschaftlich, vereint, verbunden, geschlossen
genau: sorgfältig, präzise, gewissenhaft, zuverlässig / ordentlich, akkurat
genug: hinlänglich, ausreichend, genügend
Genügsamkeit: Anspruchslosigkeit, Bescheidenheit, Mäßigkeit
gerade: ungekrümmt / aufrecht / offen / jetzt, im Augenblick
geräumig: weitläufig, ausgedehnt, groß
geräuschvoll: laut, lärmend, vernehmlich, schallend, dröhnend
gereizt: reizbar, aufgeregt, erregt, heftig / aufbrausend, cholerisch
Gericht: Justiz / Speise, Gang, Essen
gering: wenig, winzig, geringfügig, unbedeutend
gern: mit Vergnügen, bereitwillig
Geruch: Duft, Aroma / Gestank / Ausdünstung
Gerümpel: Tand, Trödel, Kram
Gesäß: Hintern, Popo, Allerwertester, Arsch
Geschäft: Tätigkeit, Obliegenheit, Aufgabe / Laden, Kaufhaus, Basar / Handel, Kauf
gescheitert: missglückt, misslungen
geschlossen: versperrt, unzugänglich, zu / gemeinsam
geschmacklos: unangemessen, abgeschmackt, unpassend, kitschig / ungehörig / fade schmeckend

geschmackvoll: schön, erlesen, ausgesucht, elegant, gefällig, gewählt, schick, passend

Gesetz: Verordnung, Erlass, Bestimmung, Verfügung, Vorschrift

Gesicht: Antlitz, Visage/Physiognomie, Gesichtsausdruck, Miene

gesittet: zivilisiert, anständig, kultiviert

gesprächig: mitteilsam, redselig

gesund: wohlauf, heil/genesen/heilsam, bekömmlich

gleiten: rutschen, schlittern, schleifen

Glück: Erfolg/Segen

glücklich: zufrieden, froh, selig

Gott: der Allmächtige, Schöpfer/Jesus Christus, Heiland, Erlöser, Sohn Gottes/Jehova/Allah

Grab: Gruft, letzte Ruhestätte, Grabstätte, Grabmal, Mausoleum

Grad: Rang, Stufe/Ausmaß

gratis: umsonst, kostenlos, unentgeltlich

grausam: hartherzig, unbarmherzig, unmenschlich, roh, kaltblütig

greifen: anfassen, berühren, in die Hand nehmen, befingern, antappen

grell: hell, blendend, leuchtend/auffällig, schreiend

grinsen: feixen, schmunzeln, lächeln

grob: derb, roh, ruppig, unfein, schroff/großkörnig

groß: mächtig, riesig, hünenhaft, gewaltig, kolossal, ausgedehnt, umfangreich, umfassend/bedeutend, wichtig

Grund: Anlass, Ursache/Acker, Grundstück, Areal

gründlich: genau, erschöpfend, vollkommen

grundlos: unbegründet, aus der Luft gegriffen/bodenlos

grüßen: die Ehre erweisen/sich verbeugen, verneigen, nicken, den Hut ziehen, die Hand geben, die Hand reichen, die Hand schütteln

gut: wertvoll, gelungen, ausgezeichnet/schmackhaft, köstlich/brav, gutmütig, gütig, liebevoll/rechtschaffen

Gut: Anwesen, Landbesitz, Bauernhof/Besitz

Güte: Gutmütigkeit, Milde, Nachsichtigkeit, Gutherzigkeit/Qualität, Wert, Gediegenheit

H

haarig: behaart, bärtig/rau, borstig

haarsträubend: unfassbar, grauenhaft, grässlich, schrecklich, fürchterlich

haften: kleben, picken/bürgen, einstehen

Häftling: Sträfling, Gefangener, Zuchthäusler, Arrestant
hager: schmächtig, lang und dünn, mager
halb: die Hälfte/unfertig, unvollständig, unvollendet
halbieren: zweiteilen
hallen: schallen, gellen, ertönen, erklingen
Halt: Gleichgewicht/Stütze, Rückhalt, Festigkeit
haltbar: dauerhaft, fest
halten: anhalten, stehen bleiben, stoppen, warten/einhalten, aufhören, unterbrechen/tragen
haltlos: zügellos, hemmungslos/ohne Halt
Haltung: Verhalten, Benehmen/Fassung, Beherrschung/Körperstellung
hämmern: klopfen, schlagen, pochen, trommeln
Handel: Geschäft, Ein- und Verkauf/die Handeltreibenden, Händler
handeln: ein- und verkaufen, Geschäfte machen, vermarkten/etwas tun, unternehmen, verrichten
handlich: handgerecht, praktisch, gut zu verwenden
Handlung: Tat, Verrichtung, Vorgehen, Maßnahme/Geschäft, Laden, Warenhaus/Geschehnis (z. B. in einem Roman oder Drama)
Hang: Trieb, Neigung, Vorliebe/Abhang, Lehne, Böschung
harmlos: ungefährlich, arglos
hart: fest, steif, eisern, widerstandsfähig/gefühllos, unempfindlich, streng
Härte: Festigkeit/Widerstandskraft/Willensstärke, Gefühllosigkeit
hassen: zürnen, grollen, feindlich gesinnt sein
hässlich: unschön, widerwärtig, geschmacklos, garstig
Haube: Mütze, Kappe, Kopfbedeckung
hauen: schlagen, prügeln, dreschen
häufig: oft, öfters, vielfach, meist, wiederholt, mehrmals, vielmals, beständig, immer wieder
Haupt: Kopf, Schädel, Hirnkasten/Anführer, Oberhaupt, Vorsteher
hauptsächlich: in erster Linie, vorzüglich, besonders, vorwiegend, überwiegend, vor allem
Haus: Gebäude/Villa, Palast, Schloss, Bauernhaus, Keusche, Kate, Hütte, Einfamilienhaus/Geschlecht, Familie
hausen: wohnen, logieren, nächtigen, einquartiert sein, campieren
heften: annähen, ankleben, befestigen

heftig: stark, gewaltig/ungestüm, jähzornig
heil: gesund, unverletzt/ganz
heilen: kurieren, gesund machen, wiederherstellen
Heilmittel: Medizin, Arznei
Heim: Bleibe, Wohnung, Zuhause, Quartier, Unterkunft/Altenheim
heimlich: verborgen, versteckt, insgeheim, unter vier Augen, stillschweigend, im Verborgenen
heiß: sehr warm, sonnig, schwül/siedend, kochend/heftig, innig, leidenschaftlich
heiter: freudig, froh, munter, gut aufgelegt, gut gelaunt, lustig, fröhlich/wolkenlos, klar, sonnig
heldenhaft: tapfer, mutig, beherzt, kühn
helfen: beistehen, beispringen, unterstützen, fördern, mitarbeiten, zur Seite stehen, unter die Arme greifen/nützen
hell: licht, klar, strahlend
hemmen: hindern, aufhalten, stören, bremsen, verzögern
hemmungslos: fessellos, unbeherrscht, gierig
herankommen: heranstehlen, nahen, sich nähern
herausfordern: reizen, einen Streit vom Zaun brechen, nötigen
Herberge: Gasthof, Unterkunft, Quartier, Hotel, Motel
hereinlassen: empfangen, den Eintritt gestatten
herkömmlich: gang und gäbe, gebräuchlich
herrichten: vorbereiten, Vorkehrungen treffen
herrlich: prächtig, wundervoll, glänzend, köstlich
herrschen: regieren, walten, gebieten, lenken, das Zepter führen
hervorragend: hervorstechend, unvergleichlich, unübertrefflich, ungewöhnlich, vollendet
herzlich: innig, liebenswürdig, freundlich
herzlos: kühl, gefühllos, teilnahmslos, hart
hetzen: jagen, scheuchen, treiben/sich beeilen
heuer: in diesem Jahr
Hieb: Schlag, Streich
hierauf: dann, anschließend, danach, daraufhin
Hilfe: Beistand, Unterstützung, Schutz/Fürsprache
hilflos: wehrlos, schwach, schutzlos
hilfsbereit: zuvorkommend, gefällig
Hingabe: Aufopferung, Liebe, Anteilnahme
hingegen: im Gegensatz dazu, dagegen
hinsichtlich: bezüglich, im Bezug auf
hinten: auf der Rückseite
hintergehen: anführen, hineinlegen, täuschen

Hinterhalt: Versteck, Schlupfwinkel
Hitze: Wärme, hohe Temperatur/Sonnenglut, Schwüle
hoch: sehr groß/einflussreich
hochwertig: wertvoll, gut, qualitätsvoll
Hochzeit: Trauung, Vermählung, Verehelichung
höflich: zuvorkommend, gefällig, freundlich/gut erzogen
hohl: leer, inhaltslos/ausgehöhlt/dumpf tönend
höhnen: spotten, verlachen, necken, hänseln
höhnisch: spöttisch, ironisch, sarkastisch
hölzern: steif, ungeschickt
horchen: hinhören, lauschen, die Ohren spitzen
Horizont: Gesichtskreis, Blickfeld/Augenhöhe/Verständnis
Huld: Neigung, Wohlwollen, Gewogenheit, Geneigtheit
Humanität: Menschlichkeit, Nächstenliebe
Hund: Köter, Kläffer
hungrig: ungesättigt, mit leerem Magen
hygienisch: gesundheitsfördernd, zuträglich/gesundheitlich/rein, sauber

I

Ideal: Vorbild, Wunschtraum, Muster
immerhin: wenigstens, jedenfalls
indessen: gleichzeitig, währenddessen, inzwischen
indirekt: mittelbar, auf Umwegen
infolge: durch, wegen
Information: Auskunft, Kunde, Nachricht
innehalten: einhalten, unterbrechen, aufhören
insgesamt: zusammen, alles in allem
intelligent: klug, gescheit, begabt, rasch auffassend, scharfsinnig, schlau
interessant: wissenswert/spannend, fesselnd
Interesse: Anteilnahme, Wissbegierde/Nutzen, Vorteil
irreführen: irreleiten, verwirren, an der Nase herumführen
irren, sich: sich täuschen, fehlen, etwas falsch einschätzen
irrtümlich: versehentlich, fälschlich, aus Versehen

J

ja: gewiss, sicher/klar/bekanntlich, doch/in Ordnung
Jacke: Rock, kurzer Mantel
Jagd: Pirsch, Waidwerk/Verfolgung
jäh: plötzlich, unmittelbar, rasch, schnell
jähzornig: aufbrausend, cholerisch, leicht aufgebracht

jammern: klagen, seufzen, ächzen, wehklagen
jauchzen: jubeln, johlen, frohlocken
Jause: Vesper, Brotzeit, Zwischenmahlzeit
jedenfalls: für alle Fälle, daher
Jubiläum: Gedenktag, Jahrestag, Gedenkfeier
Jugend: Kindheit, Entwicklungsjahre/junge Leute, Jugendliche, Halbwüchsige
jung: nicht alt, jugendlich/unerfahren, grün/unverbraucht
Junge: Bursche, Bub, Knabe, Jüngling
Jux: Spaß, lustiger Streich, Scherz

K

Kabel: Leitung, Draht, Strippe
Kachel: Fliese, Steinplatte
Käfig: Zwinger, Pferch, Vogelbauer
kahl: nackt, glatt/geschoren/ohne Vegetation
kalt: kühl, frisch, frostig, winterlich, eisig/gefühllos, gleichgültig, hartherzig
Kamin: Schornstein, Rauchfang, Schlot, Esse
Kampf: gewaltsame Auseinandersetzung/Schlacht, Duell, Handgemenge, Scharmützel
kämpfen: raufen, ringen, sich balgen
kampieren: lagern, zelten, biwakieren
Kante: Rand, Ecke
Kanzlei: Schreibstube, Büro, Kontor
Kapelle: Orchester/Kirchlein
Kapital: Vermögen, Barschaft, Geld
Kapitel: Abschnitt, Teil/Gesprächsthema/Stiftsversammlung
kaputt: unbrauchbar, zerbrochen, zerschlagen, ruiniert, hin, entzwei, beschädigt, nicht betriebsfähig
karg: spärlich, armselig, kümmerlich, dürftig, dünn, schütter, unzureichend, kläglich
Karriere: Laufbahn, Werdegang, Aufstieg
Karte: Plan/Postkarte, Ansichtskarte, Visitenkarte, Speisekarte, Spielkarte
Kartoffel: Erdäpfel
Karton: Schachtel/Pappe
Karussell: Ringelspiel
kassieren: Geld einheben
Kasten: Schrein, Schrank/Truhe, Kommode, Spind
Kauf: Erwerb, Abnahme
Käufer: Kunde, Konsument, Verbraucher, Letztabnehmer

käuflich: bestechlich, untreu
Kaufmann: Händler, Handelstreibender, Geschäftsmann / Krämer, Greißler
kaum: schwerlich / selten
keck: dreist, frech, anmaßend, ungehörig, vermessen
kehren: fegen
Kehricht: Mist, Schmutz, Dreck
keimen: sprossen, sprießen, grünen, austreiben, sich entwickeln, entfalten
keineswegs: durchaus nicht, mitnichten, unter keinen Umständen
kennen: Kenntnis haben, wissen, bekannt sein
Kenntnis gelangen, zur: erfahren, zu Ohren kommen, vernehmen, hören
Kennzeichen: Merkmal, Gepräge / Marke / Insignie
kennzeichnen: kenntlich machen, bezeichnen, markieren, charakterisieren
Kerl: Kraftmensch / Lümmel, Flegel
keuchen: schnauben, schnaufen, pusten, schwer atmen
keusch: unschuldig, unberührt
Kind: Sprössling, Abkömmling, Nachkomme / Baby, Säugling, Wickelkind / Mädchen, Tochter, Sohn, Bub, Junge, Knabe
Kirche: Gotteshaus / Dom, Münster, Kathedrale / christliche Religionsgemeinschaft / Kirchenbehörde
Kiste: Kasten, Steige, Behälter
Kitsch: geschmackloses Erzeugnis, Schund
Klage: Seufzer, Schmerzensschrei, Gejammer / Anzeige, Anklage / Beschwerde
klagen: lamentieren, sich beklagen / eine Anklage erheben, anklagen, verklagen
kläglich: jämmerlich, erbärmlich
Klang: Ton, Laut, Schall, Melodie
klar: rein, durchsichtig / heiter / deutlich, verständlich / augenfällig, offensichtlich, unmissverständlich
Klassifikation: Bewertung, Beurteilung, Benotung / Einordnung, Einstufung
Klatsch: Tratsch, Gerede, Geschwätz
kleben: picken, haften, kleistern, leimen, mit einem Klebstoff befestigen
Kleidung: Gewand, Klamotten, Kleid, Dress, Uniform, Anzug, Kostüm
klein: winzig, kurz / unbedeutend, unwichtig

Kleinigkeit: Nichtigkeit, Belanglosigkeit, Bagatelle, Lappalie, Nebensächlichkeit
kleinlich: zu genau, pedantisch/engstirnig, engherzig
klettern: klimmen, hochsteigen, kraxeln, besteigen
Klima: Witterung, Temperatur, Wetter
Klingel: Türglocke, Schelle, Läutwerk
klingen: tönen, schallen, erklingen
klirren: scheppern, klappern
Klosett: WC, Abort, Toilette, Abtritt, Latrine
klug: gescheit, scharfsinnig, geistreich, vernünftig, intelligent, schlau
knapp: eng/gerade noch, annähernd
knauserig: geizig, knickerisch
knechten: unterjochen, unterdrücken, tyrannisieren
knoten: verknoten, verknüpfen, zusammenbinden, verschnüren
kochen: sieden, brodeln/Speisen zubereiten/braten, rösten, dünsten, backen, dämpfen
Komfort: Bequemlichkeit, Annehmlichkeit
komisch: possierlich, ergötzlich/seltsam, sonderbar, eigenartig, eigentümlich
kommen: eintreffen, einlangen, sich nähern, ankommen
komplett: abgeschlossen, vollständig
kompliziert: schwierig, verwickelt, verzwickt
Kompromiss: Mittelweg, Ausgleich
Konferenz: Beratung, Besprechung, Unterredung, Sitzung
können: vermögen, imstande sein, die Macht haben
Kontakt: Anschluss, Verbindung, Berührung, Begegnung
Kopf: Haupt, Schädel, Birne/Anführer
Kopie: Nachbildung, Abschrift, Zweitschrift, Duplikat
Körper: Leib, Rumpf/Materie, Stoff, Substanz, Gegenstand
Kost: Speise, Essen/Verköstigung, Verpflegung
kostbar: wertvoll, teuer/vortrefflich, herrlich
Kosten: Auslagen, Unkosten, Spesen
köstlich: schmackhaft, delikat, lecker, wohlschmeckend, aromatisch/erlesen, prächtig, bezaubernd, wunderbar, einmalig, einzigartig, wunderschön, zauberhaft
Kot: Schlamm, Moder, Schmutz, Dreck, Unrat, Exkremente
Kraft: Stärke, Energie, Gewalt/Fähigkeit, Vermögen
krampfhaft: stoßweise, überstürzt/übereifrig
krank: siech, leidend, süchtig, marode/bettlägerig, dienstunfähig, erholungsbedürftig
kränken: beleidigen, verletzen, betrüben, demütigen

krankhaft: nicht normal, abwegig
Krankheit: Leiden, Übel, Beschwerden
kratzen: reiben, ribbeln, scharren
Kreuz: Übel, Elend
Kreuzung: Übergang, Weggabelung, Straßenecke/Mischung, Vermengung
kriecherisch: devot, unterwürfig, ergeben
krumm: nicht gerade, gewunden/verunstaltet
Kuchen: Mehlspeise, Torte, Backwerk
Kummer: Sorge, Betrübnis
Kunde: Kenntnis, Nachricht/Kundschaft, Käufer
kundmachen: verlautbaren, verkündigen, bekannt geben
künftig: von nun an, in Zukunft, von jetzt an, hinfort
künstlerisch: kunstvoll, meisterhaft
Kur: Heilbehandlung
kurios: sonderbar, merkwürdig, seltsam
Kurve: Krümmung, Biegung, Kehre
kurz: knapp/flüchtig, schnell/klein
kurzem, vor: kürzlich, unlängst, letzthin, neulich
Kuss: Schmatz, Busserl
Küste: Ufer, Strand, Gestade

L

laben: erfrischen, erquicken
lachen: kichern, schmunzeln, lächeln, frohlocken
Laden: Brett, Latte, Bohle/Geschäft
Lager: Liegestatt, Bett/Camp, Rastplatz/Speicher, Magazin/Warenvorrat
lahm: bewegungsunfähig/kraftlos
Lampe: Laterne, Leuchte, Ampel, Lichtquelle, Kandelaber
Land: Boden, Grund, Acker, Feld, Erde/Gebiet, Staat/Festland
lang: ausgedehnt, langgestreckt/dauernd
langatmig: weitschweifend, ausholend
langsam: nach und nach, zögernd, allmählich
längst: seit langem, seit längerer Zeit
langweilig: fad, eintönig/uninteressant
Lärm: Getöse, Gepolter, Krach, Krawall, Gedröhn
lärmen: tosen, dröhnen, schreien, kreischen, johlen, poltern, trommeln, knallen, rattern, rumpeln, Krach schlagen, krachen
lau: mild, lind/gleichgültig, unentschieden
laufen: rennen, eilen, stürmen/funktionieren
Laune: Marotte, Schrulle

launenhaft: launisch, inkonsequent, unbeständig
laut: lärmend, vernehmlich, schallend, geräuschvoll, tosend
Laut: Ton, Klang, Schall
läuten: klingeln, schellen
leben: existieren / atmen / wohnen
Lebensmittel: Esswaren, Verpflegung, Proviant, Nahrungsmittel
lebhaft: lebendig, aufgeweckt, munter, übermütig, unruhig
ledig: unverheiratet, unvermählt, frei / los
leer: leer stehend, ohne Inhalt, ausgeräumt, inhaltslos
lehren: unterrichten, unterweisen, anlernen, anleiten, schulen, jemandem etwas beibringen
Lehrer: Pädagoge, Professor, Schulmeister
lehrreich: instruktiv, interessant
Leib: Rumpf, Körper
leicht: von geringem Gewicht / mühelos, einfach, ohne Schwierigkeit, unschwer
leichtfertig: flüchtig, unbedacht, sorglos
Leid: Schmerz, Gram, Kummer
leiden: erdulden, ertragen, über sich ergehen lassen / gestatten
leihen: borgen, entlehnen, mieten
Leine: Seil, Tau, Strick, Schnur, Spagat
leise: geräuschlos, still, kaum hörbar, piano / sachte, zart
leisten: etwas vollbringen, fertig bringen, zu Wege bringen, zu Stande bringen, verrichten, können
leiten: führen, lenken, steuern, dirigieren / vorstehen
Leiter: Direktor, Chef, Vorstand / Gerät mit Sprossen, Steighilfe
Lektüre: Lesestoff, Schriftgut, Bücher
lernen: studieren, einüben, büffeln, stucken
lesen: buchstabieren, entziffern / Wein ernten (Weinlese)
letzthin: kürzlich, neulich, vor kurzem
leuchten: scheinen, schimmern, strahlen, blinken
leugnen: abstreiten, nicht zugeben, nicht eingestehen, in Abrede stellen
Licht: Schein, Glanz / Helligkeit
lieb: lieblich, hübsch, herzig, reizend / liebenswürdig, zuvorkommend / angenehm
Liebe: Zuneigung, Gunst / Erotik
lieben: gern haben, mögen, zugetan sein / etwas gerne tun
liebevoll: zärtlich, herzlich, gütig, wohlmeinend
lieblos: kaltherzig, hart, böse
Lied: Gesang, Chanson, Schlager, Arie, Weise / lyrisches Gedicht
liederlich: leichtsinnig, verschwenderisch

lindern: stillen, mäßigen, dämpfen
Linie: Strich, Gerade / Bahnlinie
Liste: Tabelle, Verzeichnis
listig: pfiffig, durchtrieben, schlau, raffiniert, gewiegt
Lob: Beifall, Zustimmung
loben: preisen, rühmen, huldigen
Lohn: Gehalt, Bezahlung, Entschädigung, Sold, Gage
Los: Schicksal / Anteil / Gewinnschein
lose: ohne Zusammenhang, unverbunden, losgelöst / leichtfertig, frech
lösen: entbinden, entfesseln, losmachen / enträtseln, erschließen
Lösung: Resultat, Ergebnis / Flüssigkeit
lückenlos: zusammenhängend, lückenlos, geschlossen
luftig: leicht, ätherisch, duftig
Lüge: Unwahrheit, unwahre Behauptung, Falschmeldung
lügen: die Unwahrheit sagen, anschwindeln, flunkern, Tatsachen entstellen, den Leser manipulieren, die Wahrheit verfälschen, verdrehen, irreführen
Lust: Wohlgefühl, Annehmlichkeit / Verlangen, Begehren
lustig: ulkig, spaßig, drollig, fröhlich / fidel, gut aufgelegt, ausgelassen

M

machen: tun, ausführen, verrichten / herstellen, erzeugen, fabrizieren
Macht: Stärke, Einfluss, Geltung / Gewalt
Machthaber: Herrscher, Regierende / Tyrannen, Diktatoren
mächtig: gewaltig, groß / stark / einflussreich
Mädchen: Mädel, Dirndl, Göre, Fräulein
mager: dünn, ausgehungert, abgemagert / dürftig, gering
Mahl: Gericht, Essen, Imbiss, Stärkung, Schmaus
mahlen: zerkleinern, pulverisieren
Mahlzeit: Essenszeit, Mittagszeit
mahnen: erinnern / rügen, tadeln
Mais: Kukuruz
makellos: einwandfrei, tadellos, vollkommen
Mal: Monument / Merkmal, Kennzeichen
malen: pinseln, bemalen / anstreichen
manchmal: mitunter, dann und wann, zuweilen, gelegentlich, hin und wieder, ab und zu
Mangel: Nachteil, Fehler / Not
mangelhaft: unvollkommen, fehlerhaft

Mann: Mannsbild, Herr, Bursche, Greis / Gatte, Gemahl, Ehemann
mannigfaltig: verschieden, vielförmig, abwechslungsreich
Mantel: Überrock, Umhang
Marille: Aprikose
markant: hervorstechend, kennzeichnend
Marsch: Wanderung, Ausflug / Marschlied
Marter: Qual, Pein, Folter
Maske: Larve, Verkleidung / Schein, Vorwand, Deckmantel
Masse: Menge, Fülle / Haufen
massenhaft: unerschöpflich, zahlreich, häufig
maßgebend: kompetent, ausschlaggebend
massig: klobig, plump / robust
Mäßigung: Beschränkung, Zurückhaltung, Enthaltsamkeit
maßlos: übermäßig, riesig, immens, enorm / übersteigert, schrankenlos
Material: Stoff, Substanz / Unterlagen
matt: erschöpft, kraftlos, schwach / blind, glanzlos
Mauer: Wand / Schranke
Medizin: Heilkunde / Heilmittel, Arznei, Medikament
mehrere: einige, etliche, diverse, eine Anzahl, ein paar
meiden: ausweichen, aus dem Weg gehen, nicht mögen
meinen: mutmaßen, vermuten, denken, glauben, der Ansicht sein
meinetwegen: meinethalben, von mir aus, meinetwillen
Meinung: Ansicht, Dafürhalten, Erachten
meist: meistens, in der Regel, gewöhnlich, vorwiegend, hauptsächlich, fast immer
meisterhaft: hervorragend, erstklassig, vortrefflich
melden: mitteilen, berichten, anzeigen
Melodie: Singweise / Lied
Menge: Masse, Schar, Fülle, Schwall, Haufen, Schwarm, Quantum
Mensch: Erdenbürger, Individuum
menschlich: menschenwürdig, human
merken: im Gedächtnis behalten
merkwürdig: sonderbar, eigenartig
meutern: sich auflehnen, empören, widersetzen, streiken
Miete: Mietzins, Pacht
mild: lau, lind / nachsichtig, gütig
mildern: lindern, mäßigen / trösten, besänftigen
minderjährig: unmündig, jugendlich

Minderwertigkeitsgefühl: Komplex, Hemmung, Angst, Selbstzweifel
mindestens: wenigstens, zumindest
Mischung: Vermengung, Melange
missachten: gering schätzen, keine Notiz nehmen, verachten
Misserfolg: Fehlschlag, Versagen, Fiasko, Schiffbruch, Missgeschick, Pech
missglücken: fehlschlagen, scheitern, misslingen
Missgunst: Abneigung, Neid
misshandeln: quälen, peinigen, foltern
misstrauen: argwöhnen, Verdacht schöpfen, bezweifeln
Mist: Dung, Kompost, Unrat, Schmutz, Dreck, Müll
Mitgift: Ausstattung, Aussteuer, Heiratsgut, Brautschatz
mithin: folglich, also
Mitleid: Mitgefühl, Erbarmen, Teilnahme
mitteilsam: gesprächig, schwatzhaft, redselig
Mittel: Werkzeug, Behelf, Handhabe/Vermögen, Geld/Durchschnitt
mittelmäßig: durchschnittlich, leidlich
mittlerweile: inzwischen, währenddessen, einstweilen
Mitwirkung: Teilnahme, Unterstützung
mögen: wollen, wünschen, lieben/gern haben
möglich: denkbar, wahrscheinlich/erfüllbar, erreichbar
möglicherweise: vermutlich, wahrscheinlich, allenfalls
Moral: Sittenlehre, Sittlichkeit, Ethos
Mord: Bluttat, Attentat, Mordanschlag
Morgen: Tagesanbruch, Frühe, Morgenstunde, Sonnenaufgang
morgens: in der Frühe, zeitig am Tag, bei Tagesanbruch
müde: abgespannt, matt, schlaff, abgearbeitet, erschöpft
Mühe: Anstrengung, Plage, Strapaze, Mühsal
mühelos: leicht, spielend, ohne Schwierigkeit
mühevoll: anstrengend, beschwerlich, aufreibend
mühsam: mühevoll, mühselig, anstrengend, strapaziös
Mund: Maul, Schnabel, Schnauze, Klappe
munter: wach, frisch, quicklebendig/aufgewacht
mürrisch: verdrossen, griesgrämig, missmutig, übellaunig
Muße: Freizeit/Ruhe
müssen: gezwungen sein, vor die Notwendigkeit gestellt sehen, nicht anders können
Mut: Tapferkeit, Kühnheit, Beherztheit, Furchtlosigkeit, Unerschrockenheit, Wagemut, Mumm, Schneid, Courage, Tollkühnheit

mutig: tapfer, beherzt, unerschrocken, kühn, verwegen, heldenhaft, draufgängerisch, heldenmütig
mutlos: ängstlich, feige, kleinmütig / schüchtern
mutwillig: aus Übermut, absichtlich

N

nach und nach: langsam, sukzessive, zögernd, allmählich
Nachahmung: Kopie, Imitation, Nachbildung
Nachbar: Anrainer
nachdenken: überlegen, nachsinnen, erwägen
nachdenklich: gedankenvoll, versonnen
Nachdruck, mit: mit Bestimmtheit, Entschiedenheit
nachfragen: sich erkundigen, nachforschen, recherchieren, auskundschaften
nachgeben: locker lassen / folgen, gehorchen, sich beugen, resignieren, erweichen lassen
nachher: später, danach, hernach, hinterher, im Anschluss daran
Nachlass: Preisnachlass, Ermäßigung, Rabatt, Skonto / Erbschaft
nachlässig: schlampig, oberflächlich, flüchtig, unsorgfältig / sorglos
Nachricht: Mitteilung, Meldung, Lebenszeichen
nachsichtig: verzeihend, gütig
nächstens: demnächst, bald, in Kürze, in absehbarer Zeit
nachweisen: bezeugen, beweisen, dokumentieren, beurkunden
nackt: bloß, entblößt, unbekleidet, unverhüllt / unbehaart
nahe: nächst, benachbart, dicht dabei, unweit
Nähe: Umkreis, Nachbarschaft
nähren: essen, füttern, bewirten, auftischen / stillen
nahrhaft: kräftigend, von großem Nährwert, kalorienreich
namentlich: besonders, vor allem, vorzüglich, vornehmlich, hauptsächlich, speziell
naschen: kosten, schlecken, lecken
nass: feucht, durchnässt, betaut, triefend nass, wässrig
natürlich: naturgemäß, ursprünglich, ungekünstelt, der Natur entsprechend / naturgetreu / selbstverständlich, selbstredend, ja
neben: bei, in der Nähe, nahe von
nebeneinander: Seite an Seite, parallel
nebensächlich: unwichtig, belanglos, unbedeutend, unwesentlich
necken: narren, aufziehen, hänseln, foppen, sich lustig machen
nehmen: zulangen, danach fassen, schnappen, packen, ergrei-

fen, wegnehmen, stehlen/enteignen
nennen: heißen, rufen, namhaft machen, nominieren, benennen
nervös: unruhig, überreizt, kribbelig/nervenkrank, neurotisch
nett: sauber, rein, adrett, ordentlich/zuvorkommend, liebenswürdig
neu: frisch, unbenützt, ungebraucht
Neuerung: Neuheit, Novität/Veränderung, Verbesserung
Neugierde: Wissensdurst, Wissensdrang, Interesse
neugierig: erwartungsvoll, wissbegierig, gespannt
neulich: kürzlich, letzthin, unlängst
nichtig: bedeutungslos, nichtssagend, wertlos, wirkungslos/ungültig
nichtswürdig: erbärmlich, charakterlos, niederträchtig, schändlich
nie: niemals, zu keiner Zeit, in keinem Fall
Niederlage: Schlappe, Misserfolg/Filiale, Niederlassung, Zweigstelle
niemand: keiner
nochmals: abermals, neuerlich, von neuem, aufs Neue, noch einmal
Not: Notlage, Elend, Entbehrung, Mangel/Bedrängnis, Gefahr
notdürftig: mangelhaft, ungenügend, kärglich/provisorisch
notgedrungen: zwangsweise, unfreiwillig
notwendig: nötig, unvermeidlich, unerlässlich, erforderlich
nun: jetzt, derzeit, momentan, gegenwärtig
nur: bloß
Nutzen: Vorteil/Gewinn, Profit
nützlich: nutzbringend, förderlich, ersprießlich, brauchbar, lohnend, gewinnbringend

O

oben, nach: empor, hinauf
oberflächlich: äußerlich/flüchtig
oberhalb: darüber, darauf
obgleich: obwohl, obschon, obzwar, wenngleich
offen: aufrichtig, rückhaltlos, unverhohlen/unversperrt, geöffnet
offenkundig: anscheinend/offenbar, deutlich erkennbar
öffnen: aufmachen, aufschließen, aufsperren, aufbrechen/entkorken
Öffnung: Loch, Lücke/Eingang, Durchlass, Tür
ohne: ausgenommen, ausschließlich, abzüglich
ohnedies: ohnehin, sowieso

Ohnmacht: Schwäche, Machtlosigkeit, Unfähigkeit/Bewusstlosigkeit
opfern: spenden, geben/verzichten
Orange: Apfelsine, Pomeranze
Orden: Auszeichnung, Ehrenzeichen/Bruderschaft/klösterliche Gemeinschaft
ordinär: unanständig, gewöhnlich, unartig
ordnen: regeln, in Ordnung bringen, regulieren, einrenken, bereinigen
orientieren: sich zurechtfinden
originell: eigenartig, neu
Ort: Ortschaft, Flecken, Dorf, Siedlung, Gemeinde, Niederlassung/Örtlichkeit, Stelle, Platz/Punkt
oval: länglich, langrund

P

paarweise: zu zweit
packen: einräumen, einpacken/anfassen, ergreifen
packend: ergreifend, spannend, faszinierend, interessant
Panzerschrank: Geldschrank, Safe, Tresor
parallel: gleichlaufend
parken: abstellen, halten
Passagier: Fahrgast, Reisender
passen: stimmen, sitzen, sich eignen, entsprechen/auf etwas warten, harren, lauern
Pech: Harz/Teer/Unglück
peinlich: unangenehm, ärgerlich
Pension: Ruhegenuss, Rente, Pfründe/Ruhestand/Hotel, Gasthof, Unterkunft
persönlich: eigenhändig/unsachlich, subjektiv
Pfahl: Pfosten, Pflock, Pilote, Pfeiler
Pferd: Ross, Gaul, Klepper/Hengst, Stute, Fohlen, Füllen/Schimmel, Fuchs, Rappe
pflegen: betreuen, hüten, versorgen, warten
Pflicht: Aufgabe, Schuldigkeit, Obliegenheit
pflügen: ackern, die Erde umbrechen, das Feld bestellen
Pfütze: Pfuhl, Lacke
Phantasie: Vorstellungskraft, Einbildungskraft, Anschauungsvermögen
plagen: abmühen, sich anstrengen, abrackern
Plan: Landkarte, Skizze/Absicht
planen: beabsichtigen, etwas vorhaben, projektieren

plastisch: räumlich, körperlich
platt: flach, breit gedrückt/abgedroschen, nichtssagend/verblüfft
Platz: Stelle, Ort/Fläche/Sitzplatz
platzen: zerspringen, bersten, explodieren
plaudern: schwatzen, tratschen, sich unterhalten
plötzlich: auf einmal, jählings, unversehens
plump: grob, derb, unbeholfen, schwerfällig
plündern: ausrauben
Polizist: Schutzmann, Wachmann, Polizeibeamter
Polster: Kissen
Posten: Anstellung, Arbeit/Wache/Partie
Pracht: Glanz, Prunk, Gepränge
prächtig: prunkvoll, pompös, imposant, wunderschön/glänzend
prahlen: protzen, angeben, sich brüsten, großtun, flunkern
praktisch: handlich, brauchbar
predigen: ermahnen, einschärfen
Preis: Kosten, Tarif, Wert
preisgeben: ausliefern, fahren lassen, frei geben
prellen: betrügen, beschwindeln/stauchen
prima: erstklassig, hervorragend, einzigartig
Programm: Spielplan, Vortragsfolge
prompt: sofort, gleich, rechtzeitig, unverzüglich, postwendend
protestieren: Einspruch erheben, sich verwahren
prüfen: abfragen, abhören, examinieren/überprüfen, kontrollieren, mustern
Prügel: Hiebe, Schläge
prügeln: verhauen, schlagen, versohlen, verbläuen
pünktlich: rechtzeitig, zur vereinbarten Zeit, auf die Minute genau

Q

Qual: Pein, Schmerz, Tortur, Drangsal, Martyrium
quälen: peinigen, martern, wehtun, foltern, Schmerz bereiten, schikanieren
Qualität: Güte, Wert, Beschaffenheit
Qualm: Rauchschwaden
Quelle: Born, Brunnen/Ursprung, Anfang
quer: schräg, entgegengesetzt
quetschen: einklemmen, zusammendrücken, zusammenpressen
Quirl: Sprudler

R

rachsüchtig: nachtragend, feindselig, unversöhnlich
radikal: rücksichtslos, unbeugsam / gründlich
raffen: an sich reißen, einheimsen, hamstern, etwas schnappen, sich bemächtigen
Rahm: Obers, Sahne
Rand: Saum, Einfassung, Kante
Rang: Dienstgrad, Stellung / Einfluss, Geltung / Theaterrang
rasend: wütend, besessen
Rast: Ruhepause, Aufenthalt, Halt
rasten: verschnaufen, ausruhen, verweilen, halten, pausieren, ausspannen
rastlos: fieberhaft, ruhelos, geschäftig, rührig, unermüdlich, eifrig
Rat: Ratschlag, Tipp, Wink, Fingerzeig, Hinweis, Hilfe / Ausweg / Hofrat (Titel)
raten: mutmaßen, enträtseln / einen Rat erteilen, etwas nahe legen, empfehlen
ratlos: verlegen, unentschieden, schwankend, unentschlossen
ratsam: empfehlenswert, klug
rätselhaft: unergründlich, geheimnisvoll, schleierhaft, unklar, unbegreiflich, mysteriös
rau: nicht glatt, uneben / grob, derb / barsch, schroff / belegt (Stimme)
rauchen: qualmen, paffen
Rauchfang: Schornstein, Kamin, Schlot, Esse
räumen: weggeben, fortschaffen / Ordnung schaffen
Rausch: Schwips, Trunkenheit, Dusel
reisefertig: marschbereit, abfahrtbereit, startbereit, gerüstet
reisen: fortfahren, fortziehen
reiten: zu Pferde sitzen, im Sattel sitzen / traben, galoppieren
Reiz: Verlockung, Anziehungskraft, Charme, Zauber
reizen: herausfordern, aufstacheln, provozieren
Reklame: Werbung, Propaganda
resch: knusprig, frisch
Rest: Überbleibsel, Rückstand, Bodensatz, Rudiment
retten: in Sicherheit bringen, bergen, erlösen, bewahren
reuig: reumütig, bußfertig, bedauerlicherweise
richten: in Ordnung bringen, reparieren, instand setzen / urteilen
richtig: nicht falsch, der Lage entsprechend, in Ordnung
riechen: schnüffeln, wittern, schnuppern / duften / stinken
Riese: Koloss, Hüne, Gigant

riesig: übergroß, ungeheuer, gewaltig, gigantisch, kolossal, überdimensioniert
ringen: raufen, balgen / kämpfen
ringsum: auf allen Seiten, in jeder Richtung, überall, rundherum
Rinne: Rille, Furche, Nut
ritterlich: zuvorkommend, galant, wohlerzogen
ritzen: kratzen, einkerben
Rock: Kittel, Schoß / Sakko, Jacke, Janker
roden: urbar machen, abholzen
roh: herzlos, kaltblütig, rücksichtslos, brutal, grausam, ungesittet, rüpelhaft / nicht gekocht
rollen: purzeln, kollern, kugeln, wälzen
Rubrik: Spalte, Abschnitt
Rückfall: Verschlechterung, Verschlimmerung
Rückhalt: Hilfe, Förderung, Stütze, Unterstützung
Rückkehr: Heimkehr, Rückkunft
ruckweise: stoßweise, ruckartig, schrittweise
Ruf: Ausruf, Schrei / Leumund, Renommee / Berufung / Ruhm
Rüge: Tadel, Verweis, Verwarnung, Mahnung
Ruhe: Bewegungslosigkeit, Tatenlosigkeit, Untätigkeit / Frieden / Stille
ruhelos: unbeständig, unruhig, umtriebig
ruhig: ohne Hast, bedachtsam, gemessen / regungslos / friedlich, still
rührend: ergreifend
rumpeln: poltern
runzelig: faltig, schrumpelig
rüstig: kräftig, gut erhalten
rutschen: gleiten
rutschig: schlüpfrig, glatt

S

Sache: Ding, Gegenstand, Objekt / Angelegenheit, Fall, Sachverhalt
sachlich: objektiv, unpersönlich, vorurteilslos, unbefangen
sachte: sanft, behutsam, vorsichtig
Saft: Soße, Tunke / Getränk, Flüssigkeit
sagen: sprechen, meinen, mitteilen, sich äußern, bemerken, erzählen, berichten, melden, eröffnen, erklären / antworten, entgegnen, widersprechen, erwidern / schreien, rufen / flüstern, wispern, murmeln, stottern
salopp: lässig, ungezwungen

sammeln: zusammentragen, anhäufen / sich konzentrieren
Samstag: Sonnabend, Wochenende, Weekend, Sabbat
samt: mit, mitsamt, einschließlich
satt: gesättigt, voll / intensiv
Säufer: Trinker, Trunkenbold, Besoffener, Alkoholiker, Schnapsbruder
säugen: stillen, die Brust geben
Schaden: Verlust, Nachteil, Schlag / Motorschaden, Panne
schadhaft: abgenützt, beschädigt, schäbig, reparaturbedürftig, mangelhaft
schädlich: abträglich, giftig, schlecht, gesundheitswidrig
schaffen: hervorbringen, vollbringen, zustande bringen, machen, können
schal: fade, geschmacklos / nichtssagend
schämen, sich: sich genieren / Reue empfinden
schamlos: sittenlos, unanständig, obszön, schlüpfrig
Schande: Beschämung, Skandal, Blamage
schändlich: niederträchtig, arg, abscheulich, beschämend
scharf: ätzend, beißend, gepfeffert / geschliffen, scharfkantig / genau, deutlich
schätzen: begutachten, bewerten, abwägen / vermuten / jemanden verehren
schauen: hinsehen, blicken, ausblicken, Ausschau halten, spähen, beobachten / starren, glotzen, gucken
Schaufel: Schippe, Spaten
Schaukel: Hutsche, Wippe
schäumen: wallen, brausen, sieden, sprudeln / wüten
Schein: Anschein / Trug, Täuschung, Vorspiegelung / Helligkeit, Licht / Bescheinigung, Bestätigung / Banknote, Geldschein
scheinheilig: heuchlerisch, frömmlerisch
Schelm: Schalk, Schlingel, Strick, Narr / Spaßmacher, Clown
schelten: tadeln, rügen, schimpfen, Vorwürfe machen
schenken: geben, spenden, spendieren, verehren, überlassen, zum Präsent machen
scherzen: spaßen, belustigen, erheitern
scheuen: ängstigen, bangen, sich fürchten / sich sträuben
Scheune: Stadel, Schütte, Tenne, Speicher
schicken: senden, zukommen lassen, übermitteln / sich gehören, ziemen
schicklich: angemessen, passend, geziemend, gebührlich
Schicksal: Geschick, Fügung, Bestimmung, Los, Vorsehung
schief: schräg, geneigt, überhängend, abschüssig / verdreht, falsch

schießen: knallen, feuern
Schiff: Dampfer, Boot, Jacht, Segelschiff, Ozeanriese
schildern: darstellen, ausmalen, beschreiben, vor Augen führen
schlafen: schlummern, duseln, dösen, träumen, einnicken
schlaff: schlapp, energielos, weich
schlagen: besiegen, übertreffen / pulsieren / prügeln, hauen
Schlagwort: Parole, Slogan
Schlamm: Schlick, Morast, Matsch, Kot
schlampig: nachlässig, ungenau, unsorgfältig, unordentlich
schlau: gerieben, durchtrieben, erfinderisch, listenreich, raffiniert, pfiffig, abgefeimt, gewiegt, klug
schlecht: unbrauchbar / ungenießbar / gefährlich, schlimm, minderwertig, verdorben, unmoralisch, böse, gemein, falsch
schleifen: schärfen / glätten, schmirgeln
Schliche: Winkelzüge, Kunstgriffe, Kniffe / Ränke, Intrigen
schlichten: beilegen, befrieden / aufeinander legen, stapeln
schließen: zumachen, versperren, zuschrauben / beenden, aufhören / folgern, ableiten
schließlich: endlich, zu guter Letzt, am Ende, zum Schluss
schlimm: unartig, ungezogen, unfolgsam / boshaft, böse, schlecht / unangenehm, beunruhigend
Schlund: Gurgel, Kehle, Speiseröhre
Schluss: Folgerung, Konsequenz / Ende
schmackhaft: wohlschmeckend, köstlich, lecker, delikat
schmeicheln: schöntun, Komplimente machen / kosen
schmelzen: zerrinnen, zergehen, flüssig machen, verflüssigen
schmerzen: Schmerzen haben, wehtun, stechen, brennen
schmerzhaft: qualvoll, schmerzend, unerträglich
schmerzlich: bitter, unangenehm / ärgerlich
schmiegsam: geschmeidig, weich, biegsam, flexibel, elastisch / anpassungsfähig, gefügig
schmieren: ölen, fetten / unleserlich schreiben / bestechen
Schmuck: Zierde, Verschönerung, Dekoration, Aufputz, Schmuckstück / Geschmeide
schmücken: verschönern, dekorieren, zurechtmachen, sich herausputzen
Schmutz: Kot, Kehricht, Staub, Dreck, Mist, Unrat
schmutzig: unrein, ungewaschen, fleckig, staubig, schmierig / unanständig
schnappen: erwischen, fangen, fassen / beißen
schneiden, sich: sich täuschen, irren, die Erwartungen nicht erfüllt sehen

schnell: rasch, flott, blitzartig, im Nu, sogleich, unverzüglich, sofort, geschwind, umgehend, hurtig, rasant
Schnelligkeit: Geschwindigkeit, Raschheit, Eile/Zeitspanne
Schnuller: Sauger, Lutscher, Luller
Schnur: Bindfaden, Spagat, Kordel, Seil, Tau
schön: hübsch, gefällig, lieb, schmuck, sauber, herzig/formvollendet, prächtig, bezaubernd
schonend: rücksichtsvoll, schonungsvoll, behutsam
Schönheit: Wohlgestalt, Anmut, Grazie, Liebreiz/Pracht
schonungslos: erbarmungslos, rücksichtslos
schrankenlos: unermesslich, unbegrenzt
schrecklich: entsetzlich, fürchterlich, grauenhaft, grässlich, abscheulich
schreien: rufen, brüllen, plärren, grölen
schrumpfen: sich zusammenziehen, eingehen
Schubkarren: Scheibtruhe
schüchtern: befangen, gehemmt, unsicher, ängstlich
Schuld: Fehler/Verbindlichkeit, Rückstände
Schuldgefühl: Gewissensbisse, Schuldbewusstsein
Schule: Lehranstalt, Erziehungsanstalt, Volksschule, Hauptschule, Berufsschule, Fachschule, Mittelschule, Gymnasium, Hochschule, Universität
Schurke: Lump, Taugenichts, Gauner
Schüssel: Terrine/Napf
Schutt: Geröll, Schotter, Steinbrocken
schütteln: beuteln, rütteln
schütten: gießen, ausleeren, einfüllen/stark regnen
Schutz: Sicherheit, Obhut, Zuflucht, Verteidigung, Schirm
schützen: hüten, sichern, bergen, bewahren, schirmen, in Schutz nehmen, verteidigen
schwach: kraftlos, marklos, machtlos, ohnmächtig, verweichlicht, gebrechlich, entkräftet, zart/unkenntlich, unbedeutend
Schwäche: Unvermögen/Nachgiebigkeit/Gebrechlichkeit
schwachsinnig: blöde, idiotisch, vertrottelt, debil, hirnverbrannt
schwankend: torkelnd/unentschlossen, unsicher
schweigen: still sein, stumm bleiben, stillschweigen, verstummen, den Mund halten
schweigsam: wortkarg, verschlossen, still
schwer: gewichtig/schwierig, mühevoll, problematisch/schwer wiegend, wichtig
schwerfällig: träge, plump, behäbig, ungeschickt/schwer begreifend

Schwermut: Trübsinn, Melancholie
Schwindel: Taumel / Täuschung, Betrug
schwindeln: schummeln, mogeln, hintergehen
schwitzen: transpirieren, in Schweiß gebadet sein
schwören: beeiden, beteuern, geloben
seelenruhig: kaltblütig, unerschütterlich, gelassen
sehen: bemerken, erblicken, erspähen, wahrnehmen, gewahren, beachten, erkennen, sichten, be-obachten, mustern, schauen, hinschauen
sehr: ungemein, außerordentlich, höchst, ganz besonders, überaus, grenzenlos, über alle Maßen
seither: seit dieser Zeit, seit damals, von da an, seitdem
selbst: persönlich, eigenhändig
selbstständig: unabhängig, autonom
Selbstbeherrschung: Besonnenheit, Haltung, Selbstdisziplin, Fassung
selbstverständlich: selbstredend, ohne Frage, gewiss, zweifellos, natürlich
selten: vereinzelt, rar, spärlich, sporadisch, manchmal, hie und da, zuweilen, ab und zu
seltsam: sonderbar, eigenartig, wunderlich, befremdlich, außergewöhnlich
Senne: Almer, Schwaiger, Almhirt
sensibel: feinfühlend, empfindsam
separat: einzeln, gesondert, abgetrennt, extra
sesshaft: wohnhaft, ansässig, zu Hause
sicher: in Sicherheit, geborgen, geschützt, gesichert, außer Gefahr / bestimmt, gewiss, zweifelsohne, sicherlich / zuverlässig
Sieg: Erfolg, Triumph, Treffer, Gewinn, bestes Ergebnis
simpel: läppisch, einfältig
sinnlos: unsinnig, töricht, albern
sinnvoll: zweckmäßig, praktisch
sittenlos: unsittlich, unmoralisch, verdorben, lasterhaft
sittsam: brav, anständig, tugendhaft / keusch
skizzieren: entwerfen, zeichnen
so: in dieser Art, folgendermaßen / also, solch
soeben: kürzlich, gerade, vorhin
sofort: sogleich, gleich, im Augenblick, im Handumdrehen, auf der Stelle, stracks, unverzüglich, schnell
sogar: auch, selbst
solide: anständig / fest, massiv, haltbar, gediegen
somit: mithin, also, sonach, daher, darum

sonderlich: besonders / sehr
sonst: außerdem, ferner
Sorge: Besorgnis, Angst
sorgfältig: genau, bedächtig, präzise
sozusagen: gewissermaßen, gleichsam, quasi
spannend: mitreißend, atemberaubend, dramatisch, hoch interessant
sparen: sparsam sein, kargen, geizen, haushalten / etwas zurücklegen
spärlich: gering, wenig
sparsam: bescheiden, genügsam, wirtschaftlich
Spaß: Scherz, Schabernack, Jux, Narretei, Witz, Ulk / Zeitvertreib, Vergnügen
Spiel: Zeitvertreib, Unterhaltung / Theateraufführung / Sportveranstaltung / Musik
spielen: sich unterhalten, zerstreuen / wetten / musizieren
Spott: Hohn, Stichelei / Ironie
sprechen: reden, schnattern, quatschen, schwätzen, quasseln, ratschen, klatschen, plaudern, plauschen / flüstern, murmeln, wispern / stammeln, stottern
springen: hüpfen, hopsen, tanzen
spröde: brüchig, zerbrechlich / zimperlich, abweisend
Spuk: Gespenst, Erscheinung, Geist
stämmig: kräftig, derb, robust
standhaft: fest / unnachgiebig, aufrecht
ständig: immer, stets, alleweil, allezeit, immerfort, fortwährend, ohne Unterlass, ununterbrochen, dauernd, anhaltend, in einem fort, ohne aufzuhören, laufend
starr: unbeweglich, regungslos, steif, unbewegt / hartnäckig, starrsinnig
statt: für, an Stelle von
statthaft: erlaubt, gestattet
staunen: erstaunt sein, sich wundern
Steckenpferd: Liebhaberei, Hobby, Vorliebe, Spezialität
stehlen: klauen, mitgehen lassen, mausern, stibitzen, grapsen, organisieren / nehmen, einstecken, sich an etwas vergreifen, sich einer Sache bemächtigen
steif: ungelenk, hölzern, linkisch, starr / klamm
steigern: vermehren, erhöhen, verstärken, verbessern, intensivieren
steil: stark ansteigend / stark abschüssig
Stelle: Stätte, Ort, Platz

Stellung: Positur, Haltung / Posten, Anstellung, Arbeitsplatz
sterben: hinscheiden, verscheiden, ums Leben kommen, erlöschen, das Zeitliche segnen, ins Jenseits eingehen, entschlafen, den Geist aufgeben, das Leben lassen, von hinnen gehen, im Sterben liegen / ins Gras beißen, verenden, verrecken, abkratzen
Steuer: Abgabe, Beitrag, Zoll, Taxe / Ruder, Lenkrad / Kommando, Führung
steuern: lenken, dirigieren, befehligen / Abhilfe schaffen, vorbeugen, Einhalt gebieten
Stiege: Treppe, Stufe
Stiel: Griff, Schaft / Halm
Stift: Nagel / Kloster, Abtei
Stil: Ausdrucksweise, Sprechweise / Malweise, Kunstrichtung / Form, Gepräge
still: lautlos, schweigsam, stumm / leise, tonlos, geräuschlos
Stille: Lautlosigkeit, Schweigen
stillschweigend: ohne ein Wort zu sagen, ohne Erklärung
Stimmung: Gemütszustand / Atmosphäre
Stock: Strunk / Krückstock / Topfpflanze / Stockwerk, Geschoß, Etage
stocken: einhalten, unterbrechen, stecken bleiben, stoppen
Stoff: Materie, Masse, Material, Substanz / Tuch, Gewebe / Buchinhalt, Thema
stöhnen: ächzen, klagen, seufzen
stolz: eingebildet, überheblich, selbstbewusst, des eigenen Wertes bewusst, hochmütig, arrogant
stören: hindern, belästigen, aus dem Gang bringen, unterbrechen, abhalten
Stoß: Anprall, Puff, Schubs, Rempler / Haufen, Anzahl, Stapel
Strafe: Buße, Züchtigung, Maßregel, Vergeltung
Strauß: Busch, Bukett / Laufvogel
streben: nach etwas trachten, eifern, hinzielen, beabsichtigen, planen
strebsam: fleißig, ehrgeizig, eifrig
streichen: bemalen, anstreichen, tünchen / schmieren / durchstreichen, löschen, ausradieren, weglassen
Streit: Meinungsverschiedenheit, Auseinandersetzung, Wortwechsel, Kontroverse, Konflikt, Zwist, Zerwürfnis
streiten: zanken, sich überwerfen, entzweien, verfeinden, in den Haaren liegen, sich bekriegen
streng: unnachsichtig, unnachgiebig, unbeugsam, ohne Milde / bestimmt, strikt, gewissenhaft

Stück: Teil, Bruchteil/Exemplar, Muster/Theaterstück
Stufe: Staffel, Sprosse, Trittbrett/Grad
stumpf: abgestumpft, abgenützt, nicht scharf/gefühllos, unempfindlich
Stumpfsinn: Unsinn, Blödsinn, Nonsens, Narretei, Mumpitz
stürmisch: windig/leidenschaftlich, hitzig
stützen: helfen, unterstützen, beispringen/pölzen
suchen: durchforschen, nachspüren, fahnden, durchforsten
Summe: Ergebnis, Resultat/Betrag
sumpfig: schlammig, morastig
Suppe: Brühe, Bouillon
Süßigkeit: Konfekt, Bonbon, Näscherei, Zuckerware

T

Tabelle: Übersicht, Liste, Zusammenstellung, Verzeichnis
Tadel: Verweis, Kritik, Rüge, Vorhaltung, Ermahnung, Maßregelung
tadellos: einwandfrei, untadelig, fehlerfrei, makellos, musterhaft
tadeln: beanstanden, etwas aussetzen, bekritteln, kritisieren, bemängeln, bemäkeln, rügen, schelten, den Kopf waschen
tagen: Tag werden, dämmern, hell werden/zusammentreffen, stattfinden
täglich: an jedem Tag/häufig, oft, beständig, wiederholt
Takt: regelmäßige Wiederkehr/Anstand, Lebensart, gute Manieren, Taktgefühl
taktlos: unhöflich, rüpelhaft, ungehörig, unangebracht, rücksichtslos
taktvoll: rücksichtsvoll, höflich, zuvorkommend, artig, wohlerzogen
talentiert: begabt, geschickt, tüchtig/gescheit, klug
Tank: Behälter, Tankwagen/Tankschiff, Panzerwagen
Tanz: Reigen/Walzer, Polka, Mazurka, Csardas, Volkstanz, Tango, Foxtrott, Rumba, Samba
Tanzabend: Kränzchen, Ball, Redoute, Tanzveranstaltung
Tanzmusik: Unterhaltungsmusik, Schlagermusik, Popmusik
tapfer: mutig, kühn, heldenhaft, draufgängerisch, furchtlos, herzhaft, verwegen, couragiert
tarnen: verschleiern, verhüllen, an die Umgebung anpassen/verstellen
Tat: Handlung, Werk, Unternehmung/Streich, Verbrechen
tatenlos: müßig, untätig, unbeteiligt
tätig: rege, regsam, aktiv, beschäftigt, geschäftig

Tätigkeit: Arbeit, Betätigung, Beschäftigung
tatkräftig: entschlossen, eifrig, nachdrücklich
Tatsache: Wahrheit / Richtigkeit / Tatbestand
tatsächlich: gewiss, sicher, unzweifelhaft, ohne Zweifel
Tatze: Pranke, Pfote, Pratze, Klaue
Tau: Seil, Strick, Strang / Morgentau
taub: schwerhörig, gehörlos, gehörgeschädigt
Tauglichkeit: Brauchbarkeit, Eignung, Verwendbarkeit
taumeln: wanken, torkeln, schwanken
tauschen: auswechseln / etwas einhandeln
täuschen, jemanden: jemanden irreführen, hintergehen, betrügen, begaunern, jemandem etwas weismachen, jemanden an der Nase herumführen, beschwindeln
Technik: Verfahren, Methode, Taktik
Teich: Tümpel, Gewässer, Weiher, Altwasser / See
teigig: zäh, breiig, klebrig, pappig
Teil: Abschnitt, Stück, Anteil, Quantum / Ration
teilen: zerlegen, zerstückeln, trennen / dividieren / vierteln, halbieren
Teilnahme: Anwesenheit, Gegenwart / Mitgefühl, Mitleid / Mitarbeit, Mithilfe
teilnahmslos: gleichgültig, gleichmütig, apathisch, desinteressiert, unberührt
teilnehmen: mitmachen, mittun, mitwirken, dabei sein
teilweise: zum Teil, teils – teils, halb und halb
Temperament: Art, seelische Eigenheit, Naturell, Wesen / Leidenschaftlichkeit, Heißblütigkeit / Schwung
temperamentvoll: schwungvoll, feurig, leidenschaftlich, stürmisch, impulsiv
Termin: Zeitpunkt, Datum, Tag / Frist, Wartezeit
Terror: Gewaltherrschaft / Zwang
teuer: kostspielig, unbezahlbar / lieb, wert
Theater: Schaubühne / Theaterstück / Aufführung, Darbietung / viel Lärm um nichts
Thema: Inhalt, Stoff, Gegenstand / Aufgabenstellung
toll: tollwütig / tolldreist, übermütig, verrückt / bedeutend, hervorragend, einmalig, super
Ton: Klang, Melodie / Geräusch, Laut / Lehm
tonangebend: maßgeblich, entscheidend, ausschlaggebend
tönen: klingen, dröhnen, hallen
Topfen: Quark
Tor: Tür, Pforte, Portal, Eingang / Goal, Treffer / Dummkopf, Narr

tot: leblos, erstarrt, gestorben, dahingegangen, erloschen / still, öd, unbelebt
töten: umbringen, ermorden, kalt machen / erwürgen, erdrosseln / erstechen, erdolchen, erschießen, niederknallen / hinrichten, strangulieren, aufhängen / schlachten, erschlagen, ertränken
Trachten: Streben, Sinnen, Wollen, Planen
tragbar: transportabel, handlich / unschwer / annehmbar
träge: faul, behäbig, schwerfällig, energielos, lahm, untätig, arbeitsscheu
tragen: halten, schleppen
tragisch: traurig, bitter, hart
trauen: vermählen, verheiraten / sich etwas getrauen, wagen / jemandem vertrauen
trauern: beweinen, beklagen, sich grämen
Träumer: Schwärmer, Phantast
träumerisch: verträumt, entrückt, geistesabwesend
traurig: niedergeschlagen, gedrückt, verhärmt, gebrochen, unglücklich, trübsinnig, melancholisch
treffen: jemandem begegnen, mit jemandem zusammenkommen, sich verabreden / ins Schwarze treffen
treffend: passend, richtig, trefflich, hervorragend
trennbar: spaltbar, teilbar, zerlegbar
trennen: absondern, abspalten, loslösen, zerteilen, zerlegen, zerschneiden, auseinander brechen, separieren
Trennung: Abschied, Entfernung / Absonderung, Loslösung / Scheidung
treu: anhänglich, unveränderlich, verlässlich, zuverlässig
Treue: Anhänglichkeit, Beharrlichkeit, Ergebenheit, Verlässlichkeit
treulos: falsch, untreu, unverlässlich, hinterhältig
Trieb: Drang, Bestreben, Neigung / Begierde, Lust / Knospe, Keim, Spross, Schössling
triebhaft: instinktiv, sinnlich, erotisch / unüberlegt, unbeherrscht
triftig: stichhältig, zwingend, überzeugend, ausschlaggebend
trinken: saufen, bechern, hinter die Binde gießen, einen kippen, nippen, schlürfen, saugen
Tritt: Schritt, Gangart / Stufe
trocken: ausgetrocknet, verdorrt, dürr, regenarm / ernst, langweilig
trommeln: schlagen, hämmern, pochen, klopfen
Trost: Genugtuung / Beruhigung, Zuspruch, Ermutigung, Verständnis
trösten: Mut zusprechen, ermutigen, begütigen, aufrichten

trostlos: hoffnungslos, aussichtslos, bejammernswert, bedauerlich
trotz: ungeachtet, gleichwohl, trotzdem
Trotz: Starrsinn, Eigensinn, Halsstarrigkeit, Unnachgiebigkeit
trotzen: bocken, nicht nachgeben, hartnäckig bleiben, die Stirn bieten
trübe: verschwommen, unklar, unrein/regnerisch, neblig
Trubel: Wirbel, Aufregung, Durcheinander, Rummel, Chaos
trübsinnig: melancholisch, traurig, niedergeschlagen
Tuch: Stoff, Gewebe/Lappen, Fetzen
tüchtig: fähig, tauglich, arbeitsam, geschickt, brauchbar, routiniert, erfahren
tugendhaft: sittsam, brav, wohlerzogen/keusch, anständig, ehrbar
tun: machen, schaffen, arbeiten, handeln, werken, zupacken
Typ: Gattung, Art/Gepräge
typisch: kennzeichnend, charakteristisch
Tyrannei: Willkürherrschaft, Gewaltherrschaft, Diktatur

U

Übel: Missgeschick, Ungemach, Plage, Nachteil
Übelkeit: Unwohlsein, Unpässlichkeit
übellaunig: verstimmt, schlecht aufgelegt, reizbar
üben: trainieren, einlernen, einpauken
überall: ringsum, auf Schritt und Tritt, fern und nah, weit und breit, allerorts
überaus: sehr, ungemein, außerordentlich, erheblich, bedeutend, wesentlich, beträchtlich
überbieten: übertreffen, überflügeln, besiegen
überdies: außerdem, ferner, davon abgesehen, auch
überdrüssig: satt, müde
überdurchschnittlich: hervorragend, außerordentlich, besonders, ausnehmend
übereinstimmend: einmütig, einhellig, konform
Überfall: Attacke, Angriff, Überrumpelung
Überfluss: Hülle und Fülle, Überschuss/Wohlstand, Luxus, Reichtum
überflüssig: nutzlos, zwecklos, unnütz, entbehrlich
übergeben: ausliefern, überlassen, abtreten, liefern/erbrechen/vererben
Übergriff: Vergehen, Übertretung, Rechtswidrigkeit, Ungehörigkeit

überheblich: eingebildet, hochnäsig, arrogant, anmaßend, hochmütig
überlegen: nachdenken, erwägen, spekulieren, nachsinnen/klüger, besser sein
überlisten: übervorteilen, ums Ohr hauen, begaunern, betrügen, beschwindeln
übermütig: ausgelassen, lustig, quietschfidel, heiter
überqueren: kreuzen, überschreiten, passieren
überragend: riesig, gewaltig, außerordentlich, bedeutend
überraschend: unvorbereitet, plötzlich
Überraschung: Verwunderung, Erstaunen, Verblüffung
überreden: zu etwas bewegen, für sich gewinnen, beeinflussen, überzeugen
Überschwemmung: Hochwasser
Übersetzer: Dolmetscher
übersichtlich: klar, geordnet, deutlich
überstehen: davonkommen, ertragen, durchhalten
überstürzen: übereilen, unüberlegt handeln
Übertretung: Fehltritt, Vergehen, Verstoß, Übergriff, Delikt
übertrieben: überspannt/überladen
überwiegen: vorherrschen, dominieren, den Ausschlag geben, überragen
üblich: gebräuchlich, herkömmlich, es ist Sitte, Usus
übrigens: nebenbei bemerkt, außerdem, schließlich und endlich
Übung: Training, Erfahrung/Übungsstück, Übungsaufgabe
Ufer: Strand, Küste, Gestade
um: herum/da, damit, weil
umdrehen: wenden, umkehren/umstülpen
umfallen: stürzen, purzeln, ausgleiten/zusammenbrechen
Umfang: Größe, Reichweite, Dimension
umfangreich: ausgedehnt, groß, bedeutend
Umfrage: Befragung, Erhebung, wissenschaftliche Untersuchung, Erkundigung
Umgebung: Umwelt, Nachbarschaft, Umkreis, Milieu
umklammern: umfassen, festhalten, packen
Umsatz: Gewinn, Absatz
Umschlag: Verband, Wickel, Bandage/Briefumschlag, Kuvert/Einband, Packung
Umsicht: Überlegung, Bedacht, Sorgfalt
umsonst: vergeblich, vergebens, erfolglos, für nichts und wieder nichts/kostenlos, unentgeltlich, gratis
Umzug: Aufmarsch, Prozession/Übersiedlung

unabänderlich: feststehend, definitiv, endgültig
unabhängig: ungebunden, frei / ledig
unabsichtlich: ungewollt
unachtsam: unaufmerksam, unkonzentriert, zerstreut, gedankenlos
unangenehm: peinlich, ärgerlich, unerfreulich, unerquicklich, lästig / schmerzlich
unappetitlich: ekelhaft, widerlich / verdorben
unartig: ungezogen, ausgelassen, frech, unhöflich, respektlos, flegelhaft
unauffällig: verstohlen, unbemerkt, heimlich
unaufgefordert: freiwillig, spontan, von selbst, ungeheißen
unaufrichtig: verlogen, falsch, hinterlistig
unbarmherzig: roh, grausam, hartherzig, rücksichtslos
unbedeutend: nichtig, unwesentlich, nebensächlich, geringfügig, belanglos
unbedingt: auf jeden Fall, bestimmt, gewiss, sicher
unbegreiflich: unverständlich, unerklärlich, rätselhaft, unfassbar
unbeholfen: ungeschickt, schwerfällig, plump
unbekleidet: nackt, entblößt, ausgezogen
unbeschäftigt: arbeitslos, beschäftigungslos / dienstfrei
unbescholten: nicht vorbestraft, ehrbar, anständig, rechtschaffen
unbeständig: veränderlich, unsicher / unstet, flatterhaft, unkonsequent
unbestimmt: nicht sicher, ungewiss, fraglich, zweifelhaft
unbewusst: instinktiv, ohne Absicht, ohne zu wollen
unbrauchbar: wertlos, nicht zu verwenden, untauglich / defekt
undeutlich: unklar, verschwommen
unecht: nachgeahmt, falsch, imitiert
unehrlich: verlogen, unaufrichtig, falsch, verstellt, unredlich
Uneinigkeit: Zwietracht, Streit, Meinungsverschiedenheit
unempfindlich: gefühllos, abgestumpft, empfindungslos, abgebrüht
unendlich: unbegrenzt, endlos, riesig, weit
unentschlossen: schwankend, wankelmütig, labil
unerhört: besonders, außerordentlich, noch nie da gewesen
unerlässlich: notwendig, erforderlich, geboten
unerschrocken: mutig, tapfer, kühn, verwegen, furchtlos, beherzt
unerwartet: überraschend, unverhofft, unvermutet, plötzlich, auf einmal

unfolgsam: ungehorsam, unerzogen, renitent, trotzig, widerspenstig
Unfreiheit: Knechtschaft, Abhängigkeit, Untertänigkeit
unfreundlich: mürrisch, unhöflich, missgelaunt
Unfug: Unsinn, Blödsinn, Humbug, Unsitte
ungeachtet: trotz / verachtet
ungefährlich: harmlos, zahm, zutraulich
ungenau: schlampig, oberflächlich, unordentlich, unsorgfältig, nachlässig
ungepflegt: schmutzig, schmierig, verwahrlost, schmuddelig
ungern: widerwillig, widerstrebend / unfreiwillig
ungesund: schädlich, gesundheitswidrig, gefährlich, abträglich
ungewiss: unsicher, unbestimmt, fraglich, zweifelhaft
ungewöhnlich: selten, abnorm, ungebräuchlich
Ungeziefer: Insekten / Läuse, Wanzen, Flöhe, Motten
ungleich: verschieden, differenziert, anders, abweichend
Unglück: Unfall, Pech, Katastrophe, Missgeschick / Elend, Not
unglücklich: verzagt, mutlos, bedauernswert / unzufrieden
unheilvoll: bedrohlich, schlimm, beunruhigend, gefährlich
unlängst: neulich, kürzlich, vor nicht langer Zeit
unmöglich: unausführbar / ausgeschlossen, keinesfalls, nie
unnötig: überflüssig, unnütz, entbehrlich, nicht notwendig
Unrast: Unruhe, Nervosität, Ruhelosigkeit, Fahrigkeit
unrein: schmutzig, verstaubt, dreckig, schmierig, ungewaschen, ungepflegt
unscheinbar: schlicht, ungeziert, prunklos, einfach / klein, unbedeutend
unterrichten: unterweisen, lehren, jemandem etwas beibringen, Unterricht erteilen, schulen
unterstützen: fördern, behilflich sein, helfen, beistehen
Unterstützung: Hilfe, Beistand / finanzielle Beihilfe
untertänig: unterwürfig, gehorsam, devot / unterstellt
unterwerfen: besiegen, unterjochen, knechten/zähmen, bändigen
unüberlegt: gedankenlos, blindlings, unbedacht, vorschnell, Hals über Kopf
ununterbrochen: fortwährend, immerfort, andauernd, ständig, fortgesetzt, immer, in einem fort
unverdrossen: unermüdlich, beharrlich, hartnäckig
unvergesslich: unauslöschlich, in der Erinnerung fortbestehend
unverkennbar: deutlich, offenbar, augenfällig
unverlässlich: wankelmütig, wetterwendisch, unzuverlässig
unverletzt: unversehrt, heil / unbeschädigt, intakt

Unvermögen: Unfähigkeit, Ohnmacht, Versagen
unverschämt: frech, dreist, rücksichtslos, unverfroren
unversöhnlich: spinnefeind, böse / nachtragend
Unverstand: Unvernunft, Dummheit, Einsichtslosigkeit, Verbohrtheit
unverträglich: streitsüchtig, zänkisch / schwer verdaulich
unverwüstlich: haltbar, dauerhaft, massiv / ausdauernd, widerstandsfähig
unvorsichtig: achtlos, sorglos, unbesonnen, leichtfertig, unüberlegt, fahrlässig
Unwahrheit: Lüge, Unaufrichtigkeit
unwesentlich: geringfügig, unbedeutend, nebensächlich
unwillig: widerstrebend, widerwillig, ungern, mit schwerem Herzen
unwillkürlich: unversehens, unbewusst
Unzahl: Unmenge
unzerbrechlich: haltbar, dauerhaft, fest, stabil, unverwüstlich
unzurechnungsfähig: geistesgestört, nicht bei Sinnen
unzweifelhaft: erwiesen, sicher, absolut richtig, gewiss
üppig: überreich, fruchtbar / dick, korpulent
uralt: steinalt, greisenhaft
Urheber: Schöpfer, Erfinder / Erzeuger, Gründer / Autor, Verfasser
Ursache: Veranlassung, Triebfeder, Beweggrund
Ursprung: Herkunft, Abstammung
ursprünglich: anfänglich, anfangs / echt, natürlich
Urteil: Urteilsspruch, Bescheid / Meinung
Urzeit: Vorzeit, Altertum, Frühzeit, Vergangenheit

V

verächtlich: geringschätzig, von oben herab, zynisch
Verachtung: Geringschätzung, Abscheu
veränderlich: unbeständig, wechselnd, schwankend, unstet, variabel
verändern: umformen, umwandeln, abändern / erneuern
Veranlassung: Aufforderung, Befehl, Anordnung, Gebot, Geheiß / Anlass, Ursache, Grund
veranstalten: etwas durchführen, inszenieren, arrangieren
Veranstaltung: Versammlung, Festlichkeit, Event
Verantwortungsgefühl: Verantwortungsbewusstsein, Pflichtgefühl
verarbeiten: aufbrauchen, verwenden, benützen
verärgert: verstimmt, verdrossen, missgelaunt

veräußern: verkaufen, abgeben, eintauschen, umsetzen
verbergen: sich verstecken, verkriechen/etwas verhüllen, verheimlichen, vertuschen, verschleiern
verbeugen: sich verneigen, bücken/grüßen
verbieten: untersagen, Einhalt gebieten, verwarnen, verhindern, abstellen
verbinden: zusammenhängen, zusammenfügen, anheften, anknüpfen, anschließen, verketten, vereinigen, zusammentun, koppeln/bandagieren, einen Verband anlegen
Verbindlichkeit: Freundlichkeit, Höflichkeit
Verbindung: Kontakt, Beziehung/Vermischung, Vermengung/Vereinigung, Verein/Verbindungsweg
verbitten, sich etwas: sich verwahren, von sich weisen, protestieren
verblöden: überschnappen, närrisch werden, spinnen, verrückt werden
verblüffend: überraschend, frappant
Verblüffung: Überraschung, Staunen, Verwunderung, Bestürzung
verbogen: krumm, ungerade, gewunden
verbieten: nicht gestatten, untersagen, nicht erlauben
Verbrechen: Untat, Verstoß, Vergehen, Verfehlung, Frevel, Delikt, Straftat
verbrecherisch: sträflich, schändlich
verbrennen: anzünden, einäschern, Feuer machen/sich verbrühen, versengen
verbünden, sich: vereinigen, zusammenschließen, sich verschwören, einem Bund beitreten
Verdacht: Vermutung, Annahme, Verdächtigung/Beschuldigung
verdecken: zudecken, verhüllen, verhängen, verbergen, tarnen, abdecken
Verderbtheit: Schlechtigkeit, Entartung, Verfall, Demoralisierung, Lasterhaftigkeit
verdienen: zu Geld kommen, erwerben, einem Erwerb nachgehen/gebühren, zustehen
Verdienst: Leistung, Werk, Tat/Einkommen, Einnahmen
verdienstvoll: lobenswert, ehrenwert, brav
verdrießlich: ärgerlich, verdrossen, missvergnügt, unzufrieden, vergrämt, mürrisch
Verdruss: Ärger, Streit, Widerwärtigkeit, Unannehmlichkeit
verdursten: verschmachten
verdutzt: überrascht, betroffen, verwundert, baff

verehren: achten, schätzen, bewundern/etwas schenken
Verein: Vereinigung, Gesellschaft, Klub, Verband, Bund, Verbindung, Organisation
vereinbaren: beschließen, übereinkommen, sich verabreden, etwas festlegen
vereinsamt: allein, einsam, verlassen, abgesondert, zurückgezogen
vereinzelt: hie und da, gelegentlich, ab und zu, da und dort, sporadisch
vereiteln: verhindern, verhüten, zu Fall bringen
Verfahren: Vorgang, Prozess, Weg, Methode
Verfall: Niedergang, Untergang, Ende
Verfassung: Zustand, Stimmung/Staatsordnung, Konstitution
verfertigen: anfertigen, herstellen, erzeugen, produzieren
verflucht: verdammt, verstoßen
verfolgen: nachjagen, nachspüren, nachforschen/etwas anstreben
verfügen: bestimmen, anordnen, beschließen, befehlen/zu Gebote stehen
verführen: verleiten, verlocken, versuchen, anstiften, ködern, ins Garn locken
Vergangenheit: Vorzeit, Geschichte
vergänglich: unbeständig, wandelbar, sterblich
vergeben: verzeihen, die Strafe erlassen, nachsehen
vergeblich: umsonst, nutzlos, erfolglos
Vergebung: Nachsicht, Pardon, Gnade, Entschuldigung, Verzeihung
Vergeltung: Rache, Revanche/Wiedergutmachung, Entschädigung, Ersatz
vergessen: sich nicht erinnern, sich nicht entsinnen, verschwitzen, entfallen
Vergesslichkeit: Gedächtnisschwäche, Gedankenlosigkeit, Zerstreutheit
vergleichen: gegenüberstellen, abschätzen
Vergnügen: Unterhaltung, Zeitvertreib, Zerstreuung, Belustigung/Freude
vergnügt: froh, heiter, gut gelaunt, wohlgemut, gut aufgelegt
Vergütung: Ersatz, Gegenleistung, Entschädigung, Wiedergutmachung, Rückzahlung, Tilgung
verhaften: festnehmen, arretieren, inhaftieren, einsperren, ins Gefängnis stecken
verhältnismäßig: relativ, entsprechend

Verhängnis: Missgeschick, Umstand/Unglück
verheimlichen: verhehlen, verschweigen, nicht erwähnen, geheim halten
verhetzen: aufwiegeln, aufstacheln, reizen
verhindern: verhüten, hemmen, abhalten, Einhalt gebieten
Verhör: Vernehmung, Untersuchung, Befragung
verjagen: vertreiben, verscheuchen
verkaufen: veräußern, absetzen, abstoßen, abgeben, verschachern, zu Geld machen, losschlagen
verkäuflich: abzugeben, feil
verkehrt: verdreht, falsch, unrichtig
verklagen: anzeigen, verklatschen, denunzieren, anklagen
Verkleidung: Maskierung, Verhüllung
verkühlen, sich: erkälten, krank werden
verkünden: bekannt geben, verlautbaren, ankündigen, prophezeien
verlangen: fordern, beanspruchen, begehren, wünschen, erbitten, ersuchen
verlässlich: pflichtbewusst, verantwortungsbewusst, treu, pünktlich
Verlegenheit: Zwangslage, Schwierigkeit, Dilemma
Verletzung: Wunde, Verwundung/Pflichtverletzung, Übertretung
verlieben, sich: verknallt sein, vernarrt sein, entbrennen, schwärmen, sich vergaffen
Verlockung: Reiz, Versuchung, Zauber
Verlust: Schaden, Einbuße, Ausfall/Tod, Ableben
Vermächtnis: Erbe, Erbteil, Nachlass
vermeiden: unterlassen, umgehen
Vermittlung: Beistand, Fürsprache, Hilfe
Vermögen: Gut, Reichtum, Besitz, Kapital
vermuten: annehmen, glauben, mutmaßen
vermutlich: möglicherweise, wahrscheinlich, anscheinend
vernichten: zerstören, beseitigen, vertilgen, ausrotten, ausmerzen, ruinieren, demolieren, kaputt machen, verderben
Vernunft: Verstand, Klugheit, Intelligenz, Einsicht
Verpflichtung: Pflicht, Schuldigkeit, Versprechen, Verbindlichkeit
Verrat: Treuebruch, Falschheit, Hinterlist
verrichten: ausführen, erledigen, tun, besorgen, vollbringen
verrückt: übergeschnappt, wahnsinnig, närrisch, geistesgestört, idiotisch, unsinnig
versagen: scheitern, misslingen, fehlschlagen, durchfallen/verweigern, abschlagen

Versammlung: Zusammenkunft, Tagung, Treffen,.Beratung/Auflauf
verschieben: aufschieben, vertagen, hinauszögern/verrücken, verpflanzen
verschieden: anders, andersartig, unähnlich, ungleich, zweierlei
Verschiedenheit: Unterschied, Ungleichheit, Gegensatz, Abweichung
verschlagen: hinterlistig, durchtrieben, raffiniert
verschließen: versperren, verriegeln, zumachen
verschollen: vermisst, abgängig, verschwunden, unauffindbar/verloren
verschwommen: unklar, undeutlich
Versehen: Missgriff, Irrtum, Verwechslung
versichern: beteuern, garantieren, versprechen, sein Wort geben/einen Versicherungsvertrag abschließen
versöhnen: Frieden herstellen, den Streit beilegen, sich wieder vertragen, sich verständigen
verursachen: verschulden, bewirken, auslösen
vervielfältigen: vervielfachen/multiplizieren/abdrucken, kopieren
vervollkommnen: verbessern, vollenden, abrunden, verfeinern
vervollständigen: anfügen, komplettieren
verwahren: aufbewahren, aufheben, erhalten
verwahrlost: unordentlich, ungepflegt, vergammelt, verkommen
Verwahrung: Aufbewahrung, Lagerung
verwandeln: ändern, umgestalten, verfremden
verwechseln: durcheinander bringen, sich irren, täuschen, vertauschen
Verweis: Ermahnung, Rüge, Tadel, Zurechtweisung, Strafe
Verwendbarkeit: Nützlichkeit, Brauchbarkeit, Eignung, Zweckmäßigkeit
verwickelt: kompliziert, unübersichtlich, durcheinander
verwirklichen: ausführen, realisieren/sich einen Traum erfüllen
verwirren: verunsichern, durcheinander bringen, irritieren, bestürzen
verwittert: alt, bejahrt, morsch, brüchig, verfallen
verwöhnt: verweichlicht, verzogen, verhätschelt, verzärtelt
verwunden: verletzen, lädieren/kränken, beleidigen
Verwundung: Wunde, Verletzung/Beule
verwünschen: verfluchen, verhexen
verwüsten: verheeren, zerstören, zertrümmern, demolieren
Verzauberung: Faszination, Charme, Bann

Verzeichnis: Aufstellung, Tabelle, Zusammenstellung, Register, Liste
verzeihen: entschuldigen, vergeben, nachsehen, amnestieren, begnadigen
Verzicht: Enthaltung, Absage, Unterlassung
verzieren: schmücken, verschönern, dekorieren
verzögern: verlangsamen, verschleppen, hinausschieben
verzückt: hingerissen, entflammt, begeistert
verzweifelt: bedrückt, entmutigt, deprimiert, lebensmüde
viel: üppig, reichlich, genug, massenhaft, ausreichend
Vielerlei: Verschiedenartiges, Diverses
vielfach: mehrfach, oftmals, vielmals, häufig
Vielfalt: Fülle, Reichhaltigkeit, Mannigfaltigkeit, Unterschiedlichkeit, Vielförmigkeit
Vielfraß: Nimmersatt, Fresser
vielleicht: eventuell, möglicherweise, womöglich, unter Umständen, gegebenenfalls
vielmehr: eher, beziehungsweise
vielseitig: universell, abwechslungsreich, mannigfach
vielversprechend: verheißungsvoll, erfolgversprechend
Vielzahl: Masse, Unmenge, Haufen, Batzen
Viereck: Quadrat, Rechteck, Raute, Trapez
Viertel: Bezirk, Stadtteil, Gegend, Gebiet / der vierte Teil
Violine: Geige, Fiedel
visionär: weit blickend, voraussehend, seherisch
Vokabel: Wort, Bezeichnung, Ausdruck
Volk: Nation, Volksgemeinschaft
Volksschule: Grundschule, Elementarschule
volkstümlich: populär, beliebt, bodenständig
Volksvertreter: Politiker, Parlamentarier, Abgeordneter
voll: ganz, total / satt, gesättigt / volltrunken / gefüllt, belegt, besetzt
vollauf: vollkommen, vollständig, gänzlich
vollbracht: bewältigt, erledigt, gemeistert
vollenden: abschließen, zum Abschluss bringen, fertig stellen, beenden
vollends: gänzlich, vollkommen, total
völlig: total, ganz, vollständig, vollkommen
vollkommen: völlig / tadellos, makellos, vollendet, perfekt, fehlerfrei
vollschlank: korpulent, dicklich, mollig
vollständig: komplett, lückenlos, fertig, total

vollwertig: gleichwertig, gleichrangig
vollzählig: sämtliche, alle
vonnöten: notwendig, erforderlich, geboten
vor: voran, hervor, heraus, nach vorn
Vorahnung: Befürchtung, Annahme, Vermutung
voran: an der Spitze, vorne, voraus, am Anfang
vorausgesetzt: falls, sofern, unter der Bedingung, vorbehaltlich
voraussehen: vermuten, erraten, ahnen, im Voraus, annehmen
voraussichtlich: vermutlich, wahrscheinlich, wie anzunehmen, aller Voraussicht nach
vorbereiten: planen, zurechtlegen, anbahnen, alle Vorkehrungen treffen
vorbeugen: sich gefasst machen, vorkehren, etwas im Voraus vereiteln, verhüten
Vorbild: Ideal, Modell, Muster
vorderhand: vorläufig, augenblicklich, momentan
voreilig: unüberlegt, übereilt, zu schnell, vorschnell, unbedacht
Vorfall: Ereignis, Begebenheit, Vorkommnis, Episode
vorführen: zeigen, darbieten, vorweisen
Vorgänger: Vorläufer, Wegbereiter, Bahnbrecher
vorgehen: handeln, unternehmen / vorausgehen, überholen
Vorgesetzter: Dienstgeber, Chef, Brotherr
Vorhaben: Absicht, Entschluss, Vorsatz, Plan, Unternehmen
vorher: früher, ehemals, vormals, einst / zuvor
vorherrschend: überwiegend, hauptsächlich, dominierend
Vorhersage: Voraussage, Prognose, Prophezeiung, Verkündigung
vorhin: neulich, kürzlich, vor kurzem / eingangs
vorkommen: passieren, zutragen, geschehen / auftreten, leben
vorläufig: bis auf weiteres, einstweilen
Vorlesung: Vortrag, Unterrichtsstunde, Kolleg
Vorliebe: Neigung, Hobby, Leidenschaft
vornehm: nobel, fein, elegant / hoch gestellt / wohl erzogen
Vorrat: Lagerbestand, Reserve
Vorrichtung: Anlage, Maschinerie, Apparatur
vorsagen: einflüstern, vorsprechen, soufflieren
vorsätzlich: absichtlich, bewusst
Vorschlag: Anerbieten, Angebot, Anregung, Empfehlung, Rat, Tipp
Vorschrift: Anordnung, Anweisung, Verfügung, Verordnung, Gesetzestext
Vorschuss: Aushilfe, Kredit, Darlehen

vorsehen, sich: Acht geben, auf der Hut sein, vorsichtig sein, die Augen offen halten
Vorsicht: Aufmerksamkeit, Überlegung / Achtung!, Obacht!
vorsichtig: aufmerksam, bedächtig, behutsam / ängstlich
vorstellen: sich etwas ausmalen / sich bekannt machen / davor stellen
Vorstellung: Gedanke / Bekanntmachung / Aufführung
vorteilhaft: nützlich, günstig, lohnend, wertvoll
Vortrag: Referat, Rede, Ansprache / Rezitation / Ausdrucksweise, Sprechweise
vortragen: deklamieren, rezitieren, aufsagen / eine Bitte vorbringen
vortrefflich: ausgezeichnet, hervorragend, musterhaft, vorzüglich, erstklassig, prima
vorüber: vorbei, vergangen, dahin, verflossen
Vorwand: Ausrede, Scheingrund, Ausflucht, Notlüge
vorwärts: los, weiter, fort
Vorwurf: Tadel, Vorhaltung, Strafpredigt
vorwurfsvoll: missbilligend, tadelnd
Vorzeichen: Anzeichen, Symptom / Aspekt, Gesichtspunkt
vorziehen: bevorzugen, etwas lieber haben

W

waagrecht: eben, flach, horizontal
Wachsamkeit: Aufmerksamkeit, Umsicht
wachsen: sich entwickeln, gedeihen, größer werden, anschwellen, zunehmen / mit Wachs einreiben, bohnern
Wagen: Gefährt, Fahrzeug, Verkehrsmittel / Auto, Autobus / Straßenbahnwagen, Eisenbahnwagen / Karren
wagen, etwas: sich getrauen, sich erkühnen, erdreisten, etwas riskieren
waghalsig: mutig, kühn, draufgängerisch
Wahl: Ermessen, Entschluss / Wahlakt
wählen: aussuchen, auswählen
Wahn: Trugbild, Einbildung, irrige Meinung
Wahnsinn: Irrsinn, Verrücktheit, Idiotie
wahr: erwiesen, bezeugt, glaubwürdig, sicher, gewiss / ungeschminkt, unverfälscht
Wahrheit: Richtigkeit, Echtheit, Glaubwürdigkeit / Tatsache
wahrheitsgetreu: offen, ehrlich, wahrhaft, unverhohlen
Wald: Forst, Gehölz, Schonung, Hain, Tann
Wall: Damm, Deich

walzenförmig: zylindrisch, säulenförmig, rund
wandern: spazieren, marschieren
Wange: Backe
wanken: schwanken, wackeln, torkeln, schlingern/unentschlossen sein
Ware: Erzeugnis, Produkt, Artikel
Warenhaus: Einkaufszentrum, Kaufhaus, Bazar, Geschäft, Schwemme, Shop
warm: überschlagen, lau, schwül/heiß/siedend, kochend/mitfühlend
warum: wieso, weshalb, weswegen, aus welchem Grund
waschen: reinigen, baden, spülen, säubern, sauber machen
Wechsel: Austausch/Pfandbrief, Schuldverschreibung
Weg: Pfad, Steig, Gasse, Straße, Chaussee/Möglichkeit, Ausweg
wegbleiben: fernbleiben, fehlen
wegen: damit, zwecks, weil, da
wegfahren: fortfahren, abreisen, scheiden, verreisen/abdampfen, auslaufen/starten
weggehen: fortgehen, sich entfernen, sich auf den Weg machen, aufbrechen, sich empfehlen, verschwinden/davonlaufen
wegnehmen: stehlen, sich etwas aneignen, stibitzen, mausen, klauen, entwenden/beschlagnahmen, konfiszieren
wegwischen: löschen, säubern, aufwaschen, reinigen
wehrlos: unbewaffnet/hilflos, schwach
weibisch: feminin, unmännlich/zimperlich, weichlich, schwächlich
weich: mürbe, flaumig/biegsam, schmiegsam/schwammartig, teigig/schlaff, schlapp/weichherzig, gutmütig, mitfühlend
weiden: äsen, grasen, fressen/sich freuen
Weihnachten: Christfest/Julfest
Weile: kurze Zeit, kurze Frist, Augenblick
weinen: schluchzen, Tränen vergießen, heulen
Weisheit: Klugheit, Verstand, Einsicht
weiterhin: weiters, fernerhin, später
weitläufig: geräumig, ausgedehnt, groß/langatmig, weitschweifig
Welle: Woge, Flut, Brandung/Walze, Achse
Welt: Universum, Erde, Kosmos, Weltall
Weltreisender: Weltenbummler, Globetrotter/Abenteurer
wenden: drehen, umkehren, die Richtung ändern
wendig: gewandt, beweglich, rege, betriebsam, rührig

wenig: gering, winzig, spärlich, knapp, unzureichend, karg
wenn: falls, vorausgesetzt dass, sofern
Werbung: Propaganda, Reklame / Werbetätigkeit
werfen: schleudern, schmeißen, schupfen
Werk: Fabrik / Arbeit / Erzeugnis
wertlos: unbrauchbar, schlecht, ungeeignet / billig
wertvoll: kostbar, teuer, erlesen, unschätzbar
Wesen: Kreatur, Mensch / Sinn, das Wichtigste, das Wesentliche, der Kern
wesentlich: wichtig, entscheidend / viel
wettern: regnen, schütten, donnern, blitzen, stürmen / schimpfen, fluchen
Wichtigkeit: Bedeutung, Schwere, Triftigkeit
wider: gegen, kontra
widerfahren: geschehen, passieren, ereignen
widerlegen: entgegenhalten, das Gegenteil beweisen
widerlich: widerwärtig, abstoßend, eklig, abscheulich, garstig
Widerrede: Widerspruch, Protest, Einspruch
Widersacher: Gegner, Gegenspieler, Konkurrent, Rivale
widersetzen, sich: widerstehen, widerstreben, entgegenstellen, auflehnen, trotzen
widersinnig: unsinnig, sinnlos
widerspenstig: störrisch, ungehorsam, trotzig, unfolgsam, renitent
widersprechen: dagegen reden, entgegenhalten, protestieren, anderer Meinung sein
Widerspruch: Gegensatz, Kontrast
widerspruchsvoll: konträr, gegenteilig, widersprechend
Widerstand: Ungehorsam, Widersetzlichkeit / Feindschaft, Abwehr / Ablehnung, Abneigung
widerstandsfähig: stabil, fest, massiv, haltbar, stark / ausdauernd
Widerwille: Abneigung, Scheu, Ekel
widrig: widerwärtig, schlecht, unangenehm, hemmend
wieder: erneut, neuerlich, wiederum, wiederholt, aufs Neue, abermals, nochmals
wiederholen: nochmals sagen oder tun, wiederkauen, nachbeten
Wiederholung: Häufung, Wiederkehr / Nachahmung
wiegen: schaukeln, hutschen, wippen / Gewicht haben
Wiese: Anger, Matte, Weide / Rasenanlage
wieso: weshalb, warum

wild: ungebärdig, undiszipliniert, ungestüm, heftig, rasend, stürmisch, ungezähmt / ungeregelt
Wille: Entschlusskraft, Tatkraft / Beharrlichkeit, Ausdauer, Energie / Wunsch, Verlangen, Streben
willensstark: unnachgiebig, standhaft, beharrlich, unbeirrt, unbeugsam / entschieden, entschlossen
willig: fügsam, nachgiebig, gefügig, gehorsam, folgsam, bereitwillig
willkürlich: beliebig, ohne rechten Grund, eigenmächtig
Windung: Krümmung, Beugung, Serpentine, Kurve / Drehung
Wirbel: Durcheinander, Wirrwarr, Chaos, Unordnung, Trubel / Halswirbel
wirklich: tatsächlich, bestimmt, real
Wirkung: Erfolg, Resultat, Folge, Ergebnis, Effekt
wirkungslos: erfolglos, ergebnislos, nutzlos
Wissbegier: Neugierde, Wissensdurst, Wissensdrang, Interesse
Witz: Scherz, Spaß, Ulk, Zote / Verstand, Humor
witzig: humorvoll, scherzhaft / geistvoll, schlagfertig
wohl: wahrscheinlich, möglicherweise, vermutlich, besonders / gesund, gut
Wohl: Wohlbefinden, Wohlergehen / Zufriedenheit, Wohlfahrt
wohlauf: munter, frisch, gesund
wohlklingend: harmonisch, melodisch, klangreich
wohlschmeckend: schmackhaft, köstlich, delikat, lecker, aromatisch, würzig
Wohlstand: Reichtum, Überfluss, Luxus
wohltätig: mitleidig, barmherzig, gütig, hilfsbereit
Wohlwollen: Zuneigung, Entgegenkommen, Güte, Gunst, Freundschaft, Hilfsbereitschaft
wohnen: leben, logieren, hausen, sich aufhalten, weilen, nächtigen, absteigen, kampieren
wohnlich: gemütlich, behaglich, bequem
Wohnung: Behausung / Heim / Zuhause, Bleibe, Obdach
wollen: verlangen, begehren, streben, wünschen, den festen Vorsatz haben
Wort: Ausdruck, Bezeichnung, Name / Versprechen, Zusage
wortgewandt: beredt, sprachbegabt
wortlos: stillschweigend, ohne etwas zu sagen
Wuchs: Figur, Gestalt
Wucht: Kraft, Druck, Schlag, Gewicht
Wunder: Kuriosität, unerklärliches Geschehnis
wunderbar: herrlich, fabelhaft, prima, erstklassig, unübertroffen

wunderlich: merkwürdig, seltsam, eigenartig
Wunsch: Verlangen, Begehren, Neigung, Sehnsucht/Gutdünken
wünschen: ersehnen, verlangen, begehren, erstreben, gelüsten, mögen, wollen
Würde: Gelassenheit, Seelengröße/Rang
würgen: schlucken, schlingen/den Hals abdrehen
Wurzel: Ursache, Quelle, Ausgangspunkt
Wut: Zorn, Grimm, Rage, Entrüstung, Erbitterung
wütend: rasend, aufgebracht, erregt, schäumend, zornig, wild, böse

Z

zackig: gezahnt, spitzig, scharfkantig/schnittig, schneidig
zaghaft: vorsichtig, ängstlich, zögernd
zäh: dauerhaft, widerstandsfähig
zahlen: bezahlen, lohnen, blechen, entrichten
zahllos: ungezählt, unermesslich viel, zahlreich
Zahlung: Tilgung der Schuld, Entschädigung
zahm: gebändigt, abgerichtet, dressiert/geduldig, ungefährlich, zutraulich
zart: zierlich, fein/sanft
zartfühlend: empfindsam, sensibel, feinnervig, zart besaitet
Zärtlichkeit: Schmeichelei, Liebkosung
zauberhaft: traumhaft, phantastisch, unwirklich/besonders schön
Zaun: Einfriedung, Gitter, Planke, Bretterwand
zeichnen: skizzieren, entwerfen, darstellen
Zeit: Dauer/Weile, Zeitabschnitt, Moment, Zeitraum
zeitig: früh/beizeiten, rechtzeitig
Zeitschrift: Zeitung, Journal, Magazin, Illustrierte, Nachrichtenblatt
Zeitvertreib: Vergnügen, Abwechslung, Belustigung
zeitweise: zeitweilig, gelegentlich, ab und zu, von Zeit zu Zeit, manchmal
Zentrum: Mittelpunkt, Brennpunkt, Herz, Kern
zerbrechen: zertrümmern, zerspringen, zersplittern, zerschmettern, zerschellen/zerschlagen, zerstückeln, zerkleinern
zerbrechlich: spröde, brüchig/zart
zerfließen: schmelzen, tauen, zergehen
zerknirscht: traurig, bedrückt, niedergeschlagen, betrübt
zerlegen: auseinander nehmen, demontieren, zerstückeln
Zersetzung: Auflösung, Zerfall

zerstören: beschädigen, unbrauchbar machen, vernichten, zerbrechen
Zeug: Plunder, Tand
Zeuge: Mitwisser, Beobachter
zeugen: beweisen, bekräftigen / befruchten, begatten, besamen
Zeugnis: Bestätigung, Nachweis, Bescheinigung
ziehen: zerren, zupfen, reißen / schleppen
Ziel: Absicht, Zweck / Ende / Zielscheibe
zielen: anvisieren
ziemlich: erheblich, sehr
Zierde: Schmuck, Aufputz, Dekor, Verzierung
Zimmer: Raum, Saal, Salon, Gemach, Stube, Kammer, Kabinett
zimperlich: empfindsam / schamhaft, verschämt
zischen: rauschen / flüstern, wispern
zögern: zaudern, zagen, unentschlossen sein, bedenken
Zone: Gebiet, Bereich, Region
zottig: behaart, borstig
zu: verschlossen, versperrt, verkorkt, geschlossen / in die Richtung
züchtigen: bestrafen, schlagen, prügeln
zuchtlos: undiszipliniert, zügellos, hemmungslos / amoralisch, ausschweifend
zudringlich: aufdringlich, lästig, unverschämt
zuerst: vorerst, vor allem, bevor, erst
Zufall: Fügung, Schicksal
zufällig: unbeabsichtigt
Zuflucht: Schutz, Unterschlupf, Asyl, Obdach
zufolge: gemäß, nach
Zug: Marschkolonne / Gesichtszug, Miene / Merkmal, Eigenschaft / Schluck / Eisenbahnzug
zugänglich: entgegenkommend, bereitwillig
zugeben: eingestehen, bekennen, anerkennen
Zügellosigkeit: Zuchtlosigkeit, Unbeherrschtheit, Ausschweifung
zugestehen: einräumen, erlauben, gestatten, zulassen / bewilligen
zugkräftig: durchschlagend, erfolgreich
Zuhause: Heim / Heimat, Bleibe
Zuhörer: Publikum, Anwesende, Teilnehmer, Besucher, Hörer
zukommen: gebühren / obliegen, zufallen / auf jemanden zugehen
Zukunft, in: künftig, in späteren Zeiten, nächstens, einst, demnächst

Zulauf: Zustrom, Andrang / Beliebtheit
zuletzt: am Ende, letztendlich
zumachen: schließen, versperren / verriegeln
zumal: da, weil
zumuten: verlangen, fordern
zunächst: vorläufig, augenblicklich, momentan, derzeit, bis auf weiteres
zurechtweisen: disziplinieren, einschärfen, belehren, ermahnen
zureden: raten, empfehlen
zürnen: böse sein, nachtragen, erbost sein, verübeln
zurück: nach rückwärts, nach hinten
zurückblicken: sich erinnern, entsinnen, gedenken / zurückschauen
zurückerstatten: zurückgeben, tilgen, abtragen, vergüten
zurückfordern: zurückverlangen, wieder beanspruchen
zurückgehen: weichen, sich absetzen / abnehmen, verringern / rückkehren
zurückhalten: abhalten, hemmen / sich mäßigen, beherrschen, bezähmen
zurückhaltend: reserviert, verschlossen, schweigsam
zurückkehren: heimkehren, zurückkommen, heimfinden, umkehren
zurücknehmen: widerrufen, abbitten / umtauschen, stornieren
zurücksetzen: erniedrigen, benachteiligen, demütigen
zurücktreten: demissionieren, abdanken, das Amt niederlegen, den Abschied nehmen
zusagen: versprechen, versichern / gefallen, zutreffen
zusammen: gemeinsam, miteinander, vereint
zusammenbrechen: ohnmächtig werden, zusammenfallen, zusammensacken, schlapp machen
Zusammenbruch: Ende, Untergang, Ruin, Zerfall
zusammenfassen: vereinen, konzentrieren / wiederholen
Zusammengehörigkeitsgefühl: Gemeinschaftsempfinden, soziales Empfinden
zusammengesetzt: zusammengefügt, zusammenhängend, kombiniert
Zusammenhang: Verbindung, Verkettung, Verknüpfung, Übereinstimmung
Zusammenschluss: Vereinigung, Anschluss, Bündnis, Koalition
Zusammensetzung: Struktur, Gefüge, Beschaffenheit / Kombination, Verbindung
zusammenzählen: addieren, zuzählen

zusammenziehen: schrumpfen/konzentrieren/vereinigen
Zusatz: Beimengung, Beigabe, Zutat, Zuwaage/Beitrag/Vermerk
zusätzlich: überdies, außerdem, dazu
Zustand: Lage, Situation/Befinden/Beschaffenheit
zuständig: maßgeblich, kompetent/heimatberechtigt
zustimmen: einverstanden sein, einwilligen, bejahen, billigen, gutheißen
Zustimmung: Billigung, Einverständnis
zuträglich: bekömmlich, gesund
zutreffen: entsprechen, richtig sein, stimmen
Zutritt: das Betreten, Eintritt
Zutun: Mitwirkung, Mithilfe, Unterstützung
Zuverlässigkeit: Pünktlichkeit, Verlässlichkeit, Treue, Pflichtbewusstsein, Rechtschaffenheit
zuversichtlich: vertrauensvoll, hoffnungsvoll, getrost, guten Mutes
zuwider: lästig, unangenehm, ungelegen, hinderlich
zuzüglich: plus, einschließlich, dazu
Zwang: Druck, Gewalt, Nötigung, Strenge
zwanglos: ungebunden, frei/hemmungslos, rücksichtslos
Zwangsvorstellung: Wahnvorstellung, Halluzination, Sinnestäuschung
zwar: allein, immerhin, allerdings
zweckmäßig: zweckentsprechend, verwendbar, passend, tauglich, brauchbar
zwecklos: aussichtslos, sinnlos, vergeblich, nutzlos, umsonst, verfehlt, unzweckmäßig
zwecks: wegen, um, behufs
Zweifel: Bedenken, Argwohn, Unsicherheit
zweifelhaft: unsicher, ungewiss, vage, fraglich
zweifellos: sicher, bestimmt, gewiss, unleugbar, unzweifelhaft, entschieden
zweifeln: argwöhnen, stutzig werden, schwanken
Zweigstelle: Filiale, Zweigniederlassung, Außenstelle
zweischneidig: gefährlich, bedrohlich, unsicher, zweifelhaft
zwicken: kneifen, zwacken, einklemmen
Zwiespalt: Dilemma, Widerstreit, Zweifel/Uneinigkeit
zwingen: nötigen, etwas durchsetzen, abtrotzen, auf etwas bestehen
zwischen: inmitten, darunter
Zwischenzeit, in der: einstweilen, mittlerweile, inzwischen, währenddessen

Weitere Werke von

Karl A. Dostal

aus dem Verlag Leitner

(Alle nach der neuen Rechtschreibung verfasst!)

Der deutsche Aufsatz 1

20., erneuerte Auflage
(nach den neuen Rechtschreibregeln)

(5. bis 12. Schulstufe)
365 Seiten, brosch.

Dieser Band enthält Rechtschreib- und Sprachübungen (Wort-, Satz- und Textgrammatik), Übungen zur Zeichensetzung, Wortschatzübungen sowie Diktattexte.

Ein erfolgreiches Übungsbuch für den Nachhilfeunterricht.

Der deutsche Aufsatz 2

Aufsatzbeispiele
(unterhaltende Texte sowie Gebrauchstexte),
Stilratschläge, 600 Aufsatzthemen

23. Auflage
(nach der neuen Rechtschreibung)
384 Seiten, broschiert

Ein Lehr- und Übungsbuch für Schüler
der 5. bis 12. Schulstufe,
eine Beispielsammlung für Lehrende

Übungsbuch zur neuen Rechtschreibung

Regeln – Beispiele – Übungsaufgaben
mit Lösungsangaben
Für die 5. bis 9. Schulstufe.

3. Auflage
336 Seiten, brosch.

Eine erfolgreiche Lernhilfe für SchülerInnen ab der
5. Schulstufe.
Eine Sammlung von Übungsmaterial für
DeutschlehrerInnen und helfende Eltern.
Ein Buch für alle, die an der neuen Rechtschreibung
interessiert sind.

Übungsbuch zur deutschen Grammatik

und zum richtigen Sprachgebrauch

4. Auflage
(nach den neuen Rechtschreibregeln)
354 Seiten, celloglaskaschiert

290 Übungsaufgaben zum richtigen Sprachgebrauch mit Lösungsangaben. Arbeitsanleitungen und Denkanstöße. Ein erfolgsicheres Übungsbuch für Schülerinnen und Schüler der 5. bis 9. Schulstufe, eine Beispielsammlung für Lehrerinnen und Lehrer und helfende Eltern.

100 Diktate

für den differenzierten Unterricht in der 5. bis 9. Schulstufe

13. Auflage
(nach den neuen Rechtschreibregeln)
127 Seiten, brosch.

Aufbereitete Kurzdiktate, nach Schwierigkeitsstufen abgestimmt, aus Dichtung und Sachunterricht. Ein sicherer Weg zur Erlernung der Rechtschreibung.

120 neue Übungsdiktate

für die 4. bis 9. Schulstufe

7. Auflage
(nach den neuen Rechtschreibregeln)
144 Seiten, brosch.

Aufbereitete Diktattexte aus Dichtung und Sachunterricht, nach Schulstufen und Schwierigkeitsgraden angeordnet.
Verzeichnis der häufigsten Zweifelsfälle.
Gliederung nach dem Inhalt der Texte.

Deutsch richtig

Wort-, Satz- und Textgrammatik
verständlich dargestellt

4., verbesserte und erweiterte Auflage
(nach den neuen Rechtschreibregeln)
272 Seiten, brosch.

Eine allgemein verständliche Grammatik der deutschen Sprache mit Hinweisen auf den richtigen Sprachgebrauch.
Ein Lehr- und Nachschlagewerk für jeden, der sich um den richtigen Sprachgebrauch bemüht.